JN025855

Lease Legal Handbook

リース法務
ハンドブック

西村あさひ法律事務所

弁護士 **有吉尚哉** ・ 弁護士 **原田伸彦**

Ariyoshi naoya ／ Harada nobuhiko

編著

一般社団法人**金融財政事情研究会**

はしがき

　5兆円産業といわれ、誰もが耳にしたことのあるリースであるが、その産業規模の大きさに比して、リース取引の法律分野を専門に取り扱った書籍はそれほど多くはない。たしかにリース取引を正面から対象とする取引法や規制法が存在するわけではないが、リース取引の当事者の権利関係や倒産手続における取扱い、リース取引に対する規制の適用関係など、リース取引を実行するにあたり、理解が必要となる法的論点は少なくない。それにもかかわらず、リース取引の法務に関する書籍が乏しい理由として考えられるのは、①実務上、リース取引の当事者の主要な関心事は会計や税務的な側面であることが多いこと、②案件規模が小さい取引も多く、弁護士など法律の専門家が関与しない取引が多いこと、③リース取引に含まれる取引には多種多様なものがあり、法律的な観点から統一的に説明することがむずかしい側面があること、など種々の理由があげられるが、リース取引の法務の重要性が否定されるものではないだろう。

　そのような状況をふまえ、リース取引の法務について横断的な解説を行うことを試みたのが本書である。もちろん、リース取引に関する法律問題を論じた優れた書籍・論文も存在しており、本書の執筆にあたっては、これら先人たちの苦労の結晶をおおいに参考にさせていただいた。

　執筆者らが所属している西村あさひ法律事務所には、国内法律事務所としては珍しく、リース取引を中心とするアセットファイナンスを専門的に取り扱うチームが存在しており、リース取引に関する多くのノウハウを蓄積している。そのため、今回、リース取引の法務に関する書籍の企画の打診を受けた際には、われわれの有する知識や経験を少しでもかたちにしたいという思いもあり、二つ返事でこれを受諾し、執筆に取りかかった次第である。

　本書は、リース分野・ファイナンス分野を主な業務分野とする西村あさひ法律事務所所属の7名の弁護士が執筆に参加し、各設問について実務に即し

た解説を行うものである。本書の主な読者としては、リース実務に従事している、またはこれからリース業界に参入することを考えているビジネスパーソンを想定している。そのため、各設問を設定するにあたっては、基礎的・一般的な設問をベースとしつつも、実務のなかで実際に問題となる点（さらには近時新たに問題として認識されるようになった点）も多く取り入れられるよう、執筆者間で協議を重ねた。また、それらの解説についても、理論的に精緻な解説よりも、実務的な取扱いの指針となりうるものを示すよう心がけた。なお、本書の内容は、西村あさひ法律事務所や、そのアセットファイナンスチームとしての見解を表すものではなく、あくまでも各執筆者個人の見解に基づくものである点はご了承いただきたい。

　本書の刊行にあたっては、企画の段階から株式会社きんざいの池田知弘氏に多大なご尽力をいただいた。また、公益社団法人リース事業協会からも大きなサポートをいただき、特に加藤建治氏、廣澤且巳氏からは、資料のご提供も含め多くのご示唆をいただいた。執筆の段階では、原田のもとで弁護実務修習を行っていた司法修習生の糟谷昇平氏に、資料や裁判例の確認を含めご協力をいただいた。お名前をあげられなかった方を含め、本書の刊行に携わって頂いた皆様にあらためて心からの感謝の意を表したい。

　2020年10月

執筆者を代表して

有吉　尚哉

原田　伸彦

2

【編著者紹介】

有吉　尚哉（ありよし　なおや）

西村あさひ法律事務所　パートナー弁護士
第一東京弁護士会所属
東京大学法学部卒業
2009年〜、金融法委員会委員
2010〜2011年、金融庁総務企画局企業開示課専門官
2013年〜、京都大学法科大学院非常勤講師
2018年〜、武蔵野大学大学院法学研究科特任教授
［主な著書］
『債権法実務相談』（共編著、商事法務、2020年）、『金融資本市場と公共政策—進化するテクノロジーとガバナンス』（共著、金融財政事情研究会、2020年）、「自己信託と債権譲渡の競合に関する一考察」『民法と金融法の新時代』（慶應義塾大学出版会、2020年）、『ファイナンス法大全（上）（下）〔全訂版〕』（共編著、商事法務、2017年）、『資産・債権の流動化・証券化〔第3版〕』（共編著、金融財政事情研究会、2016年）
［本書担当］
Q41、Q47

原田　伸彦（はらだ　のぶひこ）

西村あさひ法律事務所　パートナー弁護士
第一東京弁護士会所属／米国ニューヨーク州弁護士
慶應義塾大学法学部／米国デューク大学ロースクール（LL.M）、各卒業
2010〜2011年、Norton Rose Fulbright法律事務所（ロンドン）にて勤務
2012〜2014年、駿河台大学法科大学院非常勤講師
［主な著書］
『事業再生大全』（共著、商事法務、2019年）、『ファイナンス法大全（上）〔全訂版〕』（共著、商事法務、2017年）、『法的整理計画策定の実務』（共著、商事法務、2016年）、『事例でわかる　旅館・ホテル・ゴルフ場の再生実務』（共著、中央経済社、2013年）、『私的整理計画策定の実務』（共著、商事法務、2011年）、『債権・動産・知財担保利用の実務』（共著、新日本法規出版、2008年）
［本書担当］
Q 1 〜 Q 3、Q 8 〜 Q13、Q16、Q18、Q33〜 Q35、Q40、Q48〜 Q50

【執筆者紹介】

伊藤　大智（いとう　だいち）

西村あさひ法律事務所　弁護士
第一東京弁護士会所属
中央大学法学部（LL.B.）卒業
［本書担当］
Q 17、Q 19、Q 20

田口　祐樹（たぐち　ゆうき）

西村あさひ法律事務所　弁護士
第一東京弁護士会所属／米国ニューヨーク州弁護士
東京大学法学部／米国ニューヨーク大学ロースクール（LL.M）、各卒業
2017〜2018年、株式会社三菱UFJ銀行ロンドン支店にて勤務
［主な著書］
『ファイナンス法大全（下）〔全訂版〕』（共著、商事法務、2017年）、『資産・債権の流動化・証券化〔第3版〕』（共著、金融財政事情研究会、2016年）
［本書担当］
Q 4〜Q 7、Q 37〜Q 39

津田　好明（つだ　よしあき）

西村あさひ法律事務所　弁護士
第二東京弁護士会所属
九州大学法学部（LL.B.）／慶應義塾大学法科大学院（J.D.）、各卒業
［本書担当］
Q 14〜Q 15、Q 29、Q 43〜Q 45

土佐林　真琴（とさばやし　まこと）

　西村あさひ法律事務所　弁護士
　東京弁護士会所属
　慶應義塾大学法学部（LL.B.）／慶應義塾大学法科大学院（J.D.）、各卒業
　［主な著書］
　『事業再生大全』（共著、商事法務、2019年）
　［本書担当］
　Q25〜Q27

宮國　尚介（みやくに　なおすけ）

　西村あさひ法律事務所　弁護士
　東京弁護士会所属
　慶應義塾大学法学部卒業
　［本書担当］
　Q21〜24、Q28、Q30〜Q32、Q36、Q42、Q46

■法令・判例・文献等の表記について

1．法令等の表記
(1)　文中の法令等の表記

本文中の法令等は、原則として略称を用いず、次のように表記した。

例：民法606条2項

(2)　（　）内の法令等の表記

法令名等は下記のとおり略称を用いた。

債権法改正前の民法　→　改正前民法

犯罪による収益の移転防止に関する法律　→　犯収法

金融商品取引法　→　金商法

医薬品、医療機器等の品質、有効性及び安全性の確保等に関する法律　→　薬機法

海上運送法　→　海運法

道路運送法　→　道運法

廃棄物の処理及び清掃に関する法律　→　廃棄物処理法

経営者保証に関するガイドライン　→　経営者保証GL

「経営者保証に関するガイドライン」Q&A　→　経営者保証Q&A

マネー・ローンダリング及びテロ資金供与対策に関するガイドライン　→　マネロンGL

リース契約書（参考）　→　リース契約書（協会書式）

ファイナンス・リース事業者におけるマネー・ローンダリング及びテロ資金供与対策に関するガイドライン　→　ファイナンス・リース事業者マネロンGL

中小企業向けのリース契約に関する経営者保証ガイドライン　→　リース契約経営者保証GL

自然災害発生時におけるリース会社のユーザー対応等に関するガイドライン　→　災害対応GL

反社会的勢力排除モデル条項　→　反社排除モデル条項

2．判決（決定）の表記

判決・決定は、次のように表記した。

例：最高裁判所平成20年12月16日第一小法廷判決
　　　→最判平20.12.16民集62巻10号2561頁
　　　東京高等裁判所昭和61年 1 月29日判決
　　　→東京高判昭61.1.29判時1185号104頁
　　　大阪地方裁判所昭和51年 3 月26日判決
　　　→大阪地判昭51.3.26金判498号30頁

3．判例集・法律雑誌の表記

　　　判例集・法律雑誌は、次のように略記した。
　　　・民集　　　最高裁判所民事判例集
　　　・集民　　　最高裁判所裁判集民事
　　　・金法　　　金融法務事情
　　　・判時　　　判例時報
　　　・判タ　　　判例タイムズ
　　　・金判　　　金融・商事判例

目　次

第 3 章　リース契約の内容

第 4 章　リース取引と倒産

第 1 章

リース契約とは

リース契約とはどのような契約ですか。民法や判例上、明確な定義はありますか。

A　リース契約については、一般論として、借手（レッシー・ユーザー）が指定したリース物件を、貸手（レッサー）が購入または取得した上で、その占有使用権を一定の対価を得て一定期間にわたって借手（レッシー・ユーザー）に付与する契約であるということができますが、民法や判例上、一義的な定義はありません。そのため、それぞれのリース契約の内容や問題となる場面に応じて、法的性質を検討していく必要があります。

1　リース契約の特徴・定義

　リース取引やリース契約という用語は、社会において広く認知されており、日本においてリース事業は５兆円産業ともいわれる１つの大きな産業として発展を遂げている[1]。しかし、リース取引には、後述のとおり、金融的要素の強いものや、賃貸借的要素の強いもの、サービス的要素の強いもの、これらの複合的要素で成り立つものなど様々な取引が含まれており、これを１つの明確な定義で表すことは容易ではない[2]。

　いずれのリースにおいても、借手（レッシー・ユーザー）が指定したリース物件を、貸手（レッサー）が購入または取得した上で、その占有使用権を一定の対価を得て一定の期間にわたって借手（レッシー・ユーザー）に付与

1　公益社団法人リース事業協会の公表資料によれば、2019年のリース取扱高は約５兆2,943.8億円であった（https://www.leasing.or.jp/statistics/toukei.html）。
2　加藤一郎・椿寿夫編『リース取引法講座〈上〉』（金融財政事情研究会、1987年）５頁〔加藤一郎〕においても「リース取引は（中略）取引の実質と法的な形式とが複雑に絡み合っているので、法的にこれを明確に定義することには困難がある」とされている。

するという点は共通していると考えられるが、これでリースの特色の全てを包含し他の取引と常に峻別できるというわけではない。また、物の需要者に物を融通するという点から、資金を融通する金融に対してリースは「物融」であるといわれることもある。

　日本における私法の基本法である民法においても、リース契約という契約類型は明文上定められておらず[3]、最高裁判例上もリース契約について一般的な定義を定めたものはない。ただし、法律上リース取引やリース契約に関する定義が一切ないわけではなく、これについては後述する。

2　リース取引の分類

　リースには種々の分類があるが、そのうち最も重要といえるのがファイナンス・リースであろう。一般にリースといった場合、このファイナンス・リースを意味している場合も多い（民法改正の過程でファイナンス・リース契約の定義を創設しようとする提案がなされたのもこのような背景があろう）。この点、ファイナンス・リースに分類するかどうかは一般に会計上の分類を基礎としており、法律上一義的なファイナンス・リース（契約）の定義や要件があるわけではない。ファイナンス・リースは、名前のとおり、金融的要素の強いリースであり、契約内容もかかる金融的要素をふまえて構成されているため、法的な分析や判断が必要な場合には、かかる金融的要素も考慮の上分析・判断される。ただし、ファイナンス・リースに分類されるリースにおいても、必ずしも純粋な金融取引となるわけではなく、問題となる場面ごとに事案に応じた法的検討が必要となる点は留意する必要がある。

　次に、ファイナンス・リース以外のリースを広くオペレーティング・リースと呼ぶことがある。このオペレーティング・リースの分類についても、一

3　2013年に法務省の民法部会により公開された「民法（債権関係）の改正に関する中間試案」においては、「ファイナンス・リース契約」の定義を創設することが提案されたが、実業界からの反対もあり、2017年に成立した民法改正（2020年4月1日施行）における改正内容には盛り込まれないこととなった。

般に会計上の分類を基礎としており、法律上一義的なオペレーティング・リース（契約）の定義や要件があるわけではない。オペレーティング・リースにおいては、賃貸借要素が強いものが多いといわれるが、この場合でも常に金融的要素がゼロとなるわけではなく、法的に検討が必要な場合、問題となる場面ごとに事案に応じた検討が必要となる点はファイナンス・リースと同様である。

　貸手（レッサー）が提供するサービスに着目した分類として、メンテナンス・リースと呼ばれる分類もある。これは貸手にリース物件のメンテナンス義務を課すリース取引であり、賃貸借要素の強いオペレーティング・リースと親和性が高いといわれることもあるが、ファイナンス・リースと組み合わせることも可能であり、実際にファイナンス・リースと組み合わせたメンテナンス・リース商品も少なからず存在する。

　リース物件の性質に着目した分類[4]としては、プログラム・リース（ソフトウェア・リース）という分類もある。プログラム・リースについては第2章で取り扱うが、プログラムという無体物を対象とする点で、（当該プログラムのインストールされたコンピュータなどのリースでない限り）民法上の賃貸借を観念できないという特殊性があり、一般的な有体物のリースと大きく法的性質が異なる契約構成となる。

　借手（レッシー・ユーザー）の特性に着目した分類としては、消費者リースという分類もある。いわゆるB to Bのリースではなく、B to Cのリースを意味し、個人を借手（レッシー・ユーザー）とするリースをいう。取引の規模としては一般に小さくなり、また、消費者保護の観点から、法人向けリースとは異なる法的検討が必要となり得る点[5]、留意が必要である。

4　リース物件という観点からは、自動車リース（オート・リース）、航空機リース、船舶リース、不動産リースなど特徴のあるリース物件ごとに分類することも可能であるが、これらはいずれも有体物を対象としており、賃貸借的要素を重要な要素として含むことから法的構成が大きく異なるわけではない。

3　法人税法上のリース取引

　法律上、リース契約やリース取引の定義が一切存在しないわけではなく、法人税法上は、リース取引の定義が存在する（リース契約の定義はない）。法人税法上、リース取引は以下のように定義されている（法人税法64条の2第3項）。

【法人税法64条の2第3項に規定されているリース取引】

　リース取引とは、資産の賃貸借（所有権が移転しない土地の賃貸借その他の政令で定めるものを除く。）で、次に掲げる要件に該当するものをいう。

①　当該賃貸借に係る契約が、賃貸借期間の中途においてその解除をすることができないものであること又はこれに準ずるものであること。

②　当該賃貸借に係る賃借人が当該賃貸借に係る資産からもたらされる経済的な利益を実質的に享受することができ、かつ、当該資産の使用に伴つて生ずる費用を実質的に負担すべきこととされているものであること。

　かかる定義は企業会計基準におけるファイナンス・リース取引の定義と実質的に同趣旨の内容ということができよう。

　もっとも、かかる法人税法上のリース取引の定義は、法律上の定義ではあるものの、私法上の法律関係を規律するための定義ではなく、あくまで税法上の取扱いを定めるための定義であり、かかる定義への該当性の有無によっ

5　個人事業主を含む個人向けリースは、かつて電話機リースなどの提携リースが問題となった。経済産業省は、特定商取引法の適用の判断にあたり、2005年12月6日付の通達により、「一見事業者名で契約を行っていても、購入商品や役務が、事業用というよりも主として個人用・家庭用に使用するためのものであった場合は、原則として本法は適用される」旨明示し、個人事業主を含む個人向けリースも同法の適用があるという運用を明確にした。

て、リース契約当事者間の法律関係が直ちに導かれる性質のものではない。なお、リース取引の税務上の取扱いについてはＱ６およびＱ７参照。

4　銀行法上の定義

　銀行法上、ファイナンス・リースという用語は用いていないものの、銀行が営むことのできる付随業務として、以下のとおり実質的にファイナンス・リース業を意味する業務の定義が設けられている（銀行法10条２項18号）。

【銀行法10条２項18号】

十八　機械類その他の物件を使用させる契約であつて次に掲げる要件の全てを満たすものに基づき、当該物件を使用させる業務

　イ　契約の対象とする物件（以下この号において「リース物件」という。）を使用させる期間（以下この号において「使用期間」という。）の中途において契約の解除をすることができないものであること又はこれに準ずるものとして内閣府令で定めるものであること。

　ロ　使用期間において、リース物件の取得価額から当該リース物件の使用期間の満了の時において譲渡するとした場合に見込まれるその譲渡対価の額に相当する金額を控除した額及び固定資産税に相当する額、保険料その他当該リース物件を使用させるために必要となる付随費用として内閣府令で定める費用の合計額を対価として受領することを内容とするものであること。

　ハ　使用期間が満了した後、リース物件の所有権又はリース物件の使用及び収益を目的とする権利が相手方に移転する旨の定めがないこと。

　上記の定義も、あくまで銀行法という業規制の観点から銀行が営むことのできる業務範囲を定めることを目的として創設されており、法人税法上の定義と同様に、私法上の法律関係を規律するための定義ではない。なお、銀行

法上の規制とリース業についてはQ37およびQ38参照。

5　米国統一商事法典における定義

リース取引（特にファイナンス・リース取引）は、戦後米国から輸入され、日本における実状に合わせて発展した取引であるといわれているが、米国統一商事法典（UCC）において以下のようにリース[6]の定義が存在する。

"Lease" means a transfer of the right to possession and use of goods for a term in return for consideration, but a sale, including a sale on approval or a sale or return, or retention or creation of a security interest is not a lease. Unless the context clearly indicates otherwise, the term includes a sublease.

かかる定義によると、リースとは、一定の対価と引き換えに物の占有使用権を一定期間（借手（レッシー・ユーザー）に）移転させる取引であり、売買や担保目的の取引は除くものとされている。

6　リース契約の法的な取扱いの視点

上記のとおり、リース契約は法的に一義的な定義がなく、種々の内容を含み得るため、これを法的に一律に扱おうとすると種々の問題を惹起することになる。そのため、リース契約の法的な取扱いについては、民法における契約自由の原則[7]のもと、基本的には個々の契約内容を参照して決することになるというほかないであろう。その観点からは、たとえば、フルペイアウトのファイナンス・リースであっても、常にこれを法的に担保付金融であるとして構成するのは妥当とはいえず、あくまでも契約内容に従った法的処理をするべきである。たとえば、ファイナンス・リースであっても一概に賃貸借

6　Uniform Commercial Code § 2 A-103(j)。なお、§ 2 A-103(g)にはファイナンス・リースの定義も存在し、レッサーが物件の選定に関与しないことなどが規定されているが、オペレーティング・リースの定義は存在しない。
7　民法91条参照。

性が否定されるわけではなく、リース期間満了時にリース物件が返還される契約内容であれば、借手（レッシー・ユーザー）には期間満了時に返還する法的義務が生じるものと解すべきである。

　もっとも、契約自由の原則も無限定ではなく、公の秩序（民法90条、91条）、善良な風俗（民法90条）による制限があり、また、かかる観点から、またはこれらに加えて、法的倒産時などの公益的要請が働く場面において、制限を受けることになる。代表的な例としては、①最判昭57.10.19（民集36巻10号2130頁）において、借手（レッシー・ユーザー）の債務不履行に基づくリース物件の貸手（レッサー）への返還時（なお、リース契約の解除はなかった）に、以後のリース料の収受と早期返還を受けたリース物件の利益の双方を貸手（レッサー）が受けられるのは「公平の原則に照らして妥当ではない」として、契約上は規定のないリース物件の清算義務を認めた例や、②借手（レッシー・ユーザー）の会社更生手続における取扱いに関し、最判平7.4.14（民集49巻4号1063頁）が、フルペイアウトのファイナンス・リース契約について、双方未履行双務契約該当性（賃貸借該当性）を否定した例などがあげられよう。

Q2 ファイナンス・リース契約とオペレーティング・リース契約

ファイナンス・リース契約、オペレーティング・リース契約とはどのような契約ですか。民法や判例上、明確な定義はありますか。

A ファイナンス・リース契約、オペレーティング・リース契約については、民法や判例上、一義的な定義はありません。

　企業会計基準においては、ファイナンス・リース取引とは、リース契約に基づくリース期間の中途において当該契約を解除することができな

いリース取引またはこれに準ずるリース取引で、借手（レッシー・ユーザー）が、当該契約に基づき使用する物件（以下「リース物件」という）からもたらされる経済的利益を実質的に享受することができ、かつ、当該リース物件の使用に伴って生じるコストを実質的に負担することとなるリース取引をいうものとされています。また、オペレーティング・リース取引とは、ファイナンス・リース取引以外のリース取引をいうものとされています。

1 ファイナンス・リース契約

ファイナンス・リース（契約）について法律上の一義的な定義は存在しない。一方、会計上は、リース取引に関する会計基準[8]において、ファイナンス・リース取引は以下のように定義されている。

> 「ファイナンス・リース取引」とは、リース契約に基づくリース期間の中途において当該契約を解除することができないリース取引又はこれに準ずるリース取引で、借手が、当該契約に基づき使用する物件（以下「リース物件」という。）からもたらされる経済的利益を実質的に享受することができ、かつ、当該リース物件の使用に伴って生じるコストを実質的に負担することとなるリース取引をいう。

このように、会計上、ファイナンス・リース取引とは、借手（レッシー・ユーザー）が、リース物件を使用し、そのコスト（導入コスト・維持管理コスト）も負担する取引をいうものとされている。Ｑ１の解説において参照した米国UCCにおけるファイナンス・リースの定義（貸手（レッサー）がリース物件の選定や製造に関与しない）とあわせて読むと、より実像が浮かび上がっ

8　平成19年３月30日改正企業会計基準委員会「企業会計基準第13号　リース取引に関する会計基準」２頁。

てくる。すなわち、ファイナンス・リースにおいては、リース物件の需要者である借手（レッシー・ユーザー）がリース物件の内容等を指定・特定し、貸手（レッサー）は、契約上、借手（レッシー・ユーザー）に対して当該リース物件の直接の提供者となるものの、提供するリース物件の内容等には原則として関与せず、またこれに伴うコストも実質的に借手（レッシー・ユーザー）が負担し、貸手（レッサー）は負担しないという取扱いが予定されている。ファイナンス・リースの会計上の取扱いについてはＱ４参照。

2　ファイナンス・リースを利用する理由

　ファイナンス・リースとはその名のとおり、金融的側面を重視した取引であり、経済的にみた場合、自らが購入資金の借入れをして対象物を購入した場合に近い性質を有する（そのため、法的にもかかる金融的側面を重視した解釈がなされることがある）。実際に、ある企業が何らかの物の導入を検討する場合、金融機関から借入れを行い自ら当該物を購入することと、ファイナンス・リースを利用して当該物の導入をすることを比較し検討することも珍しくないものと思われる。そのため、ファイナンス・リース契約においては、自らが物件の購入資金の借入れをして物を購入した場合に近い帰結となるよう契約条件が定められることが多い（リース物件の維持管理や滅失リスクは原則として借手（レッシー・ユーザー）が負担する等）。

　ファイナンス・リースを利用することの理由としては種々の要素が考えられるが、たとえば、①支払額が借入れの場合よりも低額になる場合がある、②会計上有利な取扱いが可能となる場合がある、③税務上有利な取扱いが可能となる場合がある[9]、④借入れよりも取引実行までの（事務的、時間的）負担が軽い場合がある、⑤物件購入や維持管理の事務コストを低減できる場合

9　リース取引のメリットの重要な要素として税務上の取扱いがあげられる。歴史的にも税務上の取扱いがリース取引普及の要因となったことは明らかである。加藤一郎・椿寿夫編『リース取引法講座〈上〉』（金融財政事情研究会、1987年）6、7頁〔加藤一郎〕。なお税務上の取扱いについてはＱ６およびＱ７参照。

がある、などがあげられよう。いずれも常にそのようなメリットが享受できるとは限らないが、借手（レッシー・ユーザー）の規模や、リース物件の内容等により、これらのメリットが享受できることがある。

3　フルペイアウトとノン・フルペイアウト

　ファイナンス・リースのなかには、リース期間中のリース料でリース物件の取得コストの全てを貸手（レッサー）が回収することを想定しているものと、一定の残価を見積もり、かかる残価部分についてはリース料総額から控除し、リース期間満了後にリース物件を処分することで残価部分を回収することを想定しているものがある。前者をフルペイアウト・ファイナンス・リースといい、後者をノン・フルペイアウト・ファイナンス・リースという。

　後者は一般に中古市場が確立している種類のリース物件を対象とするのが一般的である。ノン・フルペイアウト・ファイナンス・リースはさらにオープン・エンド方式とクローズド・エンド方式があり、前者は見積残存額と実際の処分額の差額が貸手（レッサー）に帰属し（リース当事者間で当該差額を精算しない）、後者は借手（レッシー・ユーザー）に帰属する（リース当事者間で当該差額を精算する）。なお、実際には、一定範囲でのみリース当事者間で精算する折衷的な方式がとられることもあり、全ての取引が明確にオープン・エンド方式とクローズド・エンド方式に分けられるわけではない。

4　オペレーティング・リース契約

　ファイナンス・リース契約と同様に、オペレーティング・リース契約についても法律上の一義的な定義は存在しない。一方、会計上は、リース取引に関する会計基準[10]において、以下のように定義されている。

10　平成19年3月30日改正企業会計基準委員会「企業会計基準第13号　リース取引に関する会計基準」2頁。

> 「オペレーティング・リース取引」とは、ファイナンス・リース取引以外のリース取引をいう。

　すなわち、会計上はファイナンス・リースに該当しないリース取引は全てオペレーティング・リースとして取り扱われることとなる。この点、会計上はファイナンス・リースに該当しない場合でも、リース契約当事者間の意思としては金融的側面を重視してリース契約を締結している場合もあり、このような場合には法的にはファイナンス・リース契約に準じた取扱いをすべき場合もあり得る。

　オペレーティング・リース契約は、リース期間中のリース料が必ずしもリース物件の購入費用の全額回収と直接の関係をもたない点で金融的側面が後退し、民法上の賃貸借契約として取り扱うことで特段の支障のない契約も多いものと考えられる。この点、賃貸借ではなくリースと呼ぶ取引の場合、一般に、貸手（レッサー）がリース物件を所有ないし保有していたわけではなく、リース物件の需要者（借手（レッシー・ユーザー））にかわって貸手（レッサー）が当該リース物件を購入または取得する取引が想定されていることが多い。その観点からは、借手（レッシー・ユーザー）の需要に応じて貸手（レッサー）がリース物件を購入・取得するという、リース取引開始前のプロセスが前提とされている点でリース取引と賃貸借取引と区別することも可能であろう[11]。

11　西村あさひ法律事務所編『ファイナンス法大全〔全訂版〕』（商事法務、2017年）730頁参照。

他の取引との異同
（賃貸借、レンタル、割賦販売、サブスクリプション）

　リースと賃貸借、レンタル、割賦販売、サブスクリプションとの違い
は何ですか。

A　賃貸借、レンタル、割賦販売、サブスクリプションなどの取引は、
　　　リース取引と類似している点もありますが、貸手（レッサー）が対象物
を取引開始前から所有しているか、借手（レッシー・ユーザー）が対象
物の所有権を取得することが目的となっているか、取引期間の長短、な
どにより分類することができます。

1　リースと賃貸借、レンタル

　リース契約およびレンタル契約は民法上定義はないが、賃貸借契約は民法
上定義されている。そして、賃貸借契約とは、当事者の一方がある物の使用
および収益を相手方にさせることを約し、相手方がこれに対してその賃料を
支払うことおよび引渡しを受けた物を契約が終了したときに返還することを
約することによって、その効力を生ずる契約をいう（民法601条参照）。
　もっとも、リースおよびレンタルは、いずれも一般に係る要件を充足して
いることから、賃貸借契約該当性のみでリース、賃貸借、レンタルを区別す
ることは困難である。ファイナンス・リースはその金融的実質から賃貸借契
約とは異なる法的取扱いがなされることもあるが、オペレーティング・リー
ス、賃貸借、レンタルはいずれも賃貸借契約としての規律を受けるのが原則
といえる。一方、オペレーティング・リースの場合、借手（レッシー・ユー
ザー）の指定により貸手（レッサー）が対象を取得することから、その滅失
リスク等が借手（レッシー・ユーザー）負担とされることも多く、契約条件
において、賃貸借、レンタルと異なる側面があるといえる。レンタルは法的

には一般に賃貸借契約であると理解されており、対象の範囲（通常汎用性の高い物）や短期の貸借が想定されている点などから賃貸借契約のなかの一類型と整理することも可能であろう。

そこで、実際上の一般的な取扱いも加味して検討すると、図表1のような区別が可能であろう。

なお、ファイナンス・リース取引以外の契約においても一定期間の中途解約禁止などが盛り込まれることは珍しくなく（取引を行うにあたり最低限の事務コスト・利益を回収する目的）、また、リース料や賃料の算定根拠として対象物の取得・維持コストが考慮されることもあり得る。そのため、あくまでも図表1の表は比較の観点からそれぞれの特徴を強調したものであるとご理解いただきたい。

2　リースと割賦販売

リース契約のなかには、リース期間満了時における借手（レッシー・ユーザー）の購入義務が規定されているものや（譲渡条件付リース）、リース期間満了時における借手（レッシー・ユーザー）の購入選択権が規定されているもの（購入選択権付リース）などがあり、リース期間満了時に対象物の所有権が移転する点に着目すれば、売買代金を分割払とする形式の割賦販売契約と類似する側面を有するものがある。また、リース期間満了時における借手（レッシー・ユーザー）の購入義務や名目的な価格での購入選択権がない場合であっても、ファイナンス・リースにおいては、借手（レッシー・ユーザー）は物件のコストを全て支払い、事実上耐用年数の期間中、対象物を占有使用することができ、対象物を購入したのと同様の効果を得ていると評価できることから、実質的にみて割賦販売に該当するのではないか、と考えることも不可能ではない。

この点、リース期間満了時に必ず借手（レッシー・ユーザー）がリース物件を購入することになる譲渡条件付リースは、法的には割賦販売であるといえ、売買契約または割賦販売契約に該当すると考えられる。また購入選択権

図表1　リース、賃貸借、レンタルの区別

取引	対象物（種類・所有・リスク負担）	リース料・賃料	取引期間	金融的実質
ファイナンス・リース	種類の制限なし。借手の指定により新たに取得。滅失等のリスクは借手負担	対象物のコストをカバーする金額	耐用年数・減価償却期間を前提に算定する期間。中〜長期	あり（中途解約不可）
オペレーティング・リース	種類の制限なし。通常借手の指定により新たに取得。滅失等のリスクは借手負担であることが多い	市場価格（対象物のコストが考慮されることもある）	短〜長期	通常なし（中途解約可）
賃貸借	種類の制限なし。通常、貸手が取引開始前から所有。滅失等のリスクは貸手負担	市場価格	短〜長期	通常なし（中途解約可）
レンタル	汎用性の高いもの（OA機器、自動車、建設機器など）。通常、貸手が取引開始前から所有。滅失等のリスクは貸手負担	市場価格	通常短期	なし（中途解約可）

付リースについては、購入価格が適正な時価の場合には売買・割賦販売には該当しないと考えられるが、無償に近いまたは極めて経済的に有利な譲渡価格が設定されており事実上当初から購入することが予定されているようなものについては、実質的に売買・割賦販売とみるべき場合があると解される[12]。この場合、割賦販売法の要件[13]を充足する取引の場合には、割賦販売法の適用を受けることになると考えられる。

　一方、一般的なファイナンス・リースについては、貸手（レッサー）から借手（レッシー・ユーザー）へのリース物件の所有権の移転が予定されているわけではなく、通常は割賦販売に該当することはない[14]。

3　リースとサブスクリプション

　近時、サブスクリプション型のビジネスが流行している。サブスクリプションについては、リースと同様に法律上の一義的な定義はなく、一般に、一定期間定額で継続的にサービス提供を行う形態[15]、などと理解されている。サブスクリプション型の取引には種々の類型があり、ソフトウェアや音楽を提供するものから、生活用品、自動車や衣服、さらには飲食物を提供するものなどもある。

　これらのうち、飲食物のサブスクリプションについては、提供された飲食物の期間満了時の返還は想定されていないと考えられるので、通常、賃貸借的要素はないであろう。一方、自動車や衣服などのサブスクリプションにつ

12　加藤一郎・椿寿夫編『リース取引法講座〈上〉』（金融財政事情研究会、1987年）64頁〔庄政志〕。

13　割賦販売法上、すべての分割払の売買契約が適用対象とされているわけではない。たとえば、売主（サプライヤー）が自ら信用を供与して分割払を認める自社割賦方式の場合、2カ月以上にわたり3回以上の支払いという要件のほか、取引対象が指定商品・指定権利・指定役務に該当するという要件がある。

14　ファイナンス・リース契約について割賦販売法による規制を逸脱しようとする脱法行為として無効であるとの主張に対し、かかる主張は認められないとした判例がある（最判昭57.10.19金法1011号46頁）。また、割賦販売法6条の類推適用を否定した下級審判例も存在する（水戸地判昭52.3.15判時895号107頁）。

15　渡邊景輔「サブスクリプションの定義と特徴」旬刊経理情報1543号8頁など。

いては、購入オプションが設定されている場合もあるが、基本的には一定期間経過後に返却することが想定されており、賃貸借的要素が認められることから、リースとの異同が問題となりそうである。

　また、ソフトウェアのサブスクリプションは、無体物であることから賃貸借ではないが、ソフトウェア・リースと同様にソフトウェアの使用許諾契約を含む取引であり、一定期間の利用を享受できるとする点で類似性が認められることから、やはりリースとの異同が問題となり得る。

　図表2は、リースとサブスクリプションの異同をいくつかの観点からまとめたものである。

　図表2にも示したとおり、サブスクリプションには種々の取引が含まれており、一概にリースとの異同を論じることは適切ではないが、一般論でいえば、リースもサブスクリプションも、一定期間、一定の対価と引き換えに当事者が合意した物やサービスを利用者に提供するという点では共通する部分もあるものの、リースは特定のリース物件についての取引であるが、サブスクリプションは一定の種類の物・サービスについての取引であり特定の対象に限定した取引ではない、と考えることはできよう。

　しかし、耐久性のある物を対象とし、期間満了時に返還されることが想定されているサブスクリプションのうち、対象物が実質的に特定されているような場合には、リースとの近接性が認められる。そのため、取引の期間や対価の水準など、取引の実態や契約条件などによっては、サブスクリプションという名目で取引が行われている場合であっても、リースと同様の法的処理が必要となる場合も考えられるところである。

図表2　リースとサブスクリプションの比較

取引	提供者	期間	対象の指定	終了時の返還（賃貸借的要素）
ファイナンス・リース	リース会社	償却期間などから定められた一定期間（中〜長期）	利用者が具体的に指定	あり
オペレーティング・リース	リース会社	一定期間（短〜長期）	利用者が具体的に指定	あり
消費する物（食品など）のサブスクリプション	製造者（生産者）が多いが、専門の業者の場合もある	一定期間（短〜長期）	利用者が具体的に指定する場合や、種類のみ指定する場合、提供者が指定する場合など種々のパターンあり	なし
耐久性のある物（自動車など）のサブスクリプション	製造者（生産者）が多いが、専門の業者の場合もある	一定期間（短〜長期）	利用者が具体的に指定する場合や、種類のみ指定する場合、提供者が指定する場合など種々のパターンあり	あり
サービスのサブスクリプション	通常は当該サービスの提供業者	一定期間（短〜長期）	利用者が具体的に指定する場合や、種類のみ指定する場合、提供者が指定する場合など種々のパターンあり	なし（サービスの終了）

Q4　リース会計の基礎

日本の会計基準において、リース取引はどのように扱われますか。

A 　ファイナンス・リース取引の場合には、売買処理が適用されるため、借手の貸借対照表にリース物件が資産計上されることになります。一方、オペレーティング・リース取引の場合には、リース料の支払が費用計上される賃貸借処理が適用されることから、借手にとってはリース物件が貸借対照表に計上されないオフバランス取引となります。

1　会計基準上のリース取引の分類

　日本の会計基準上は、解約不能（ノンキャンセラブル）かつフルペイアウトのリース取引がファイナンス・リース取引として取り扱われ、それ以外のリース取引は全てオペレーティング・リース取引として取り扱われる。ファイナンス・リース取引に該当するための2つの要件の具体的な内容は、以下のとおりである。

(1)　解約不能のリース取引

　企業会計基準第13号「リース取引に関する会計基準」（以下「リース会計基準」という）は、第一の要件として「リース契約に基づくリース期間の中途において当該契約を解除することができないリース取引又はこれに準ずるリース取引」であること（解約不能のリース取引）を求めている。リース契約書（協会書式）2条のように中途解約の禁止が契約上明記されていれば、この要件に該当することは明らかである。もっとも、中途解約が法令上または契約上認められていたとしても、解約に際し、未経過のリース期間に係るリース料の全額を規定損害金として支払う必要がある等の理由から事実上解約不能と認められるリース取引も実際には存在する。このような事実上解約不能なリース取引も、解約不能のリース取引として取り扱われるという点に

は注意が必要である。

⑵　フルペイアウトのリース取引

リース会計基準が求めている第二の要件は、「借手が、リース物件からもたらされる経済的利益を実質的に享受することができ、かつ、当該リース物件の使用に伴って生じるコストを実質的に負担することとなるリース取引」に該当すること（フルペイアウトのリース取引）である。このフルペイアウト要件を満たすか否かは、各リース取引の経済的実質に基づいて個別に判断せざるを得ないが、会計上は、図表3のいずれかの数値基準を満たすものはフルペイアウトのリース取引と判定されている。

⑶　所有権移転ファイナンス・リース取引と所有権移転外ファイナンス・リース取引

前述の2要件を満たすファイナンス・リース取引は、リース物件の所有権が借手に移転すると認められるか否かに応じて、さらに所有権移転ファイナンス・リース取引と所有権移転外ファイナンス・リース取引に区分される。具体的には、リース契約にリース物件の所有権が借手に移転される旨が明記されている場合[16]、借手がリース物件を割安に購入する権利がリース契約上定められており、借手による購入が確実に予想される場合[17]、リース物件が

図表3　フルペイアウト要件の数値基準

現在価値基準	解約不能のリース期間中のリース料総額の現在価値が、当該リース物件を借手が現金で購入するものと仮定した場合の合理的見積金額の概ね90％以上である
経済的耐用年数基準	解約不能のリース期間が、当該リース物件の経済的耐用年数の概ね75％以上である（ただし、上記の現在価値基準の判定結果が90％を大きく下回ることが明らかな場合を除く）

16　法的には売買契約または割賦販売契約に該当すると考えられる。Q3参照。
17　法的には売買契約または割賦販売契約に該当し得る。Q3参照。

借手の用途等にあわせた特注品であって、借手以外の第三者による使用が想定されない場合などが所有権移転ファイナンス・リースの例としてあげられる。

2 リース取引の会計処理

(1) ファイナンス・リース取引の会計処理

ファイナンス・リース取引は、貸手が借手に対して資金を融通し、借手がその資金をもってリース物件を購入する取引と経済的には類似しているため、売買取引に準じた会計処理がなされる。

すなわち、ファイナンス・リース取引の借手は、リース取引の開始時に、リース物件を資産として計上するとともに、リース料総額から利息相当額を控除した額をリース負債として計上する。リース期間中は、リース物件の使用期間に応じてリース資産を減価償却していくとともに、支払ったリース料はリース負債の返済（利息相当額部分については、支払利息）として処理することになる。

これらの処理に対応するかたちで、ファイナンス・リース取引の貸手は、リース債権またはリース投資資産を貸借対照表に資産として計上し、リース期間中にリース料が支払われた場合には、リース債権またはリース投資資産の元本回収（利息相当額部分については、受取利息）として処理することになる。

(2) オペレーティング・リース取引の会計処理

オペレーティング・リース取引では、借手がリース物件を使用する対価として貸手にリース料を支払うという法形式を会計上もそのまま適用し、賃貸借取引に準じた会計処理がなされる。

その結果、オペレーティング・リース取引の開始時には、借手はリース資産およびリース負債を計上する必要がなく、借手の貸借対照表に影響を与える会計処理は行われない（いわゆるオフバランス取引となる）。リース期間中は、リース料が支払われるつど、借手は支払リース料として費用を計上し、

貸手は受取リース料として収益を計上することになる。

Q5 国際会計基準におけるリース

国際会計基準（IFRS）において、リース取引はどのように扱われますか。

A IFRS第16号「リース」に従った会計処理が行われます。リース物件の借手が、ファイナンス・リースであるかオペレーティング・リースであるかにかかわらず、原則としてリース取引の開始日に使用権資産およびリース負債を認識する必要があるという点で、IFRS第16号は日本のリース会計基準と大きく異なります。

1 国際会計基準の改訂の経緯

　国際会計基準審議会（IASB）が公表する国際会計基準では、IAS（International Accounting Standards）第17号「リース」に定められた基準が従前までは使用されていた。IAS第17号は、ファイナンス・リースとオペレーティング・リースを区分して、ファイナンス・リースについては売買処理を、オペレーティング・リースについては賃貸借処理を求める2区分モデルを採用したという点では、日本のリース会計基準とも類似していた。

　しかし、IASBは、IAS第17号に基づきオペレーティング・リースに関して報告される情報の不透明さや、2つの異なる会計処理モデルを併存させることによる財務諸表の比較可能性の低下等の問題意識から、IAS第17号にかわる新たな会計基準であるIFRS（International Financial Reporting Standards）第16号「リース」を2016年1月に公表した。IFRS第16号は、2019年1月1日以後に開始する事業年度から強制的に適用されるため、国際会計基準を現

在適用している会社はIFRS第16号に従った会計処理を行うことになる。

2 IFRS第16号の内容

IFRS第16号は、貸手の会計処理についてIAS第17号における2区分モデルの考え方を引き続き維持しているが、借手の会計処理については、この2区分モデルを放棄し、原則として全てのリース[18]に単一の会計処理を適用する基準を新たに制定した。

すなわち、リース物件の借手は、リース取引の開始日において、賃借した資産を使用する権利（使用権資産）をその取得原価で財政状態計算書に計上するとともに、未払リース料の現在価値に相当するリース負債を財政状態計算書に計上することになる。これは、借手がリース物件を使用する権利が国際会計基準上の「資産」の概念に、リース料の支払義務が国際会計基準上の「負債」の概念に、それぞれ該当すること等から導かれた結論であり、その結果、リース取引がフルペイアウトであるか否かは借手の会計処理に影響を与えないこととなった。

したがって、IAS第17号でファイナンス・リースとされていたリース取引は、IFRS第16号においても基本的に従前と同様の会計処理がなされているが、IAS第17号でオペレーティング・リースとされていたリース取引の会計処理は、IFRS第16号の適用によって大きく変容することとなった。オペレーティング・リースの借手の会計処理に関するIAS第17号とIFRS第16号の主な相違点は図表4のとおりである。

3 日本のリース会計基準への影響

国際会計基準に加え、米国会計基準においても、基本的に全てのリースについて資産および負債を計上する改正が2016年2月に公表されている。これらをふまえて、日本基準の開発を行っている企業会計基準委員会（ASBJ）

18　ただし、短期のリースおよび少額資産のリースは除かれる。

図表4　オペレーティング・リースに関するIAS第17号とIFRS第16号の主な相違点

	IAS第17号（旧基準）	IFRS第16号（新基準）
リース取引の分類	ファイナンス・リースとオペレーティング・リースに区分した上で会計処理	ファイナンス・リースとオペレーティング・リースの区別は存在しない
リース取引実行時の貸借対照表への影響	影響なし（オフバランス取引）	使用権資産およびリース負債を計上
リース料支払時の処理	支払リース料として全額費用処理	リース負債の返済および支払利息に区分され、支払利息部分のみ費用処理
減価償却の要否	不要	使用権資産を減価償却する

は、日本基準を国際的に整合性のあるものとする取組みの一環として、全てのリースについて資産および負債を認識する会計基準の開発に着手することを2019年3月に決定した。日本基準においても、国際会計基準のような単一モデルが新たに導入されるか、現行の2区分モデルが引き続き維持されるか、今後の議論の進展が待たれる。

Q6　リース税務の基礎1

リース取引は税務上どのように扱われますか。

A　ファイナンス・リース取引は、税務上は売買取引として扱われます。ただし、ファイナンス・リース取引のうち、セール・アンド・リースバック取引は金融取引（金銭の貸付）として扱われます。また、オペレーティング・リース取引は、税務上も賃貸借取引として扱われます。

1 ファイナンス・リース取引

(1) 税務上の「リース取引」の範囲

法人税法64条の2第1項は、法人がリース取引を行った場合には、その
リース取引の目的となる資産（リース資産）の賃貸人から賃借人への引渡し
の時に当該リース資産の売買があったものとして、当該賃貸人または賃借人
の所得の金額を計算するものと定めている。

もっとも、ここでいう「リース取引」とは法人税法で定義された用語であ
り、リース取引との用語から一般に想像される内容とは異なる。すなわち、
税務上の「リース取引」に該当するためには、①賃貸借期間の中途において
その解除をすることができず[19]、かつ、②借手が、リース資産からもたらさ
れる経済的な利益を実質的に享受するとともに、リース資産の使用に伴って
生ずる費用を実質的に負担するものであること[20]が必要である。

したがって、税務上の「リース取引」とは、ノンキャンセラブル・フルペ
イアウトの要件を満たすファイナンス・リースのみを指す概念である[21]。

(2) リース取引の税務処理

ファイナンス・リースについては、会計上はQ4のとおり売買に準じた処
理を行うものとされているが、税務上も以下のとおり売買に準じた処理がな
される（なお、所有権移転リースに該当するか否かでさらに減価償却の方法に差
異が生じるが、その点はQ7で述べる）。

19　会計上のノンキャンセラブル要件と同様に、事実上解約不能なリース取引（たとえ
　ば、解約時に借手が未経過期間に対応するリース料総額のおおむね全部を支払うことが
　リース契約上定められているもの）も、税務上のノンキャンセラブル要件を満たす（法
　人税法基本通達12の5－1－1）。
20　税務上のフルペイアウト要件は、解約不能のリース期間において借手が支払うリース
　料の総額が、当該リース資産の取得のために通常要する価額のおおむね90％を超える場
　合に満たされる（法人税法施行令131条の2第2項）。なお、リース料総額の割引現在価
　値を用いる会計上のフルペイアウト要件とは異なり、税務上は（現在価値に割り引かな
　い）リース料総額をもって判定がなされる。
21　法人税法64条の2第3項。なお、一定の要件を満たす土地の賃貸借は除かれる。

〈借手（レッシー・ユーザー）側の税務処理〉

・リース資産を自己の固定資産として認識し、事業年度ごとに減価償却を行う[22]。

・支払リース料を元本部分と利息部分に区分した上で、利息部分を損金算入する。

〈貸手（レッサー）側の税務処理〉

・延払基準の方法による経理を行うことを前提に、リース料総額からリース資産の取得原価を控除した売却損益の額を、リース期間にわたって各事業年度の損金または益金として分割計上することが可能である[23]。

2 セール・アンド・リースバック取引

法人税法64条の２第２項は、税務上の「リース取引」に該当するファイナンス・リース取引のうち、セール・アンド・リースバック取引に関する特則を設けている。すなわち、リース資産の譲受人から譲渡人に対するファイナンス・リースによるリースバックを条件に売買を行った場合において、これら一連の取引が実質的に金銭の貸借であると認められるとき（次段落参照）は、売買に準じた処理は行わず、かわりに金銭の貸付があったものとして所得の金額が計算されることになる。これは、セール・アンド・リースバック取引が法形式上は売買取引および賃貸借取引の複合取引である一方で、取引の経済的実態が金銭消費貸借取引に近似していることから、税務上、経済的実態に即した処理を行うための規定である。

セール・アンド・リースバック取引が実質的に金銭の貸借であるか否かは、リース資産の種類、売買および賃貸に至るまでの事情、取引当事者の意図等から、その資産を担保とする金融取引を行うことを目的とするものかど

---

22 リース資産の所有権は法的には貸手（レッサー）に帰属するが、税務上は、借手（レッシー・ユーザー）がリース契約の締結によってリース資産を購入した所有者であるかのように扱うこととなる。

23 法人税法63条１項、２項。

うかによって判定される[24]。自社ビルのセール・アンド・リースバック取引を例にあげると、当該取引によって自社ビルの使用状況は一切変わらず、資金調達という目的以外に自社ビルをリース会社に譲渡して賃借する相当な理由が存在しないのであれば、税務上は金銭の貸借と構成されることになる。

セール・アンド・リースバック取引の当事者における税務処理は、以下のとおりである。

〈借手（レッシー・ユーザー）／譲渡人側の税務処理〉

・リース資産の譲渡代金は借入金として計上される（譲渡損益は発生しない）。

・リース資産を自己の固定資産として引き続き認識し、減価償却も継続する。

・支払リース料を元本部分と利息部分に区分した上で、利息部分を損金算入する。

〈貸手（レッサー）／譲受人側の税務処理〉

・リース資産の譲渡代金は貸付金として計上される。

・受取リース料を元本部分と利息部分に区分した上で、利息部分を益金算入する。

3 オペレーティング・リース取引

前述のとおり、ノンキャンセラブルまたはフルペイアウトではないリース取引は税務上の「リース取引」に該当しないため、オペレーティング・リース取引は、税務上はリース取引に該当しない賃貸借取引として扱われる。ファイナンス・リース取引と異なり、オペレーティング・リース取引に関する特段の規定は法人税法上存在しないことから、オペレーティング・リース取引に関して益金または損金に算入すべき金額は、一般に公正妥当と認められる会計基準に従って計算されることになる[25]。

24　法人税法基本通達12の5−2−1。
25　法人税法22条4項。

図表5　リース取引の税務上の分類

ファイナンス・リース取引 （税務上の「リース取引」） →売買取引に準じた税務処理 ※所有権移転リース取引と所有権 移転外リース取引に区分される セール・アンド・リースバック取引 →金融取引に準じた税務処理	オペレーティング・リース取引 →賃貸借取引に準じた税務処理 ※税務上は「リース取引」に該当 しない

　したがって、オペレーティング・リース取引においては、リース会計基準における賃貸借処理に従い、借手が支払リース料を全額損金算入し、貸手が受取リース料を全額益金算入するという税務処理がなされる。

4　小　　括

　前述の内容を整理すると、一般に「リース取引」との用語で想定される各種の取引は、税務上は図表5のとおり分類されることになる。

Q7　リース税務の基礎2

　税務上、リース取引の対象資産に制限はありますか。また、所有権移転リース取引と所有権移転外リース取引にはどのような違いがありますか。

A　税務上の所有権移転リース取引に該当する場合、リース期間定額法による減価償却費の損金算入が認められません。リース取引の対象資産に税務上の制限はありませんが、所有権移転リース取引に該当するか否

かは、リース契約の条件やリース資産の性質等によっても変わり得るため注意が必要です。

1 所有権移転リース取引と所有権移転外リース取引

⑴ 所有権移転リース取引と所有権移転外リース取引の分類

　税務上のリース取引（ファイナンス・リース取引）は、さらに所有権移転リース取引と所有権移転外リース取引に区分される。所有権移転リース取引とは図表6のいずれかに該当するリース取引を指し、それ以外のリース取引は全て所有権移転外リース取引となる[26]。

⑵ 所有権移転リース取引と所有権移転外リース取引の税務処理

　税務上認められるリース資産の減価償却方法は、所有権移転リース取引と

図表6　所有権移転リース取引となる類型

① リース期間の中途または終了時において、リース資産が無償または名目的な対価の額で借手（レッシー・ユーザー。以下同じ）に譲渡される
② 借手に対し、リース期間の中途または終了時においてリース資産を著しく有利な価額で買い取る権利が与えられている
③ リース資産の種類、用途、設置の状況等に照らし、リース資産がその使用可能期間中借手によってのみ使用されると見込まれる（またはリース資産の識別が困難である）
④ リース期間がリース資産の法定耐用年数に比して相当短い（ただし、リース取引に係る借手の法人税負担を著しく軽減することになると認められるものに限る）
⑤ リース期間の終了後、無償と変わらない名目的な再リース料によって再リースをすることがリース契約において定められている（または借手と貸手（レッサー。以下同じ）の間で事実上そのような再リースが予定されている）
⑥ ディフィーザンスが組み込まれたリース取引[27]

26　法人税法施行令48条の2第5項5号、法人税法基本通達7-6の2-1。

所有権移転外リース取引で大きく異なる。所有権移転外リース取引の場合、リース資産の借手はリース期間定額法（リース資産の取得価額をリース期間の月数で除した額を各月の償却限度額とする方法）[28]によって減価償却を行うものとされている。したがって、リース期間満了時には、税務上の簿価がゼロになったリース資産が貸手に返還されることとなる。

　他方で、所有権移転リース取引の場合、借手が保有する他の固定資産と同一の方法による減価償却（法定耐用年数に基づく減価償却）が行われ、リース期間定額法によることは認められない。

　税務上の所有権移転リース取引・所有権移転外リース取引の区別は、リース期間定額法による減価償却によって課税上の弊害が生じるかという観点から設けられている。そのため、税務上の所有権移転リース取引の要件は、所有権移転条項付リース、割安購入選択権条項付リースおよび特別仕様物件のリースを規定している会計上の「所有権移転ファイナンス・リース取引」の要件[29]と類似してはいるものの、税務と会計の間でその要件が常に一致しているわけではない。たとえば、会計上は所有権移転外ファイナンス・リース取引に分類される取引であっても、リース期間がリース資産の法定耐用年数に比して相当短い場合には、税務上は所有権移転リース取引とされることになる。この場合、リース期間を耐用年数とし、残存価額をゼロとする減価償却が会計上は認められる一方で、税務上は法定耐用年数に基づく償却限度額を超えた損金算入が認められないことから、税務・会計の不一致が発生してしまうことがあり得る。

2　税務上のリース取引の対象資産に関する制限や留意点

　税務上、リース取引の対象とすることができる資産の範囲に制限はない。

27　金融機関等が借手から資金を受け入れてリース料債務を引き受けるとともに、金融機関等がその資金をもって貸手にリース資産の購入資金を貸し付ける仕組みのリース取引をいう。

28　法人税法施行令48条の2第1項6号。

29　リース取引に関する会計基準の適用指針10項。

そのため、リース物件の種類・性質や管理状況にかかわらず、税務上のリース取引の要件を充足している場合には、税務上リース取引として取り扱われることになる。

ただし、リース資産の種類・性質や管理状況によっては、1で前述のとおり税務上の所有権移転リース取引・所有権移転外リース取引の分類に影響があり、会計上の減価償却費として計上した費用を税務上の損金として全額算入することができない場合もあるなど、リース物件の種類・性質や管理状況による税務上の取扱いの差異は生じ得る。

たとえば、建築工事の仮設資材のように識別が困難な資産のファイナンス・リース取引は、所有権移転条項付リース、割安購入選択権条項付リースまたは特別仕様物件のリースのいずれかに該当しない限り、会計上は所有権移転外ファイナンス・リース取引となる。しかし、税務上は、「識別が困難」なリース資産についても、借手にリース資産の所有権が移転した場合に準じて所有権移転リースとする（リース期間定額法に従った減価償却費の損金算入を行わない）ことが求められている。この点、「識別が困難」か否かについては、税務上、貸手と借手において、リース資産の性質および使用条件等に適合した合理的な管理方法によりリース資産が特定できるように管理されているかどうかによって判定されるが[30]、借手が自ら所有する同種の物件とリース物件が混在しており、リース物件のみを貸手に返還することがむずかしい場合には「識別が困難」なものとして、税務上は所有権移転リースとして取り扱われることになる。

なお、管理状況次第では「識別が困難」となり得るような種類・性質のリース資産であっても、リース資産管理台帳を作成して個々のリース物件の状況を管理した上で、借手が自ら所有する同種の物件との区別が物理的にも明確になっているのであれば、識別が可能なリース資産として、税務上も所有権移転外リースとして取り扱う余地は認められる。

30　法人税法基本通達7－6の2－6。

通常は、リース期間定額法を適用する所有権移転外リース取引のほうが早期に減価償却を実施して税務メリットを享受できるため、識別が困難となるおそれのある資産をファイナンス・リース取引により調達する場合には、その管理方法も含めて留意が必要となる。

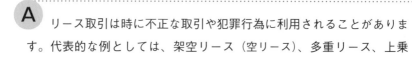

Q8　不正なリース取引

リースに関連する不正・違法な取引にはどのようなものがありますか。

....

A リース取引は時に不正な取引や犯罪行為に利用されることがあります。代表的な例としては、架空リース（空リース）、多重リース、上乗せリースなどがあります。

1　不正行為・犯罪行為とリース

リース取引は、会計上、税務上の特別な取扱いもあり、戦後の日本の経済成長とともに発展、普及した取引といえるが、リース取引の普及に伴い不正行為や犯罪行為に利用される例も散見されるようになった。代表的な例としては架空リース（空リース）、多重リース、上乗せリースなどがあげられよう。いずれも、刑事上は詐欺罪（刑法246条）などが問題となるが、民事上も種々の問題を惹起する。

2　架空リース（空リース）

架空リース（空リース）は、一般に、借手（レッシー・ユーザー）から借受証が交付されているが実際にはリース物件が納入されていない場合のリース（実体のないリース取引）をいう。当初からリース物件が存在しない場合もあ

れば、リース物件は存在するものの納入されずにリースが開始した外観が創出される場合（後述の多重リースなどとも関連することがある）もある。

　架空リースの事案においては、貸手（レッサー）であるリース会社が、リース取引においてリース物件の引渡しや使用に直接関与することがまれであることを利用して、リース会社から資金を詐取するための手段として利用されることが少なくない。売主（サプライヤー）と借手（レッシー・ユーザー）は共謀していることが多いが（売主（サプライヤー）の資金繰りが窮しているような場合に用いられることが多いと思われるが、借手（レッシー・ユーザー）に売主（サプライヤー）経由で資金が還流しているような事案もある）、売主（サプライヤー）からの依頼で（架空リースの認識なく）借手（レッシー・ユーザー）が事前に借受証を交付してしまう場合もある。

　この場合、売主（サプライヤー）に代金を支払った貸手（レッサー）は、大別して、①契約関係を解消して売主（サプライヤー）に対して代金の返還請求を行う、②契約関係を維持し、借手（レッシー・ユーザー）にリース料等の支払を請求する、のいずれかの方法でリース物件の取得費用の回収を図ることになる。このうち、②については、リース物件の現実の使用がない以上、リース料の請求が否定されないかが問題となり得る。

　この点、最高裁判例では、ファイナンス・リースの事案において、ファイナンス・リース契約は「その実体はユーザーに対する金融上の便宜を付与するものであるから、リース料の支払債務は契約の締結と同時にその全額について発生し、ユーザーに対して月々のリース料の支払という方式による期限の利益を与えるものにすぎず、また、リース物件の使用とリース料の支払とは対価関係に立つものではないというべきである。したがって、ユーザーによるリース物件の使用が不可能になったとしても、これがリース業者の責めに帰すべき事由によるものでないときは、ユーザーにおいて月々のリース料の支払を免れるものではないと解すべきである」と判示したものがある[31]。

31　最判平5.11.25（集民170号553頁）。

なお、下級審においては、借手（レッシー・ユーザー）は借受証を交付した以上、支払済リース料の返還を請求することは信義則上認められないとしたもの[32]や、リースにおける賃貸借的要素を重視して対象物がない以上リース料債権は発生しないとしたもの[33]などがあり、判断が分かれている。空リースといっても、貸手（レッサー）が善意で借手（レッシー・ユーザー）と売主（サプライヤー）にだまされたかたちのもの（貸手（レッサー）を保護する要請が高い）から、貸手（レッサー）も悪意である場合（貸手（レッサー）を保護する要請が低い）まで種々の事案があり、一律に考えることが必ずしも妥当とはいえず、個々の事案ごとに契約内容や取引の経緯なども含めて検討すべきであろう。リース会社としては、借手（レッシー・ユーザー）や売主（サプライヤー）の信用状態、物件の引渡しやその後の使用などについて可能な限りの調査を継続して行い、空リースに巻き込まれないように自衛策を講じるべきであることはいうまでもない。

3　多重リース

　多重リースとは、一般に、同一のリース物件について、同一の借手（レッシー・ユーザー）が複数の異なる貸手（レッサー）との間でリース契約を締結してリースを受ける場合をいう。架空リース（空リース）と重複する部分があると考えることもできよう。リース会社から資金を詐取するために利用されるのが一般であるが、セール・アンド・リースバック形式の場合には売主（サプライヤー）は関与せず、借手（レッシー・ユーザー）の資金繰りのために複数の貸手（レッサー）が巻き込まれることも少なくない。

　多重リースの場合、空リースと異なりリース物件は存在していることが一般的である（そうであるがゆえにリース会社も安心して取引に入ってしまうことが多い）。この場合、特に売主（サプライヤー）や借手（レッシー・ユーザー）が倒産した場合などに、リース物件の所有権の帰属が問題となる。不動産

32　東京地判昭56.10.2（判時1034号99頁）など。
33　福岡高判平8.7.19（判夕927号159頁）、東京地判平2.5.16（判時1363号98頁）など。

や、航空機、船舶などの登記可能資産の場合には、登記の有無・先後によって判断可能であるが、登記対象でないリース物件の場合、引渡しの先後や即時取得（民法192条）の成否など、個別具体的な事情から判断せざるを得ない。

4　上乗せリース

　上乗せリースとは、一般に、リース物件について実際の価格や価値以上の金額であると偽ってリース取引を行うことをいう。売主（サプライヤー）と借手（レッシー・ユーザー）が共謀して価格をつり上げ、貸手（レッサー）に当該増額後の金額を支払わせるケースが一般的であるが、セール・アンド・リースバックの場合など売主（サプライヤー）の関与がないケースもあろう。

　空リースや多重リースの場合も同様だが、リース開始後に予定どおりリース期間満了まで借手（レッシー・ユーザー）からリース料が支払われた場合、上乗せリースの問題が発覚しないことも珍しくないといわれている。なお、下級審ではあるが、リース物件の実際の価値以上の価格でリース契約が締結されたとしてもリース契約としては有効であるとした裁判例がある[34]。

　特に中古のリース物件の場合、物件の実際の価値については必ずしも一義的に明らかとはいえないことも珍しくなく、上乗せリースというべきか判断がむずかしいケースも想定される。前述のとおり、契約上所定のリース料等が全て支払われるような場合は格別、上乗せリースは資金繰りに窮した借手（レッシー・ユーザー）（または売主（サプライヤー））が企図するケースが多いものと思われ、借手（レッシー・ユーザー）が経済的に破綻した場合には上乗せ部分はリース物件から回収することが困難になることから、貸手（レッ

34　東京高判昭61.1.29（判時1185号104頁）。この事案は、連帯保証人であった借手（レッシー・ユーザー）の代表者が、借手（レッシー・ユーザー）の倒産後に、リース契約は借手（レッシー・ユーザー）と貸手（レッサー）の通謀虚偽表示で無効であると主張したが、高裁はかかる主張を認めずリース契約を有効としたものである。

サー）であるリース会社としては、リース物件の価格が合理的な市場価値の範囲内にあるか否かをきちんと確認してからリース取引を行うべきである。

第 2 章

リース取引の契約関係

　一般的なリース取引の当事者間の契約関係はどのようになっていますか。

A　一般的なリース取引においては、①借手（レッシー・ユーザー。以下「U」といいます）、②貸手（レッサー。以下「L」といいます）、③リース物件の製造者・売主（サプライヤー。以下「S」といいます）の三当事者間で成り立っています。LとSの間は売買契約（または請負契約）が締結され、UとLの間はリース契約が締結されます。UとSの間では一般に契約は締結されません。

1　一般的なリース取引の契約関係

　一般的なリース取引（ファイナンス・リース）は、リース物件の需要者である借手（レッシー・ユーザー。以下「U」という）、リース物件の供給者である製造者・売主（サプライヤー。以下「S」という）、そして、その間をつなぐ貸手（レッサー。以下「L」という）の三者間の契約関係から構成される。

　LはUに対してリース物件のリースを行う前提として、Sとの間でリース物件の購入に関する契約を締結する。そのため、一般的にはLとSの間の契約関係は売買契約となるが、リース物件が船舶などの大型動産であったり、コンピュータシステムであったりするなどの場合には、請負契約となる場合もある。

　LとUの間の契約はリース契約となる。UとSの関係については、通常、直接の契約関係には立たない。実際にはUとSが直接やり取りをしてリース物件の選定や、仕様を決めていくことになるが、その内容が固まったところで、その内容に従ってLとSの間で売買契約または請負契約が締結されるのが通常の取引の流れである（図表1参照）。

図表1　一般的なリース取引の契約関係

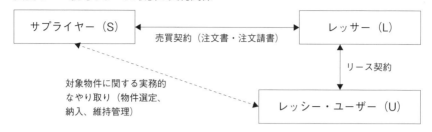

2　LとSの契約関係

　前述のとおり、LとSの間の契約関係は一般に売買契約または請負契約である。リース会社が準備する「注文書」「注文請書」によって契約を締結することも多いが、Sの側で契約フォームを準備していることもある。また、大型の物件などでは、UとSが予め契約を締結し、当該契約のUの契約上の地位をLが承継することもある。

　リース物件の需要者であるUとの間のリース取引のために売買契約または請負契約が締結されることから、かかる目的に沿った内容が定められる。一般に盛り込まれている特徴的な点としては、①引渡場所はUの指定場所、②引渡しのタイミング（所有権移転のタイミング）はUの検収が完了した時点、③対象の瑕疵や修理に関するやり取りはUとSの間で行うことが前提とされている、④LとUの間のリース契約が締結されない場合や、引渡前に解除された場合には、売買契約（請負契約）も解除される、などの点があげられよう。

　Lは売買契約（請負契約）における買主・発注者であるが、実際の対象の需要者ではなく、あくまでもUへのリースを行うために買主・発注者になっていることから、売買契約（請負契約）はLとSの契約ではあるものの、実質的な関係としてUが介在することになり、Uが取引関係から離脱する場合にはLも離脱することになるなど、Lとしては独自のリスクを負わないことが想定されている点が大きな特徴といえよう。

3 LとUの契約関係

LとUはリース契約を締結することになる。詳細については第3章にて取り扱うが、一般に盛り込まれている特徴的な点としては、①物の引渡しはSからの搬入に依拠する（Lが引渡行為を実際に行うことはない）、②Lはリース物件の内容や性状、維持管理に関して責任を負わない、③Lが売買契約・請負契約上Sに対して有している請求権について、Uが代理してSに対して行使することや、さらに必要に応じてLの権利をUに譲渡する、④物件滅失時にはUが残価相当額をLに支払う、⑤中途解約禁止、⑥契約違反等による早期終了の場合にはUが残価相当額をLに支払う、⑦リース期間満了時に返還以外の選択肢（再リースや購入権など）も設けられていること、などがあげられよう。

LはUに対してリース物件の貸手の地位に立つが、リース物件の需要者であるUのための取引である点に鑑み、民法上の賃貸借契約における貸手の義務が大幅に縮減されているところに通常の賃貸借との大きな違いがある。また、経済的な側面からみた場合、ファイナンス・リースにおいては、リースが満期まで継続した場合でも、何らかの事情で中途に終了した場合でも、Lがリース物件を取得するために投下した費用が回収できるように設計されている[1]。

4 UとSの契約関係

上記のとおり、通常、UとSは直接の契約関係には立たない。もっとも、LとSの間の売買契約（請負契約）や、UとLの間のリース契約に規定されていない取扱いについて、LとSの間で直接の合意がなされることがある（この場合には直接的な契約関係に立つことになる）。

1　Uから全額回収することが予定されているのがフルペイアウトであり、リース物件の残価（物件売却代金）も考慮しつつ全額回収を予定しているのがノン・フルペイアウトである。

実際には、リース取引開始前、リース期間中を問わず、リース物件に関してUとSは直接の交渉その他のやり取りをすることになり、一方でLはリース物件に関してSと直接やり取りすることは想定されていない。そのため、通常のリース取引においては、契約関係と実際の当事者の関係に乖離が生じることになる。もっとも、かかる点は契約上も考慮されており、LとSの間の売買契約（請負契約）においてはUの存在が明示され、またLとUの間のリース契約においても、UがSに直接請求できるようにする規定が盛り込まれている[2]。

Q10 二当事者間の契約関係（セール・アンド・リースバック）

セール・アンド・リースバックとはどのような取引ですか。また、セール・アンド・リースバック取引の当事者間の契約関係はどのようになっていますか。

A セール・アンド・リースバックとは、一般に、リース物件を所有している借手（レッシー・ユーザー。以下「U」といいます）が、当該リース物件を貸手（レッサー。以下「L」といいます）に売却すると同時に、当該リース物件のリースを受けることをいいます。リース・バック、と呼ばれることもあります。通常はUとLの二当事者間の取引であり、売買契約とリース契約から成り立ちます。もっとも、金融目的で取引が行われることもあり、売買契約のなかに低額での買戻権や買戻義務が規定

---

2 UとSの実際の関係をふまえて、実質的にUとSの間に契約関係を認めるべきという考え方もある。梶村太市・石田賢一・西村博一編『新リース契約法』（青林書院、2011年）70〜72頁〔石田賢一〕など。本文中に指摘したとおり、契約書に明文で手当されている場合は格別、明文での手当がなく、かつUとSの間に黙示の合意を認めるべき事情があるような場合には、UとSの間に契約関係を認めるべき場合もあろう。実際に、大阪地判昭51.3.26（金判498号30頁）では、UとSの間に直接の損害担保契約の成立を認めている。

されていたり、リース契約に低額での購入選択権が規定されていたりするような場合、取引全体としてみて担保付金融取引とみなされる可能性もあります。

---

1 セール・アンド・リースバック

セール・アンド・リースバックとは、一般に、リース物件を所有している借手（レッシー・ユーザー。以下「U」という）が、当該リース物件を貸手（レッサー。以下「L」という）に売却すると同時に、当該リース物件のリースを受けることをいう。単にリース・バックと呼ばれることもある。対象は不動産・動産のいずれの場合もあり、また、新規に導入される物件の場合もあれば、既にUが所有している物件の場合もある。Uが新規に導入する物件を対象とするセール・アンド・リースバックについては、取引の目的・内容からみても通常のリースに近い取引といえる[3]が、既にUが所有している物件を対象とする場合には、Uのための金融目的の場合も少なくない。ファイナンス・リースも金融的要素が強いが、通常のファイナンス・リースと（既にUが所有している物件の）セール・アンド・リースバックの違いの1つは、ファイナンス・リースの場合には、Uがリース物件の使用権を取得するための取引であるのに対し、（既にUが所有している物件の）セール・アンド・リースバックにおいては、リース物件は既に取得済みであることから、リース物件の使用権を取得すること以外の目的（オフバランス、資金調達など）で取引が行われることがある点にある。

セール・アンド・リースバックは、通常はUとLの二当事者間の取引であるが、例外的に三当事者以上が関与する取引もある。たとえば、ある企業グループ内の会社からLがリース物件を購入し、それを同一企業グループ内の別の会社であるUにリースする取引なども、実質的にみてセール・アンド・

---

3 加藤一郎・椿寿夫編『リース取引法講座〈上〉』（金融財政事情研究会、1987年）65頁〔庄政志〕に同旨。

リースバックと呼ぶこともある。また、Ｌの側の事情などから、Ｕから物件を購入したＬがさらに別の当事者とセール・アンド・リースバック取引をした上でＵにリース・バックする、いわゆるセール・アンド・転リースバック取引も存在する。

セール・アンド・リースバックについては、前述のとおり、所有資産の会計上のオフバランスを考慮した取引や、一般の資金調達のための取引を含み得ることから、一般的なリースとはリース期間や契約条件が大きく異なる場合もある。

2　リース・バックと担保付金融

⑴　問題の所在

リース物件をＵが導入するための（一般に新品を対象とする）セール・アンド・リースバック取引の場合、通常のリースに近い取引といえるが、通常の三者間のファイナンス・リースにおける売主（サプライヤー。以下「Ｓ」という）とＬの契約関係が、既にＵとＳの間で構築されていることから、ＬとＵの間ではＳとの関係が原則として問題とならず（もっとも、物件代金の支払タイミングなどは、ＳとＵの間の売買契約とＵとＬの間の売買契約で整合的に設定することも多く、ＬとＵの間でＳとの関係が全く考慮されないわけではない）、

図表2　セール・アンド・リースバック

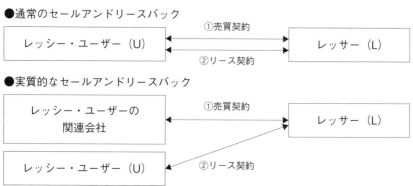

この点においてより法律関係がシンプルなリース取引であるということができる[4]。

　一方、既にUが所有している物・不動産を対象とするセール・アンド・リースバック取引の場合、リース物件に関係のないUの資金需要を満たすための金融目的でセール・アンド・リースバックが用いられることも少なくない。経済的には、所有している物や不動産を担保に提供して、資金を借り入れるのと同様の効果を得られるといえることから、実質的に担保付きの金銭消費貸借契約が締結されたとみるべきではないか、という問題が生じ得るが、資金需要があれば常に担保付金融取引となるわけではない。資金を獲得するために保有資産を第三者に売却処分することもあり、買戻特約や売却した物の使用の継続などがない場合には担保付金融取引該当性の問題は通常生じない。リース物件の実質的な利用権や支配権がUから移転していない（実際には売却を行っていない）ようにみえる要素が存在して、初めて担保付金融とみるべきではないかという問題が生じることになる。

　この点、セール・アンド・リースバック取引における金銭消費貸借契約の成立や利息制限法の適用について、裁判所は謙抑的であるように見受けられるが、必ずしも全て否定しているわけでもない[5]。

⑵　真正譲渡性に関する議論

　学説上は一定の場合にはセール・アンド・リースバックにおいて金銭消費

4　リース物件の修補請求などにおいてLが介在しないので、Uはシンプルに自己のSに対する直接の契約上の権利に基づき請求を行うことができ、ファイナンス・リースにおいて想定されている、Lの権利を代理行使することや、LからSに対する権利の譲渡を受ける必要がない。

5　東京地判昭57.2.17（判時1051号109頁）は、医療機器のリース・バック取引に関して、「金銭消費貸借契約が締結されたものとは、認められない」として金銭消費貸借契約の成立を認めず、利息制限法の適用もないとした。一方、東京地判昭57.9.8（判時1077号83頁）は、リース・バックのリース料について「売買代金相当額の融資に対する返済の実質を有する」としている。なお、三者間のセール・アンド・割賦バック取引の事案（リースバックではなく、割賦販売のかたちでUに物件を戻す取引の事案）であるが、最判平5.7.20（集民169号291頁）は、「本件契約の実質は（中略）金銭消費貸借契約又は諾成的金銭消費貸借契約であるというべき」「割賦販売契約を仮装したもの」と判示し、金銭消費貸借契約の成立を認めている。

貸借契約の成立を認めるべきとする説も有力であるとされているが[6]、特に
Uの倒産手続などにおいては、ファイナンス・リースと同様に、その実質が
担保付金融取引であるとみるべき場合には、担保付金融としての処理がなさ
れることになろう。通常のファイナンス・リースと異なる点としては、セー
ル・アンド・リースバックの場合、リース契約単体でみた場合には必ずしも
ファイナンス・リースの要件を満たさないものの、それを補完するかたちで
売買契約の条件（一定の場合の所定の金額での買戻権や買戻義務など）が定め
られることがあるため、リース契約自体はファイナンス・リースではないも
のの、取引全体として金融目的であり担保付融資と同視して考えられるよう
な場合があり得る点があげられる。

　取引全体を担保付金融として構成するかどうかについては、従来から真正
譲渡性の観点から議論されてきた。これは、セール・アンド・リースバック
における、当初のセール、すなわち売買契約が、担保としての供与ではなく
真正な売買といえるか、という視点からの考察である。もっとも、真正譲渡
性を検討する目的としては、会計上のオフバランスを認めるべきかどうか、
Uの倒産時に賃貸借取引・金融取引のいずれとして扱うかどうかなどの点が
あげられるが、問題となる視点や場面が必ずしも同一ではないことから、一
律の基準を設けることは容易ではない。この点、実務におけるいわゆるトゥ
ルーセール・オピニオン（真正譲渡意見書）においては、①担保性を推定さ
せる被担保債権や買戻義務の不存在、②資産の支配・リスク・利益の移転、
③対価の相当性、④資産の移転に関する対抗要件の具備、⑤オフバランス
化、⑥対象の特定性、などが一般に分析対象とされてきた[7]。もっとも、か
かる分析も最高裁判例などに基づく画一的な基準ではないことから、Ｑ１の
解説でも触れたとおり、契約自由の原則による当事者間の合意を尊重しつ

6　梶村太市・石田賢一・西村博一編『新リース契約法』（青林書院、2011年）86〜87頁
　　〔梶村太市〕。
7　西村ときわ法律事務所編『ファイナンス法大全　アップデート』（商事法務、2006年）
　　345頁。

つ、個別具体的な場面において、必要な範囲で公序良俗の観点その他公益的要請が働く場面において、必要な限度で制限を受けると考えるべきであろう。

Q11 多数当事者間のリース取引

ジャパニーズ・オペレーティング・リース（JOL）とはどのような取引ですか。

A　ジャパニーズ・オペレーティング・リース（JOL）とは、リースを活用したストラクチャード・ファイナンス（仕組金融）取引の一種で、一般に、借手（レッシー・ユーザー）が指定した税務上の償却資産である物をリース物件として、貸手（レッサー）が、資金を調達した上でリース物件を購入し、それを借手（レッシー・ユーザー）に対してオペレーティング・リースする取引をいいます。エクイティ性の資金の提供者である投資家は、自ら貸手（レッサー）として、または民法上の組合の組合員若しくは商法上の匿名組合における匿名組合員として案件に参加し、リース物件の減価償却損を含むリース事業の損益の分配を受けることになります。

1　ジャパニーズ・オペレーティング・リース（JOL）

ジャパニーズ・オペレーティング・リースは、リースを活用したストラクチャード・ファイナンス（仕組金融）取引の一種で、一般に、借手（レッシー・ユーザー）が指定した税務上の償却資産である物をリース物件として、貸手（レッサー）が、デット性の資金とエクイティ性の資金を調達してリース物件を購入し、それを借手（レッシー・ユーザー）に対してオペレー

ティング・リースする取引をいう。

　貸手（レッサー）はSPC（特別目的会社）や任意組合であることもあれば、投資家である事業会社であることもあり、また、単独の場合もあれば、複数の場合もある。物件購入代金については、デット性の資金を調達することが多いが、デット性の資金調達をせずに全額エクイティ性の資金を調達する場合もある。エクイティ性の資金の提供者である投資家は、貸手（レッサー）との間で、貸手（レッサー）を営業者とする匿名組合契約（商法535条）を締結して出資をする、ほかの当事者と民法上の任意組合を組成する、または自ら貸手（レッサー）となるという方式でJOLに投資し、取引に参加することになる。

　投資家は、リース料やリース終了時の物件の売却代金による利益を直接または匿名組合や任意組合経由で享受するほか、リース物件の減価償却や借入金の金利支払に係る損失について直接または匿名組合や任意組合経由で享受する。これらの損益については、法人税制上認められる範囲で処理していくことになる。

　リース物件としては、航空機、船舶、海上輸送用コンテナなどの大型の動産が代表的な例である。代表的な取引関係を図に表したのが図表3である。

2　JOLの種類、メリット・デメリット

　ジャパニーズ・オペレーティング・リース（JOL）には、借手（レッシー・ユーザー）による公正市場価格での購入選択権が付されているものと、付されていないものがあり、前者については特にジャパニーズ・オペレーティング・リース・ウィズ・コールオプション（JOLCO）と呼ばれることがある。

　前述のとおり、投資家が出資するエクイティ性の資金部分については税務メリットもあり得ることから、投資家が期待する金銭配当による利益率は銀行貸付などによるデット性の資金の金利よりも一般に低い。そのため、借手（レッシー・ユーザー）側からみれば、エクイティ性の資金調達がある分だけ

図表3　ジャパニーズ・オペレーティング・リース（JOL）の取引関係

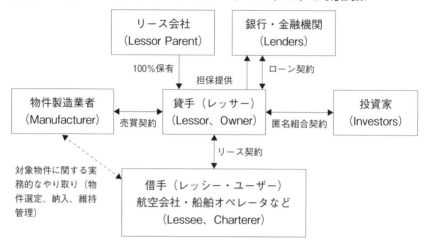

（直接デット性の資金を調達するより）リース料も低額になる関係にあり、こ
れがストラクチャーとしての強み・メリットになっている。

　一方で、資金調達におけるデットとエクイティの二層構造の点や投資家に
よる関与がある点などから、シンプルなデット性資金の調達のみによるファ
イナンス取引やリース取引に比べて契約関係が複雑となり、税務面も含めた
取扱いも複雑になる結果、案件組成・維持管理に関するコストが増加すると
いうデメリットもあるといえる。

3　匿名組合契約

　匿名組合契約とは、商法535条以下に規定のある契約類型であるが、当事
者の一方が相手方の営業のために出資をし、その営業から生ずる利益を分配
することを約することにより成立する契約である。営業を行う者を営業者と
いい、出資を行う者を匿名組合員という。会社に対して出資した株主の関係
に似ている点もあるが、匿名組合契約に基づく出資はあくまでも契約に基づ
く出資であり、会社の組織法上の行為（募集株式の発行等）による出資とは
法的性質が異なる（営業者の法的倒産時には、匿名組合員は営業者の株主として

扱われるわけではなく、債権者として扱われることになる）。

　匿名組合契約に基づき、営業者は、自己の名称や商号で特定の営業を行うものとされ、匿名組合員は、当該営業の損益の分配を受ける一方で、原則としてその事業の執行などに直接関与することはできず、当該営業に関して第三者との間で直接の契約関係等をもつことはできないものとされている（商法536条）。匿名組合員には、一定の範囲で営業者の業務および財産の状況を検査する権利が認められている（商法539条）。匿名組合員と営業者の関係は、会社の株主が、プロの経営者に会社の経営を任せて、自らは経営に従事しない場合の、株主と会社の関係に似ているといえる。ただし、匿名組合の場合、匿名組合員は、匿名組合契約で特定した事業の利益や損失をダイレクトに享受する地位に立つ点で株主とは異なることになる。

　匿名組合契約は金商法上の集団投資スキームに該当するため、投資家の勧誘・募集行為については原則として第二種金融商品取引業の登録が必要であり、また、事後的に投資家に販売するための匿名組合持分の引受けについては原則として第一種金融商品取引業の登録が必要である。金商法上の規制についてはQ36およびQ42参照。

4　クロスボーダーJOL

　JOL取引は、国内で完結する取引もあるが、クロスボーダー取引の割合が高い。クロスボーダーのJOL取引における契約関係においては、言語は英語、準拠法としては英国法やニューヨーク州法が採用される例が多い（英国や米国の当事者がいない案件においても同様である）。もっとも、担保関係については担保対象の所在国法で担保設定されるのが通常であり、航空機や船舶などの登録可能物件については登録国、預金口座への担保設定などは預金口座の開設地のある国の担保法制に従って担保設定がなされることになる。登録関係では、法域によっては厳格な形式要件が要求されることもあり、現地法カウンセルとのスムーズな協働が重要である。

　なお、航空機については、特定の法域における登録に加えて、ケープタウ

ン条約に基づく国際的な登録制度が存在しており、同条約の批准国の当事者・所在資産に対する権利について、同条約に基づき設立されている国際登録簿（International Registry）に一定の範囲の権利（国際的権益・International Interest）を登録することが可能である。ケープタウン条約に基づく国際的権益の登録制度についてはQ44参照。

Q12 協調リース

協調リースとはどのような取引ですか。

A 協調リースとは、一般に、複数のリース会社が協調して貸手（レッサー）となり、借手（レッシー・ユーザー）にリースすることをいいます。航空機や船舶など大型の物件をリース物件とする場合に用いられることが多く、また、協調リースには、リース会社が民法上の組合を組成して組合が貸手（レッサー）となるものや、各リース会社がリース物件を共有して貸手（レッサー）となるもの、借手（レッシー・ユーザー）との関係では幹事会社であるリース会社のみが貸手（レッサー）となるものなど、種々の類型があります。

1 協調リースとは

協調リースとは、一般に、複数のリース会社が協調して貸手（レッサー）となり、借手（レッシー・ユーザー）にリースすることをいう。航空機や船舶など大型の物件をリース物件とする場合に用いられることが多いが、その他のリース物件でも可能であり、実際に様々なリース物件を対象とする協調リース案件が存在する。

協調リースが用いられる理由は、通常は貸手（レッサー）の側のリスク分

散の点にあり、基本的な考え方はローン取引におけるシンジケート・ローンや保険取引における共同保険に親和性がある。そのため、リース物件が大型で資金需要が大きな金額となる場合に協調リースが検討されるのが一般的であるが、そのほかにも、リース物件の特殊性からその分野に精通したリース会社を幹事会社として協調リースが組成されるケースや、まれに借手（レッシー・ユーザー）の要望で複数のリース会社を貸手（レッサー）にしたいということから協調リースとなることもある。

　リース取引において貸手（レッサー）としての連絡窓口や案件全体のアレンジをするなど中心的な役割を果たすリース会社を一般に幹事会社と呼び、その他のリース会社を非幹事会社や参加会社と呼ぶ。

2　協調リースの分類[8]

　協調リースには、借手（レッシー・ユーザー）との関係でも複数のリース会社が貸手（レッサー）となるもの（表協調、と呼ばれることもある）と、貸手（レッサー）との関係では幹事会社であるリース会社が単独で貸手（レッサー）となるもの（裏協調、と呼ばれることもある）に大別することができる。

　このうち前者については、①リース会社が民法上の組合（民法667条）を組成して組合が貸手（レッサー）となるもの、②リース会社がリース物件を共有し複数のリース会社が貸手（レッサー）となるものがあり、後者については、㋑幹事会社のみが貸手（レッサー）となり、リース会社間で協定書を締結して事業運営や損益の分配法などについて定めるもの、㋺幹事会社を営業者、非幹事会社を匿名組合員とする商法上の匿名組合（商法535条）を組成して営業者たる幹事会社のみが貸手（レッサー（リース会社））となるもの、㋩非幹事会社の持分を幹事会社にリースまたは割賦販売して幹事会社のみが貸手（レッサー（リース会社））となるもの、㊁非幹事会社が幹事会社に必要資金の一部を融資し、幹事会社のみが貸手（レッサー（リース会社））となるも

8　協調リースの分類については、加藤一郎・椿寿夫編『リース取引法講座〈上〉』（金融財政事情研究会、1987年）69頁〔庄政志〕も参照。

の、など種々の類型があり得る。

　なお、いずれの類型においても、通常は幹事会社が窓口となり、借手（レッシー・ユーザー）との間の種々の事務処理や連絡を担当することになる（非幹事会社は、必要な範囲で幹事会社に権限を委任し、その対価として所定のフィーを支払うというアレンジが取られることも多い）。

3　集団投資スキーム該当性

　複数のリース会社による協調リースが集団投資スキームに該当する場合、各リース会社の持分は、いわゆるみなし有価証券として金商法の規制に服することになる。ここで集団投資スキームとは、出資者が出資または拠出をした金銭を充てて行う事業（出資対象事業）から生ずる収益の配当または当該出資対象事業に係る財産の分配を受けることができる権利をいう（金商法2条2項5号参照）。

　上記のとおり協調リースには種々の類型があり、単に幹事リース会社に対する信用の供与として非幹事会社が幹事会社に融資をするような場合は集団投資スキームには該当しないと考えられるが（この場合は純粋に幹事会社に対する金銭消費貸借取引であって、通常は事業に対する出資ではない）、その他の場合には集団投資スキーム該当性が問題となり得る。

　金商法施行令において集団投資スキーム該当性に関する規定が定められており、具体的には、以下の例外要件（金商法施行令1条の3の2）に該当しない場合には集団投資スキームに該当することになる。

【集団投資スキームの例外要件（金商法施行令1条の3の2）】

(1)　出資対象事業に係る業務執行がすべての出資者の同意を得て行われるものであること（すべての出資者の同意を要しない旨の合意がされている場合において、当該業務執行の決定についてすべての出資者が同意をするか否かの意思を表示してその執行が行われるものであることを含む。）：かつ

---

(2) 出資者のすべてが、①出資対象事業に常時従事すること、または②特に専門的な能力であつて出資対象事業の継続の上で欠くことができないものを発揮して当該出資対象事業に従事すること。

　協調リースの類型のうち、匿名組合型（前述2㋺）については、各匿名組合員に匿名組合事業に関する実質的な権限はなく、金商法上の例外規定に通常該当し得ないため、二項有価証券として金商法の規制に服することになる。また、匿名組合型以外の類型については、その例外該当性の判断にあたり、リース会社間の協定書などの書面上の文言のみならず、実際の運用実態も考慮した上で判断されることとなる。

　例外要件のうち「特に専門的な能力であつて出資対象事業の継続の上で欠くことができないものを発揮して当該出資対象事業に従事すること」（金商法施行令1条の3の2第2号ロ）については、金融庁のガイドライン[9]において「リース事業者がリース取引に係る借手の審査及び管理並びにリース物件（リース取引により借手に使用させる物件をいう。）の管理その他のリース取引に係る重要な業務に従事する場合には、当該リース事業者は、金商法施行令第1条の3の2第2号ロに該当する」との考え方が示されており、各参加リース会社が借手（レッシー・ユーザー）の審査および管理ならびにリース物件の管理等の業務に常時従事しているといえるかが判断の基準となる。

Q13　提携リース・小口リース

提携リース・小口リースとはどのような取引ですか。

 リース取引のうち、リース物件の売主（サプライヤー。以下「S」と

9　平成27年9月金融庁総務企画局「金融商品取引法等に関する留意事項について（金融商品取引法等ガイドライン）」第1章2－2。

いいます）が主体的に取引を進め、借手（レッシー・ユーザー。以下「U」といいます）を貸手（レッサー。以下「L」といいます）に斡旋し、Lから委託を受けてリース契約等の事務手続についても行っているリース取引を提携リースや小口リースと呼ぶことがあります。SがUとの間の契約手続を含めて対応するため迅速な契約手続が可能である一方で、Lであるリース事業者がUと直接の接点をもたないことから、契約内容を含め販売の態様に関するチェック機能が十分に働かず、トラブルになる例もあります。

---

1 提携リース・小口リース

　リース取引のうち、リース物件の売主（サプライヤー。以下「S」という）が主体的に取引を進め、借手（レッシー・ユーザー。以下「U」という）を貸手（レッサー。以下「L」という）に斡旋し、Lから委託を受けてリース契約等の事務手続についても行っているリース取引を提携リース（パートナー・リース）や小口リースと呼ぶことがある。

　SとLとの間に提携関係があり契約締結手続の事務についてもSに委託されることから、Sの紹介でUがリース取引の当事者となるものの、契約締結時のU（および保証人）の意思確認（およびLによるUの審査）時以外にはLとUの間には直接の接点がないことが多い。Sが取引に関するほぼ全ての手続や事務を取りまとめることから、簡易迅速な取引が可能となる一方で、悪質なSによる強引な販売（虚偽の説明や不誠実な対応）が行われることもあり、トラブルが生じることもある。

2 提携リース・小口リースにおける法律関係

　図表4にも示されているように、実際の販売行為や、製品の納入などはSが行うことになるが、一般的な提携リース・小口リースの取引において、法律関係としてはSとUの間に直接の契約関係は存在しない。SはLとの間の

図表4　提携リースの取引関係

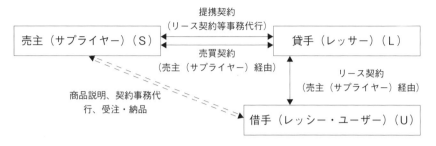

売買契約に基づいて製品をLに販売し（ただし、リース物件の納入はUに対して行う）、UはLとの間のリース契約に基づきリース物件を使用することになる（リース料の支払もLであるリース事業者に対して行う）。

3　トラブル事例や裁判例の動向等

　かつての提携リース・小口リースの取引においては、リース事業者による取引の適正さに関するチェックが必ずしも及んでいなかったという実態もあり、悪質なSによる虚偽説明や不誠実対応に関するトラブルが少なからず生じていた[10]。

　この点、SによるUに対する説明内容と実際の契約内容が異なっていたような場合でも、裁判例上、SをLの代理人として認める例はほとんどなく[11]、SはあくまでもLとUの間のリース契約締結に関する事務を代行しているとの整理が一般的である（そのため、Sによる行為の法的責任をLが負うということはないというのが一般的な整理の帰結である）。

　一方で、大阪地判平24.7.27（判タ1398号159頁）は、Lであるリース事業者は「原則として、各提携販売店につき、リース契約の勧誘方法等営業活動

10　公益社団法人リース事業協会が公表している資料によれば、2007年度～2010年度は、協会の会員会社（リース事業者）への小口リースに関する苦情が毎年年間3,000件を超えていた。

11　たとえば、東京地判昭56.6.25（判時1036号84頁）など。

を管理、監督する義務を負わないと解するのが相当である」としつつ、「リース会社が提携販売店の違法行為を知り、又は知り得たにもかかわらず漫然と顧客とリース契約を締結したというような特段の事情が認められる場合には」提携販売店に対する指導監督をすべき注意義務があったとして不法行為責任を負うと解するのが相当である旨判示し、提携リースであってもL（リース事業者）がUに対して不法行為責任を負い得るとの考え方を示している。Sによる不適切行為の責任をLが負うという法的構成ではなく、Sによる不適切行為に関して必要な措置を講じなかったというL自身の不作為について不法行為責任を負うという法的構成である。

　現在では業界の自主規制などもあり（詳細はQ50参照）、小口リースに関する苦情件数は大幅に減少している。

Q14　プログラム・リース

プログラム・リースとはどのような取引ですか。プログラム・リースの法的性質について教えてください。

A　プログラム・リースとは、一般に、プログラムの需要者である借手（レッシー・ユーザー。以下「U」といいます）の希望に応じて、貸手（レッサー。以下「L」といいます）がプログラムの供給者としてのソフトウェア制作会社（サプライヤー。以下「S」といいます）から、Uへの再使用権の設定を前提とするプログラムの非独占的使用権を取得し、当該非独占的使用権に基づき、Uに対してプログラムの使用権を設定（リース）し、その対価としてUがリース料を支払う取引をいいます。

1　プログラム・リースの特徴

　プログラムとは、電子計算機を機能させて一の結果を得ることができるようにこれに対する指令を組み合わせたものとして表現したものをいう（著作権法２条１項10号の２）。プログラム・リース取引の対象となるコンピュータ用のプログラムは、著作権法上の「プログラム著作物（著作権法10条１項９号）」に該当するものとして、プログラムの開発者が著作権法により著作物として保護を受け、無断でプログラムを複製・販売する等の行為は著作者の著作権を侵害する性質を有する。

　プログラム・リースではプログラムがリースの目的物となるところ、一般的なリース物件である自動車や機械等の有体物と異なり、プログラム自体は無体物であるため、物理的な占有が観念できず、プログラム・リース契約の終了時においてもＵはＬに対して目的物を物理的に返還することができない。また、リースの目的物となっているプログラムが使用できなくなった場合でも、ＳはＵに対して代替となるプログラムを提供することが可能である。そのためプログラムを目的物とするリースの法的性質として、民法上の賃貸借を観念することはできず、この点において一般的なリースとは法的性質が大きく異なる。

　前述のようなプログラム・リースの特徴、および次項に記載されるプログラム・リースの法的性質から、プログラム・リースの当事者間で締結される契約関係は有体物を目的とする一般的なリース取引と異なっており（詳細はＱ15参照）、また、プログラム・リース契約特有の規定も置かれている（詳細はＱ29参照）。

2　プログラム・リースの法的性質

(1)　ハードウェアとセットのリースの場合

　プログラムがリースの目的物に含まれる場合であっても、プログラムがインストールされたコンピュータがリース物件となるような場合、すなわち、

プログラムが組み込まれたハードウェアがリースの目的物となる場合は、動産のリースの一種と解することが可能であるため、多くの場合、プログラム・リースに特有の問題は顕在化しない（ただし、再リース・二次リースの場合を含め、当初のリース期間満了後のプログラムの権利関係については確認を要する）。

そこで、以下では、プログラムがコンピュータ等のハードウェアと一体となってリースされるものは除外し、プログラムがハードウェアから切り離されて単独でリースされる取引を前提に解説する。

⑵ プログラムのみのリースの場合[12]

Uがプログラムをリースにより調達する場合、①著作者（ソフトウェア制作会社等の開発者）であるSより、Lが、Uへの再使用権の設定を前提とするプログラム（プログラムの複製物）の非独占的使用権を得て、Uに再使用権を設定する方法、②LがSからプログラムの著作権を買い取り、LがUに対してプログラムの使用権を設定する方法が考えられる。

もっとも、SからLに対するプログラムの著作権の譲渡はその後の類似のプログラムの開発に支障をきたすことなどから、前述②の方法が用いられることは一般的にはあまり想定されていないものと解される。

したがって、一般的なプログラム・リースの法的性質としては、前述①に記載のとおり、Lがコンピュータ・メーカーやソフト業者等のSから、ユーザーに対する再使用権の設定を条件にリース期間に対応する期間のプログラムの使用権を非独占的に取得し[13]、これに基づいてユーザーに対し使用権を

---

12 本文に示した方法のほか、市販されているパッケージ・ソフトウェアを対象とするプログラム・リースもあり得るが、この場合、プログラムの著作権者からLが使用権を得るという法的構成は通常成り立たない。この場合には、ソフトウェアが記録されている媒体（有体物としてのパッケージ商品）のリースとして考えることが可能と思われ、本文2⑴の場合と同様に考えることになろう。

13 非独占的使用権とは、プログラムに関して、使用権が設定された使用者（プログラム・リースにおいてはLが該当する）以外にも同様の使用権を設定できる権利を、著作権者であるSが有することを意味し、SはL以外の第三者に対しても当該プログラムの使用権を自由に設定できる。

設定してリースするもの、との考え方が一般的に採用されている[14]（各当事者間の契約関係についてはQ15参照）。公益社団法人リース事業協会が策定したプログラム・リースに係るリース契約書（協会書式）も同様の考え方を前提とするものである。

Q15　プログラム・リースの権利関係

プログラム・リースにおける関係者間の権利関係について教えてください。

A　プログラム・リースにおける関係者には、主にプログラムの供給者であるソフトウェア制作会社（サプライヤー。以下「S」といいます）、貸手（レッサー。以下「L」といいます）および借手（レッシー・ユーザー。以下「U」といいます）の三者が存在します。一般的なプログラム・リースにおいては、①SとLの間では、Uに対してプログラムの再使用権を設定することを前提に、Lにプログラムの非独占的使用権を設定するプログラム使用権設定契約が締結されます。②LとUの間ではプログラム・リースに係るリース契約が締結され、プログラムの再使用権がUに対して設定されます。また、③UとSと間では、直接的な契約関係がない場合もありますが、プログラムの開発またはプログラムの改良に係る請負契約や、プログラムの保守サービスを目的とする契約が締結されることがあります。

14　梶村太市・石田賢一・西村博一編『新リース契約法』（青林書院、2011年）23頁。

1 一般的なプログラム・リース取引の契約関係

プログラム・リースは、一般に、プログラムの需要者である借手（レッシー・ユーザー。以下「U」という）、Uに対してプログラムの使用権を設定する貸手（レッサー。以下「L」という）、そして、プログラムの開発または改良を行い、当該プログラムの著作権を有するソフトウェア制作会社（サプライヤー。以下「S」という）の三者の契約関係により構成される。具体的には以下のような契約関係が想定されている（プログラム・リースに特有の契約条項についてはQ29を参照）。

まず、UとSの間では、Uの希望するプログラムの開発または既存のプログラムの改良を目的とする契約（以下「プログラム開発請負契約」という）が締結されることが多く、プログラム開発請負契約に基づき、Sはプログラムの開発を行う。

次に、SとLの間では、プログラム・リースの目的となるプログラムについてプログラムの使用権設定契約が締結され、SよりLに対してプログラムの非独占的使用権が設定される。

そして、LとUの間では、プログラム・リースに係るリース契約（以下「プログラム・リース契約」という）が締結され、Sとの間の使用権設定契約に基づき取得した非独占的使用権に基づき、Lはプログラムの使用権をUに対して設定し、UはLに対してリース料を支払う。

図表5　プログラム・リースの権利関係

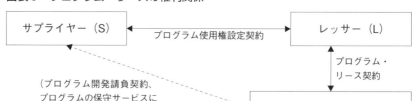

2 SとLの契約関係

　前述のとおり、一般に、SとLの間では、プログラム・リースの目的となるプログラムについて、Lに対するプログラムの使用権の設定を目的としたプログラム使用権設定契約が締結される。このプログラム使用権設定契約は、LがUに対して一定期間プログラムの再使用権を設定することを前提としており、当該再使用権の設定をSが許諾する内容が含まれる。プログラム使用権設定契約の締結の方式としては、有体物を目的とするリース取引と同様に注文書・注文請書の交換という形式がとられることも多い。

　有体物を目的とするリース取引では、LとSの間で売買契約が締結され、物件の引渡しおよび売買代金の支払により契約上の主要な義務は履行されることになる。一方、プログラム・リースにおけるプログラム使用権設定契約は、リース期間（および再リース・二次リースがなされる場合には再リース・二次リース期間）が終了するまでは、非独占的使用権の設定に係る契約関係が継続することになる。

3 LとUの間の契約関係

　LとUの間ではプログラム・リース契約が締結される。プログラム・リース契約におけるリースの目的物はプログラムの使用権であり、プログラム・リース契約に基づき、Uに対してプログラムの使用権が設定され、その対価としてUはLに対してリース料の支払義務を負う。

　プログラムの選定はユーザーが行うこと、リース料には通常プログラムの目的物の取得代金、諸費用等が含まれていること、Lはリースの目的物の保守・修繕義務を負担せずUが自ら対応すること、リースの目的物の滅失の危険はUが負担すること等は一般的な動産のリース取引と同様である。

4 UとSの間の契約関係

　Uの希望するプログラムの開発を目的として、UとSの間では、既存のプ

ログラムの改良または新規プログラムの開発に係るプログラムの仕様、開発スケジュール、開発金額、納入期限等を定めたプログラム開発請負契約が締結されることが多い（かかる詳細な開発請負契約が存在しない取引もある）。プログラム開発請負契約の性質は請負契約と解され、Ｓはプログラム開発請負契約に基づき、プログラムの開発義務を負う。

　前述のとおり、ＳとＬの間ではプログラム使用権設定契約が締結されるため、プログラム・リースの目的となるプログラムについて、ＵとＳの間のプログラム開発請負契約と、ＬとＳの間のプログラム使用権設定契約が重畳的に成立することになるが、これらの契約は二重契約関係に立つわけではなく、プログラム・リース取引において相互に補完する関係に立つものであることが想定されている。

　また、ＬとＵのプログラム・リース契約において、Ｌはプログラムの保守・修繕義務を負担せず、Ｕがこれらの義務を負担する規定が置かれることが一般的であり、これに関連してＵとＬの間で、プログラムの保守サービスに係る契約が締結されることも珍しくない（かかる構成をとらない場合には、ＳとＬの間の契約においてＳによる保守・修繕義務が定められ、Ｕがこれらに関するＬの権利を譲り受けまたは当該権利を代理して行使するという契約関係も考えられる）。

　プログラム・リースに係るリース契約書（協会書式）では、４条においてプログラムの使用および保管について規定している。具体的には、Ｕは、①善良な管理者の注意をもって、本件プログラムを事業または職務のために通常の用法に従って使用および保管するとともに、プログラムが常時正常な使用状態および十分に機能する状態を保つように保守を行うこと（２項）、②プログラムが損傷（作動の不具合や障害が発生した場合を含む）したときは、その原因のいかんを問わず、Ｕの責任で修復すること（２項）、③プログラムの保守および修復は、ＵがＳまたはＬが認めた者に委託して行うこととされ（３項）、プログラムの保守および修復は、Ｕの義務とされている。

民法改正とリース契約

2020年4月施行の改正民法がリース契約に与える影響について教えてください。

A 2020年4月に施行された民法改正においては、債権や契約に関する多くの分野で改正がなされており、リース契約やリース取引に影響を与える部分も少なくありません。このうち、リース契約書に直接の影響を与える主なものとしては、瑕疵担保責任に関する改正（契約不適合責任）、賃貸借契約に関する改正などがあり、また、リース取引に影響を与えるものとしては保証に関する改正（個人保証、根保証）などがあります。

1 改正民法とリース取引

2017年に成立した民法の一部を改正する法律（平成29年法律第44号）に基づき、2020年4月1日に施行された民法改正においては、債権法の分野に関して抜本的ともいえる大幅な改正がなされ、判例・学説・実務の積み重ねを法律に反映し、内容も現代に合ったかたちになるように改正されている。

改正内容は多岐にわたっており、リース契約やリース取引に影響を与える改正内容も少なくない。実際に、公益社団法人リース事業協会が会員向けに作成している参考書式であるリース契約書（協会書式）も、民法改正にあわせて内容が改訂されている。

なお、リース取引においては、通常、その開始から終了までの事項をカバーするリース契約書が締結されて取引が行われることになるが、改正された民法の内容の全てがリース契約やリース取引に影響を与えるということではない。なぜなら、私的自治の原則のもと、当事者間の合意で変更することが認められない強行法規としての効力をもつ民法の規定を除き、原則として

当事者間の法律関係は当事者間の合意に従って定まることになるからである。

2　リース契約書に影響のある改正内容

(1)　瑕疵担保責任（契約不適合責任）

リース契約書に影響を与える改正内容としては、まず瑕疵担保責任に関する改正があげられる。従前、瑕疵担保責任と呼ばれていた責任は、今回の民法改正により、目的物が種類、品質または数量に関して契約の内容に適合しない場合の責任（契約不適合責任）として規定されており、法文上、「瑕疵」という用語を用いなくなった。また、その法的性質も、従前は法定責任説（多数説・実務）と債務不履行責任説の議論があったが、今回の改正により民法の規定が債務不履行責任説に立つことを前提とした内容に改められている。従前のリース契約書は、一般に改正前の民法の文言に即した契約条項となっていたものと思われるが、民法改正にあわせて契約条項も見直すべきである。Q 19参照。

(2)　賃貸借契約に関する改正

次に、改正民法においては賃貸借契約に関しても大きな改正が行われている。このうち、リース契約に影響を与え得るものとしては、賃借物の一部滅失等による賃料の減額等に関する民法611条があげられる。改正前は「賃借物の一部が賃借人の過失によらないで滅失したとき」にはその割合に応じて「賃料の減額を請求することができる」とされていたものが、「賃借物の一部が滅失その他の事由により使用及び収益をすることができなくなった場合において、それが賃借人の責めに帰することができない事由によるものであるとき」にはその割合に応じて「減額される」と改められた。

ファイナンス・リースにおいて貸手（レッサー）はリース物件に関するリスクをとらないのが原則的な取扱いであることから、かかる条文の適用を排除する旨をリース契約で明確に規定しておくことが考えられる。一方、オペレーティング・リースにおいてはより柔軟なリスクアロケーションも想定さ

れるところであり、保険でカバーされ得る内容か否か、などもふまえて種々のアレンジが考えられる（もっとも、一般論としては、リース取引においてはオペレーティング・リースであっても貸手（レッサー）がリース物件に関するリスクをとることはあまり想定されないだろう）。Q20、Q22参照。

3　リース取引に影響のある改正内容

(1)　保　　証

　リース取引に影響を与えるものとしては保証に関する改正があげられる。リース契約に保証に関する事項も含めて定めるのではなく、リース契約と保証契約を別々に作成し締結する場合には、リース契約自体に影響を与えることはあまり想定されないが、保証を前提とするリース取引については、保証契約の内容や保証に関する実務の観点から、改正民法は大きな影響を与えるといえる。詳細はQ25、Q27において取り扱うが、改正民法においては、個人保証について保証人の保護を厚くし、保証の成立に関してより厳格な手続や要件を規定したり、保証人に対する情報提供の措置を設けたりしている。

　また、民法改正により、根保証に関する保証人保護の規律の適用対象が広げられている（民法465条の2第1項）。従来の契約実務において、保証契約上「○○契約に基づく一切の債務」を保証する旨を規定していた例は少なくない。もっとも、リース契約を対象としてかかる規定を含む保証契約が締結された場合に、根保証であるか、それとも通常の保証であるかによって法的効力が大きく異なるものではなく、根保証契約に該当するかどうかはあまり意識されていなかった。しかしながら、改正民法のもとでは、リース債務を対象とする保証が根保証か通常の保証かによって効力が大きく異なる可能性があり、かかる規定を含む保証契約の場合には、根保証契約に該当する蓋然性が高いこと念頭に置いて契約書を作成するべきであると考えられる。

　このほか、連帯保証人に関する絶対的効力事由の見直し（民法458条）もなされており、連帯保証の契約内容や、保証履行に関する事務フローにも影響を与えることになろう。

⑵　その他

　以上で触れたもの以外でも、広い意味でリース取引に影響を与え得る改正
内容は多岐にわたる。たとえば、①消滅時効に関する改正（改正前も商事消
滅時効の時効期間は 5 年とされており[15]、民法166条 1 項 1 号と実質的に同様の結
論となる場合が多いと想定されることから大きな影響はないと思われるものの、
改正民法により短期消滅時効（改正前民法170条、174条）が廃止されたため、こ
の範囲では消滅時効の管理の観点からの影響があり得る）、②債権譲渡におけ
る、異議なき承諾による抗弁の切断制度の廃止（民法468条 1 項）、などがあ
げられよう。②の異議なき承諾による抗弁の切断制度の廃止については、シ
ンプルなリース取引そのものには影響はないが、リース契約上の債権を譲渡
する取引や、譲渡担保に供する取引も実務上は珍しくなく、これらの取引に
おいては借手（レッシー・ユーザー）からの承諾取得の実務に影響を与える
ことになる。

15　民法改正に伴い削除された旧商法522条。

第 **3** 章

リース契約の内容

Q17　リース契約の成立

　リース契約はいつ成立しますか。また、リース契約の成立前に法的責任を負うことはありますか。

A　リース契約は、貸手（レッサー）と借手（レッシー・ユーザー）の間でリース契約の合意がなされたときに成立します。リース契約は、契約書面がなくとも当事者の合意のみで成立しますので、契約書面がない場合でも、当事者間の合意があったと認められるような場合には、貸手（レッサー）と借手（レッシー・ユーザー）の間にリース契約の成立が認められ、各当事者が法的責任を負うこともあり得ます。もっとも、実務上は、一般に、リース契約書に全当事者が調印した日（または全当事者の調印がそろった日）を成立日とします。

　リース契約の成立前には、いずれの当事者も法的責任を負わないのが原則ですが、一方当事者の言動によって、相手方当事者に対する信頼が法的保護に値するというべき状況が創出されたような場合には、例外的に当該一方当事者が法的責任を負うとされる場合もあり得ます（契約締結上の過失）。

1　リース契約の成立

　リース契約に関しては、民法その他の法律においてその成立についての個別の明確な定めはなく、民法の一般原則に従うこととなる。民法は、契約の成立について原則として契約書等の書面の作成を要求しておらず、口頭の合意でも成立するものとしている。そのため、理論的にはリース契約も口頭の合意で成立させることができる（民法522条）。

　もっとも、実務上は、リース契約を含む契約一般について、内容の明確化や紛争発生の予防等の観点から、契約書面を作成することが通常の取扱いで

ある。

　書面によるリース契約の成立は、全当事者が一堂に会してリース契約書に調印した場合にはその時点、契約書面を持ち回りで調印していく場合には、最後の当事者が調印した時点、各当事者が別々に調印した署名頁を集める方式の場合には、全ての当事者の署名頁が集まった時点とすることが一般的である。なお、クロスボーダー案件など、隔地者間の取引などにおいては、弁護士等に調印済契約書や調印頁を預けておき（実務上、エスクローと呼ばれる）、後日各当事者が調印済みの契約書・署名頁の解放を指示し、全当事者の署名頁が解放された時点をもって契約成立とすることもある。

　なお、リース契約の締結日（成立日）と、リース期間の開始日とは異なる概念であり、必ずしも同じ時点になるわけではない点には留意する必要がある（Q18参照）。

2　リース契約締結以前の責任

⑴　民法上の原則と契約締結上の過失

　民法上、契約を締結するための交渉が開始されても、交渉の当事者は契約をするかどうかを自由に決定することができるとされている（民法521条1項。契約締結の自由の原則）。そのため、結果的に契約の成立に至らなかった場合には、各当事者は相手方に対して法的責任は負わないことが原則である。

　もっとも、民法上明確な規定はないものの、契約の成立に至らない場合であっても、一方当事者の他方当事者に対する信頼が法的保護に値するような場合には、当該一方当事者は他方当事者に対して（具体的な契約に基づく責任ではなく）信義則上の責任を問うことができるという、いわゆる契約締結上の過失の理論[1]が、判例[2]および学説上一般に認められている[3]。

　たとえば、当事者の一方が契約交渉を理由なく打ち切り、それにより相手方の契約成立への期待を裏切り、相手方に無用の出費をさせた場合などは、一般的に前述の信義則上の責任を問われる類型に当たり得るとされてい

る[4]。しかしながら、契約締結上の過失が認められる場合はあくまでも例外的な場合であり、契約締結前の責任が認められる場合は限定的である。

(2) リース取引と契約締結以前の責任

　前述のとおり、リース取引においても、リース契約や売買契約の成立前には、各当事者は法的な責任を負わないのが原則である。この点、リース取引においても、契約交渉の不当破棄などについて、いわゆる契約締結上の過失の問題は理論的には生じ得るが、リース取引に関して、貸手（レッサー）（候補者）と借手（レッシー・ユーザー）（候補者）の間で現実にこの点が争われた実例はほとんど見当たらない[5]。

　一般的な不動産の賃貸借などの場合、取引開始前から貸手（レッサー）は対象物件を保有しており、契約交渉の段階であっても、借手（レッシー・ユーザー）（候補者）を信頼して、一定の費用をかけた上で当該借手（レッシー・ユーザー）（候補者）の要望をふまえた対象物件の補修や改変などを先行して行うこともあり得る。一方、リース取引の場合、取引開始前には貸手（レッサー）はリース物件を所有・保有しておらず、取引開始前に貸手（レッ

1　契約締結上の過失の概念は、当初は、原始的に不能な内容の契約を当事者が締結したような場合を典型例として議論されていた理論であったが、本文で触れたような一方当事者による契約交渉の不当破棄を含む、契約締結過程において働く信義則上の注意義務に関する議論も含む理論として用いられるようになったといわれている。内田貴著『民法Ⅲ〔第4版〕債権総論・担保物権』（東京大学出版会、2020年）158頁。

2　最判昭59.9.18（判時1137号51頁）、最判平18.9.4（判時1949号30頁）ほか。

3　その他の契約締結上の過失の類型として、契約は締結されたが、原始的不能等の理由により契約が不成立または無効とされる場合の契約無効・取消事例や、契約が有効に締結されたが、その過程および内容が一方当事者に不利であった場合の給付への期待の挫折事例等の類型がある。谷口知平・五十嵐清編『新版　注釈民法(13)　債権(4)〔補訂版〕』（有斐閣、2006年）102頁。

4　谷口知平・五十嵐清編『新版　注釈民法(13)　債権(4)〔補訂版〕』（有斐閣、2006年）108頁。

5　製造者と借手（レッシー・ユーザー）の間で争われた例ではあるが、リース物件が借手（レッシー・ユーザー）に納入済みであるにもかかわらず、リース物件に問題があったため、リース契約および売買契約が締結されなかった事案において、製造者と借手（レッシー・ユーザー）の間に契約関係の存在を認め、製造者は借手（レッシー・ユーザー）に対して瑕疵担保責任を負い、借手（レッシー・ユーザー）は製造者に対し代金支払債務を負うとした裁判例がある（東京地判昭57.11.12判時1071号82頁）。

サー）の負担でリース物件に何らかの変更を加えるようなことは通常想定されない[6]。そのため、リース取引においては、貸手（レッサー）の側に現実の損害が生じる場面が少ないと思われ、このような事情も、この点に関する現実の紛争の実例の少なさに関係しているものと思われる。

　もっとも、リース取引においても、規模の大きな案件の場合には、契約交渉やリース物件の調査などのために、リース取引の開始前に各当事者が専門家などに費用を支出していることがある。このような場合には、具体的な損害も観念できることから、契約締結上の過失の問題は貸手（レッサー）（候補者）と借手（レッシー・ユーザー）（候補者）の間でも問題となり得る[7]。

Q18　リース取引の開始

リース取引はいつからどのように開始しますか。リース取引の開始に関して留意すべき点があれば教えてください。

A　リース取引は、リース物件が納入され、借手（レッシー・ユーザー）が物件の検収を終え、借受証を貸手（レッサー）に交付した時点から開始します。リース契約の成立時点とリース取引の開始時点は別の概念になります。借手（レッシー・ユーザー）は、借受証を貸手（レッサー）に

6　貸手（レッサー）（候補者）と借手（レッシー・ユーザー）（候補者）の間ではなく、借手（レッシー・ユーザー）（候補者）と物件の製造業者・売主（サプライヤー）との間では、なおこの点は現実的な問題となり得る。すなわち、借手（レッシー・ユーザー）（候補者）がリース取引により使用する予定であることを信頼して、借手（レッシー・ユーザー）（候補者）の要望に沿った物件の製造・調達を現実に始めたものの、その後売買契約・リース契約の成立に至らなかった、という状況があり得る。

7　規模の大きな案件の場合、契約交渉の開始前にタームシートと呼ばれる契約条件の概要書を当事者間で締結することがある。一般に、タームシートには法的拘束力がない旨記載されることが多いが、その場合でも、タームシート上、いずれかの当事者に帰責性あるかたちで契約の成立に至らなかった場合には、当該帰責性ある当事者が他方当事者に対し、専門家費用などを支払う旨法的拘束力を有するかたちで規定されることもある。

交付した場合には、リース物件に何らかの問題があったような場合でも、原則としてリース契約上の義務（リース料の支払義務など）を負うことになりますので、安易に借受証を交付するのは望ましくないといえます。

1 リース契約の成立とリース取引の開始

Q17のとおり、リース契約は当事者の合意により成立し、一般的にはリース契約の作成日をリース契約の成立日とする。リース契約の成立とリース取引の開始（リース期間の開始）は別の問題であり、リース契約が成立したとしても、直ちにリース期間が開始し借手（レッシー・ユーザー）が具体的なリース料の支払義務を負うわけではない。

リース契約や売買契約の成立後、リース物件が売主（物件製造業者・サプライヤー）から借手に納入され、借手は、リース物件が契約上の仕様に合致しているかを確認し（この手続を検収と呼ぶことがある）、確認を終えた段階で借受証[8]を貸手に交付する。かかる借受証の交付により、リース契約上のリース物件の貸手から借手への引渡しが完了したものとして取り扱われ、リース取引が具体的に開始することになる（リース期間が始まり、借手はリース料の支払義務を具体的に負うことになる）。

2 借受証の交付までの手続

⑴ リース物件の納入と検査

リース契約およびリース物件の売買契約が締結されると、売主から借手にリース物件が納入され、借手は、納入されたリース物件がリース契約・売買

---

8 リース契約書（協会書式）では、物件借受証という名称であるが、その他、物件受領書、物件受領確認書など種々の名称があり得る。契約上の仕様に合致した物の受領を証するものであれば名称は問わない。英文のリース契約の場合、Acceptance CertificateやLease Acceptance Certificateなどと呼ばれることが多い。

契約上の仕様・内容に合致しているかを確認することになる。ここで、リース物件に不備があった場合には、借手は売主との間で直接不備の解消について協議することが想定されており[9]、通常、貸手がこれらに関与することは想定されていない。借手が借受証を交付するまでは、リース契約は成立しているものの、リース取引（リース期間）は開始していないという状態になる。

⑵　借受証の交付

リース物件の確認を終えた場合、借手は速やかに借受証を発行し、貸手に交付する必要がある。リース物件の納入自体を合理的な理由なく拒んだ場合や、リース物件の確認を終えたにもかかわらず借受証を交付しない場合には、債務不履行として、貸手による解除や損害賠償請求の理由となり得る[10]。

借手が借受証を貸手に交付すると、一般に、売買契約上の引渡し（サプライヤー→貸手）およびリース契約上の引渡し（貸手→借手）は完了したものとして取り扱われ、リース取引が具体的に開始することになる。なお、売買契約上の受領証が別途作成されることもある。

⑶　借受証の内容

借受証の内容について法令上の制限は特段存在しないが、一般に、リース物件の種類や数、受領日、受領場所などが記載される。

3　借受証の効果

借手が借受証を貸手に交付すると、リース契約上の引渡しがあったものとしてリース期間が開始することになる。その結果、借手は、リース期間の開始日から具体的なリース料の支払義務などを負うことになる。

仮にリース物件に問題があった場合（数の不足や仕様の不備など）でも、借受証が交付されている場合には、借手は、原則として契約どおりのリース料の支払義務を負うことになる（借手はサプライヤーとの間でリース物件の不備

9　リース契約書（協会書式）3条3項参照。
10　リース契約書（協会書式）3条2項および4項参照。

の解消について協議することになるが、これは原則としてリース料の支払義務に影響を与えない）。また、リース物件の納入を受けていないにもかかわらず借手が借受証を交付したような場合（いわゆる空リース）であっても、借手はリース料の支払義務を負うことになる場合もあり得る（空リースについてはQ8参照）。

このように、借受証の交付により、具体的なリース料支払義務などが生じることから、借手は、事後のトラブル防止の観点からも、リース物件の確認をしっかり行ってから借受証を交付する必要がある。

Q19　契約不適合責任（瑕疵担保責任）

リース物件に当初より不具合や瑕疵があった場合、リース契約ではどのように扱われますか。

A　リース契約においては、通常、貸手（レッサー）は、借手（レッシー・ユーザー）に対してリース物件に係る不具合や瑕疵についての責任を負いません。リース物件の不具合や瑕疵については、リース物件の製造者・売主（サプライヤー）が責任を負うものとされ、借手（レッシー・ユーザー）は製造者・売主（サプライヤー）との間で直接これらの問題を解決するものとされます。この場合、借手（レッシー・ユーザー）は、借手（レッシー・ユーザー）と製造者・売主（サプライヤー）の間に直接の契約関係がある場合はかかる契約に基づき製造者・売主（サプライヤー）に対して請求を行い、そのような契約関係がない場合には、貸手（レッサー）の製造者・売主（サプライヤー）に対する契約上の権利を直接または間接に行使することで製造者・売主（サプライヤー）に対して請求を行うことになります。

1 契約不適合責任とは

　民法上、売買契約において、「引き渡された目的物が種類、品質又は数量に関して契約の内容に適合しないものであるとき」は、売主（サプライヤー）は買主に対して、目的物の修補、代替物の引渡し、追完、代金減額などの責任を負うものとされ[11]、売買契約以外の有償契約についても準用するものとされている[12]。かかる責任を、一般に契約不適合責任と呼ぶ。

　改正前民法では、契約不適合責任に相当する規定として、瑕疵担保責任が定められていた。改正前民法570条は、売買の目的物について「隠れた瑕疵」がある場合には、買主から売主（サプライヤー）に対して損害賠償および解除ができる旨規定し、かかる売主（サプライヤー）の責任を一般に瑕疵担保責任と呼んでいた。もっとも、その法的性質については、学説上、法律が特に定めた法定責任であるとする説と、売主（サプライヤー）の契約上の義務の不履行とみる契約責任説などがあり、改正前民法570条の適用範囲やその効力を含め議論があった。

　改正後の民法においては、瑕疵担保責任を契約不適合責任に改め、契約責任説を採用していることが明らかとなり、また、特定物売買であるか不特定物売買であるかを問わず、契約不適合責任の規定の適用があることも明確になった。かかる改正に伴い、改正前民法570条で使用されていた「瑕疵」の用語が「契約の内容に適合しない」と改められたほか、買主の追完請求権（民法562条1項）・代金減額請求権（民法563条1項、2項）を明示的に認める規定が追加されている。

2 リース取引における契約不適合責任

(1) リース契約における民法上の原則の修正

　リース物件に引渡当初より不具合や瑕疵があった場合、リース契約も有償

11　民法562条〜564条。
12　民法559条。

契約である以上、民法の規定に従えば、借手（レッシー・ユーザー）は貸手（レッサー）に対して契約不適合責任を追及できることになりそうである。

　しかし、リース契約においては、リース物件に引渡当初より不具合や瑕疵があった場合においても、リース契約上、貸手（レッサー）は借手（レッシー・ユーザー）に対して契約不適合責任を負わないとされることが一般である[13]。

(2)　リース契約における取扱いの理由

　前述のとおり、リース取引においては、一般に、民法における契約不適合責任の規定の適用がリース契約により修正されている。

　かかる取扱いとされる理由は、①リース取引においては、借手（レッシー・ユーザー）自身がその知識や経験に基づき、自らの責任においてリース物件の製造者・売主（サプライヤー）やリース物件の種類等を選択しており、通常、貸手（レッサー）は、借手（レッシー・ユーザー）の指定に応じてリース物件の発注をするにすぎず、貸手（レッサー）はリース物件の選択に関与していないこと、②貸手（レッサー）は、通常、リース物件の性能等に関する専門的な知識や情報、並びに修理能力等を持ち合わせていないこと、③リース料算定において、契約不適合のための費用を見込んでおらず、また、借手（レッシー・ユーザー）に対する救済手段も後述３記載のとおり、別途講じられていることなどがあげられる。裁判例においても、下級審ではあるが、リース契約における、改正前民法の瑕疵担保責任の免責規定の有効性を認めたものがある[14]。

(3)　貸手（レッサー）が借手（レッシー・ユーザー）に対して責任を負う場合

　前述のとおり、リース契約上、貸手（レッサー）は借手（レッシー・ユーザー）に対して契約不適合責任を負わないものとされており、リース取引の実務においても、かかる契約上の規定に従った運用がなされている。もっとも、貸手（レッサー）の責任を認めないことが実質的妥当性を欠き、信義則

13　リース契約書（協会書式）16条２項参照。

14　大阪地判昭49.10.8（金判451号17頁）、大阪地判昭51.3.26（判タ341号205頁）参照。

に反し、あるいは権利の濫用であるといえるような例外的な場合には、一定の範囲で貸手（レッサー）の借手（レッシー・ユーザー）に対する責任が認められることもあり得る。

　具体的には、①貸手（レッサー）と製造者・売主（サプライヤー）に資本・人的・物的構成から緊密な関係があり、実質的同一性が認められるような場合[15]や②貸手（レッサー）がリース物件に瑕疵があることを知りながら借手（レッシー・ユーザー）に告げなかった場合[16]、③貸手（レッサー）が特別にリース物件の性能等を借手（レッシー・ユーザー）に保証したと認められるような場合[17]などが考えられる[18]。

3　製造者・売主（サプライヤー）の契約不適合責任

　リース取引において、リース物件に引渡当初より不具合や瑕疵があった場合、前述のとおり、原則として、借手（レッシー・ユーザー）は貸手（レッサー）に対して契約不適合責任を追及することはできない。

　もっとも、貸手（レッサー）は、製造者・売主（サプライヤー）に対して、売買契約上の契約不適合責任を追及することができることから、リース契約においては、借手（レッシー・ユーザー）が貸手（レッサー）から製造者・売主（サプライヤー）に対して有する請求権を譲り受け、これを自ら行使できるとする規定や、製造者・売主（サプライヤー）に対する請求権の行使についての貸手（レッサー）の借手（レッシー・ユーザー）に対する協力義務などが定められることが多い[19]。また、借手（レッシー・ユーザー）と製造者・

15　貸手（レッサー）と製造者・売主（サプライヤー）が実質的に同一主体であるなどの特段の事情がない限り瑕疵担保責任を排除する特約が有効であると留保付きの判断を下した裁判例として、東京地判昭57.6.22NBLNo.11「リース取引の判例研究」185頁参照。
16　山岸憲治・伊藤博・中川潤・巻之内茂・森住祐治・星加憲章著『リース取引法―紛争解決のための法律知識』（商事法務研究会、1985年）187頁、説明義務に触れた判例として大阪地決昭49.10.8（金判451号17頁）参照。
17　性能保証が問題になった裁判例として、東京地判昭55.9.25（判時996号84頁）参照。
18　山岸憲治・伊藤博・中川潤・巻之内茂・森住祐治・星加憲章著『リース取引―紛争解決のための法律知識』（商事法務研究会、1985年）187頁参照。
19　リース契約書（協会書式）16条3項参照。

売主（サプライヤー）の間に直接の契約関係がある場合には、借手（レッシー・ユーザー）は、かかる契約に基づいて、製造者・売主（サプライヤー）に対して修補請求や代替物の引渡請求など当該契約で認められている請求を直接行うこともできる。

Q20　危険負担

リース期間中に、借手（レッシー・ユーザー）および貸手（レッサー）のいずれの責めにも帰することができない事由により、リース物件の全部または一部が滅失した場合、リース契約ではどのように扱われますか。

A　リース契約においては、リース物件の一部が滅失した場合には、借手（レッシー・ユーザー）は、①残存部分について、リース料を引き続き支払う義務を負い、②滅失部分について、リース期間満了までの将来分のリース料にかわる損害賠償金（規定損害金と呼ばれることもあります）を支払う義務を負うとされることが一般的です。

リース物件の全部が滅失した場合には、借手（レッシー・ユーザー）が貸手（レッサー）に対して、リース期間満了までの将来分のリース料にかわる損害賠償金を支払う義務を負うとされ、かかる支払がなされたときにリース契約が終了するとされることが一般的です。

なお、リース物件の滅失に備えて（損害賠償金の支払に備えて）、リース物件には保険が付保されることが一般的です。

1 危険負担

(1) 危険負担とは

リース取引におけるリース期間中に、借手（レッシー・ユーザー）および貸手（レッサー）のいずれの責めにも帰することができない事由により、リース物件の全部または一部が滅失した場合、貸手（レッサー）から借手（レッシー・ユーザー）に対する、滅失したリース物件を貸す債務が履行できなくなるが、この場合、以後のリース料の支払債務はどのように取り扱われるかが問題となる。

この問題は、民法上、いわゆる「危険負担」の問題として、双務契約[20]から生じた一方の債務（本問では、貸手（レッサー）が負担する貸す債務）が、両当事者の責めに因らずして、後発的に消滅する（履行不能となる）という「危険」をいずれの当事者が負担すべきかというかたちで議論され、①債権者（本問では、履行不能となった貸す債務の債権者である借手（レッシー・ユーザー））が負担すべきとする債権者主義、および、②債務者（設問では、履行不能となった貸す債務の債務者である貸手（レッサー））が負担すべきとする債務者主義の2つの考え方が存在する。

(2) 民法上の取扱い

民法では、双務契約一般について、「当事者双方の責めに帰することができない事由によって債務を履行することができなくなったときは、債権者は、反対給付の履行を拒むことができる」と規定されており（民法536条1項）、（履行不能となった債務の債務者は反対給付を受けられない）債務者主義が採用されている。

そして、賃貸借契約の危険負担については、他の双務契約にはない特別の取扱いがなされている。具体的には、①賃貸物件の一部の滅失等の場合については、「賃料は、その使用及び収益をすることができなくなった部分の割

---

20 当事者双方が互いに対価的な債務を負担する契約をいう。リース契約を含め、一般的な取引における契約は通常双務契約である。

合に応じて、減額され」（民法611条１項）、「残存する部分のみでは賃借人が賃借をした目的を達することができないときは、賃借人は、契約の解除をすることができる」（同条２項）とされている。また、②賃貸物件の全部の滅失等の場合については、「賃借物の全部が滅失その他の事由により使用及び収益をすることができなくなった場合には、賃貸借は、これによって終了する」（民法616条の２）とされている。

　上述各取扱いについては、賃料を収受できなくなるという意味で、貸す債務の債務者たる賃貸人が危険を負担しているといえ、債務者主義的な規定内容となっているが、①については実質的な反対給付の履行拒絶（滅失部分の賃料相当額の減額）に加えて、一定の場合には賃借人に賃貸借契約の解除権が生じるとされ、②については、当然に賃貸借契約が終了する（以後の賃料支払義務は当然発生しない）とされ、契約の解除や終了まで規定されている点で、特別の取扱いといえる。

　リース取引においても仮に民法の賃貸借の規定に従うのであれば、①リース物件の一部が滅失した場合には、リース料は、使用および収益をすることができなくなった部分の割合に応じて当然に減額され、また、残存する部分のみではリースをした目的を達することができないときは、借手（レッシー・ユーザー）はリース契約を解除できることになり、②リース物件の全部が滅失した場合（使用および収益をすることができなくなった場合）には、当然にリース契約が終了する（以後のリース料支払義務も発生しない）ことになる。

2　リース取引における危険負担の取扱い

(1)　リース契約における民法上の原則の修正

　もっとも、リース取引における実務においては、民法とは異なる取り決めがなされ[21]、債権者主義的な処理（借手（レッシー・ユーザー）が危険を負担

21　民法における危険負担の規定は、任意規定であり、当事者間の合意により民法とは異なる取扱いを採用することができる。

する処理）が採用されることが一般的である。

　具体的には、リース物件の引渡しから返還までの間に、リース物件の一部が滅失した場合[22]には、借手（レッシー・ユーザー）が貸手（レッサー）に対して、①残存部分について、リース料を引き続き支払う義務を負い、②滅失部分について、リース期間満了までの将来分のリース料にかわる損害賠償金（規定損害金と呼ばれることもある）を支払う義務を負うとされる。また、リース物件の全部が滅失した場合であっても、当然にはリース契約は終了せず、借手（レッシー・ユーザー）が貸手（レッサー）に対して、リース期間満了までの将来分のリース料にかわる損害賠償金（規定損害金）を支払う義務を負い、かかる支払がなされたときにリース契約が終了するとの規定が置かれることが多い[23]。

(2)　リース契約における取扱いの理由

　このように、リース取引においては、一般的に、リース物件がリース期間の満了前に滅失した場合であっても、貸手（レッサー）は、リース期間の満了まで契約どおりにリースを継続した場合と実質的に同様の経済的利益を得ることができるように設計されており、リース物件滅失のリスクは専ら借手（レッシー・ユーザー）が負担するものとされ、民法における危険負担の原則が契約により修正されている。

　かかる建付が採用されるのは、①リース取引（とりわけファイナンス・リース取引）においては、貸手（レッサー）によるリース物件の購入は、借手

22　たとえば、10台のコピー機をリース物件とするリース取引において、1台のコピー機が滅失した場合などが典型的には想定される。コピー機の部品の一部が紛失したような場合は、一般に、滅失ではなく修繕の問題として処理される。

23　リース契約書（協会書式）18条2項および3項参照。なお、当該規定においては、危険負担が問題となる場合、すなわち、借手（レッシー・ユーザー）および貸手（レッサー）のいずれの責めにも帰することができない事由によりリース物件が滅失した場合にその適用範囲は限定されておらず、いずれかの当事者に責めがある場合にも適用されることが想定されている。なお、リース取引においては、貸手（レッサー）の責めにより、リース物件が滅失することは通常想定されないため、同条の規定の趣旨は、レッシーに帰責性のある滅失の場合であっても、同様の処理をする点を明確にしているところにあると解される。

（レッシー・ユーザー）に対するリース取引のために行われ、リース物件の購入価額およびその付随費用はリース期間中にリース料として借手（レッシー・ユーザー）から回収することが前提とされており、また、②リース物件は、借手（レッシー・ユーザー）が具体的に選定し、かつ設置場所の選定等を含めリース期間中は常に借手（レッシー・ユーザー）の支配・管理下に置かれており、貸手（レッサー）がリース物件に直接関与することはないことが通常であるため、物件のリスクを常に借手（レッシー・ユーザー）が負担するという取扱いも必ずしも不合理なわけではないと考えられること等が理由であるといえよう。

なお、リース物件の滅失時に借手（レッシー・ユーザー）が支払う損害賠償金は規定損害金とも呼ばれるが、その金額は、実質的には貸手（レッサー）が当該リース物件の取得のために要した費用を回収するに足りるだけの金額とされることになる。そのため、フルペイアウトのファイナンス・リースであれば、実質的に残リース料を意味することになるが、フルペイアウトではないリースの場合には、一般に、残リース料に加え、リース期間満了時点におけるリース物件の残存価値相当額も加味された金額を意味することになる。規定損害金についてはQ23も参照。

3 保険による損失塡補

上述のとおり、リース取引においては、リース物件がリース期間中に滅失した場合、損害賠償金（規定損害金）の支払債務を借手（レッシー・ユーザー）が負担することになるが、かかる損害賠償金（規定損害金）は、一括払とされる。そのため、各回のリース料に比べて大きな金額となるのが通常であり、リース物件の金額や残存リース期間によっては借手の手元資金では支払がむずかしいような金額の損害賠償金となることもあり得る。かかる事態が生じた場合、借手（レッシー・ユーザー）は損害賠償金を支払うための資金繰りや資金調達を検討する必要があり、また、貸手（レッサー）としても、損害賠償金（規定損害金）の回収リスクを負うことになる。そのため、

実務上は、これらのリスクを回避する観点から、リース契約所定の損害賠償金（規定損害金）をカバーすることができる保険金額の保険をリース物件に付保することが一般的である。リース物件に関する保険については、後述Q22参照。

Q21 リース物件の維持管理

リース契約では、リース物件の維持管理についてどのように定められますか。また、メンテナンス・リースとはどのようなリースですか。

A ファイナンス・リースの場合には、借手（レッシー・ユーザー）が自らの費用負担によりリース物件を維持・管理する義務を負う旨が定められることが一般的です。オペレーティング・リースの場合には、ファイナンス・リースと同様の規定とされることもありますが、貸手（レッサー）が一定の範囲でこれらの義務を負う旨が定められることもあります。

なお、ファイナンス・リースの場合でも、自動車を対象とするリース取引などによくみられますが、貸手（レッサー）が一定の範囲でリース物件の維持・管理義務を負担する旨が定められることもあり、このようなリースは、メンテナンス・リースやメンテナンス特約付リースなどと呼ばれます。

1 リース取引におけるリース物件の維持・管理義務

⑴ 借手（レッシー・ユーザー）によるリース物件の維持・管理

リース契約においては、公租公課等の納付義務を除き、借手（レッシー・ユーザー）が自らの費用負担によりリース物件を維持・管理する義務を負う

旨が定められることが一般的である。その理由としては、以下のような点があげられる。

① 貸手（レッサー）は、借手（レッシー・ユーザー）のニーズに応じて種々の物件を取り扱うため、借手（レッシー・ユーザー）のほうがリース物件に精通していることも多く、またリース物件の売主（サプライヤー）と直接コンタクトしているのは通常借手（レッシー・ユーザー）であることから、借手（レッシー・ユーザー）が維持・管理義務を負うほうが合理的・効率的であること。

② リース料の算定に際しては、リース物件の購入費用などの固定費用を前提としており、変動要素の多いリース物件の維持・管理費用は通常考慮されていないこと。

③ 特にファイナンス・リースの場合には金融的側面が比較的強く、リース物件の所有権が実質的にリース料債権等の担保的機能を果たしていると評価できるため、担保付融資取引と同様に、借手（レッシー・ユーザー）に実質的な担保価値保存義務を負わせるべきことが経済実態にも即していること[24]。

また、リース取引（特にファイナンス・リース取引）においては、何らかの理由によりリース物件を使用および収益できない期間が生じた場合でも、契約上明記しない限り、借手（レッシー・ユーザー）はその期間分のリース料の支払を拒否することはできないと解されており[25]、これは貸手（レッサー）がリース物件の維持・管理義務を負わないことが前提とされている。

このように、一般的なリース取引においては、貸手（レッサー）がリース物件の維持・管理を行うことは想定されないため、賃借人による賃貸物の保存行為を賃借人が受任する義務を定める民法606条2項に相当するような規

---

24 民法（債権関係）部会資料18－2・50頁参照。なお、民法137条2号は、直接的に債務者の担保価値保存義務を規定したものではないが、債務者が担保価値を減少させることが期限の利益喪失事由となることを規定している。

25 梶村太市・石田賢一・西村博一編『新・リース契約法』（青林書院、2011年）46頁〔設樂篤〕。なお、リース契約（協会書式）18条1項参照。

定は、リース契約には通常規定されない。

(2) リース契約における規定

実際のリース契約における規定の例として、リース契約書（協会書式）においては、リース物件の維持・管理に関し、借手（レッシー・ユーザー）が図表1のような義務を負う旨が定められている。

図表1のような定めは、リース契約書に一般的にみられる内容であり、後述3の民法上の賃貸借契約の定めと対照的である。

(3) メンテナンス業務の委託

借手（レッシー・ユーザー）は、物件の維持・管理を自ら行うことも可能だが、その全部または一部（たとえば修繕等）をメンテナンス業者に対して委託することも一般的である（委託が行われる場合、リース物件の売主（サプライヤー）がメンテナンス業務を受託することも多い）。メンテナンス業者への委託に関して、貸手（レッサー）が当事者となる契約においても、たとえば、以下のように定め置くことがある。

① リース契約において、借手（レッシー・ユーザー）がメンテナンス業者との間でメンテナンス契約を締結すべき旨を規定する（プログラム・リースなどに多い）。

② 売買契約において、借手（レッシー・ユーザー）からの請求に応じて売主（サプライヤー）が保守・修繕を行うべき旨を規定する。

図表1　リース契約書（協会書式）におけるリース物件の維持・管理規定

①	4条2項	・善管注意義務をもって、リース物件を使用および保管し、当該物件が常時正常な使用状態および十分に機能する状態を保つように保守、点検および整備すること ・物件が損傷したときに修繕義務を負うこと
②	4条3項	③の義務の履行のための費用を全て負担すること
③	18条1項	物件の減失または損傷により使用・収益できない期間が生じても、その原因のいかんを問わず、リース料の支払を拒否できないこと

2　メンテナンス・リース

⑴　メンテナンス・リースの法的性質

　リース取引において、貸手（レッサー）が一定の範囲でリース物件の維持・管理義務を負担する旨が規定される場合があり、実務上メンテナンス・リースやメンテナンス特約付リースなどと呼ばれる。オペレーティング・リースのみならず、ファイナンス・リースと組み合わせることも可能であり、メンテナンス・リースの典型例としては自動車リース（オート・リース）があげられよう。

　メンテナンス・リースにおけるメンテナンス・サービスに関する部分は、リース契約に必然的に内在するものではなく、リース契約とは別個のメンテナンス・サービスの提供に関する契約であると整理することが可能である[26]。

⑵　メンテナンス・リースのメリット

　メンテナンス・リース以外の一般的なリースでは、借手（レッシー・ユーザー）はリース物件の維持・管理コスト（経済的なコストのみならず事務的なコストも含む）を負担することになる。メンテナンス・リースを利用することで、借手（レッシー・ユーザー）は、メンテナンス・リース部分の対価を支払う必要はあるが、これらの負担を回避または軽減することができる（経済的なコストを平準化することもできる）というメリットがある。

⑶　メンテナンス・リースにおけるリース料

　メンテナンス・リースにおいては、メンテナンスに係る費用も考慮した上で1つのリース料として設定されることもあるが、リース料とメンテナンス・サービスの対価を明確に分けて設定することもある。

⑷　中途解約

　Q23のとおり、リース契約においては、一般に中途解約が制限されるが、

26　梶村太市・石田賢一・西村博一編『新・リース契約法』（青林書院、2011年）42頁〔設樂篤〕。

メンテナンス・リース契約におけるメンテナンス・サービス部分について
は、中途解約を可能とする条項を定めることも可能である[27]。特に長期間の
リース取引では、いったんメンテナンス特約を付して一定期間リースを行っ
た上で、実際にメンテナンスが必要となる頻度やメンテナンス・サービスの
満足度等に応じてメンテナンス・サービスの内容を変更しまたは一部解約す
ることも検討できるようにしたいという借手（レッシー・ユーザー）のニー
ズも想定し得るところであろう。

(5) **メンテナンスの対象**

改正前民法のもとでは、一般に、リース契約において、引渡しより前から
存在した要修繕状態につき瑕疵担保責任を免責する旨が規定されていたが、
現行民法のもとにおいても同様に、引渡し前に生じた要修繕状態については
契約不適合責任（民法562条）が免責される旨が規定されるものと思われ
る[28]。

かかる免責規定を前提とすると、メンテナンス・リースにおけるリース物
件の修繕義務の対象とされるのは、あくまでもリース物件が借手（レッ
シー・ユーザー）に引き渡されリースが開始した後に生じた要修繕状態のみ
となる。

この点、引渡し前に生じた要修繕状態は、売買契約に基づく売主（サプラ
イヤー）に対する契約不適合責任の追及等によって、解決されることが想定
される。

3　民法上の賃貸借契約における修繕義務等

リース取引におけるリース物件の維持・管理に関する取扱いは前述のとお

27　山岸憲司・片岡義広・内山義隆編『〔第三版〕リース・クレジットの法律相談』（青林
　書院、2010年）273頁〔上野秀雄〕。
28　もっとも、メンテナンス・リースの場合、前述のような契約不適合責任の免責規定を
　定めることの有効性について疑義があり得る（山岸憲司・片岡義広・内山義隆編『〔第
　三版〕リース・クレジットの法律相談』（青林書院、2010年）67頁〔相澤光江〕、大村多
　聞・佐瀬正俊・良永和隆編・『契約書式実務全書〔第 2 版〕第 1 巻』（ぎょうせい、2014
　年）753頁等）。

りであるが、リース取引には賃貸借的要素も含まれていることから、民法上の賃貸借における賃貸物件の維持・管理に関する取扱いを知ることも、リース取引の特性を理解する上では重要であろう。民法上の賃貸借契約における賃貸物件の維持・管理（修繕等）に関する取扱いの概要は図表2のとおりである。

　もっとも、以上のような民法の定めは任意規定と解されているため、賃貸人と賃借人の合意により、賃貸人の修繕義務の範囲を減免したり、賃借人に修繕義務を負わせたりするなど、別段の定めを設けることも可能である[29]。リース契約においては、前述のとおり、民法上の取扱いは全般的に修正され

図表2　民法上の賃貸借契約における賃貸物件の維持・管理（修繕等）に関する取扱い

賃貸人の修繕義務 （民法606条1項）	賃借人の帰責事由によって修繕が必要となった場合を除き、賃貸目的物の使用・収益に必要な修繕を行う義務あり。
賃借人の受忍義務 （民法606条2項）	賃貸人が賃貸目的物の保存に必要な行為をしようとする場合、賃借人はそれを拒否できない。
賃借人の修繕の権利 （民法607条の2）	以下のいずれかに該当する場合、賃借人は賃貸目的物を自ら修繕可能。 ①　賃借人が賃貸人に対して要修繕状態を通知し若しくは賃貸人がかかる状態を知ったにもかかわらず、賃貸人が修繕を行わないとき ②　急迫の事情があるとき
賃借物の一部の使用収益不能 （民法611条）	・賃借物の一部が使用・収益をすることができなくなった場合で、それが賃借人の責めに帰することができない事由によるものであるときは、その使用・収益をすることができなくなった部分の割合に応じて、賃料が減額される（同条1項）。 ・賃借物の一部が使用・収益をすることができなくなった場合に、残存する部分のみでは賃借人が賃借をした目的を達することができないときは、賃借人は解除可能（同条2項）。

ているが、賃貸借要素の強いオペレーティング・リースにおいては、民法上の賃貸借の取扱いに準じた内容とされることもある。

Q22　保　　険

リース契約ではリース物件に関する保険の付保についてどのように定められますか。

A　リース契約においてはリース物件の滅失・損傷や損害賠償責任の負担等のリスクを回避・軽減する観点から、一定の保険を付保すべき旨が定められることが通常です。もっとも、付保される保険の内容・種類や付保する主体等はリース取引の種類や個々のリース取引によって異なります。

たとえば、汎用性の高い物件のリースの場合は、貸手（レッサー）において動産総合保険を付保すべき旨が定められることが多いですが、船舶、航空機等の特殊な物件のリースの場合は、借手（レッシー・ユーザー）が必要な保険を付保すべき旨が定められることが一般的です。

1　リースにおける付保の必要性

リース取引においては、リース物件の滅失・損傷による損害を回避・軽減する観点から、リース物件に関し一定の保険を付保すべきものとされることが通常である。これは以下のような理由による。

すなわち、リース取引においては、リース期間中にリース物件の滅失・損傷等の一定の事由が生じることによりリースが継続できなくなる危険性があ

29　中田裕康『契約法』（有斐閣、2017年）407頁。

るが、この場合、Q23のとおり、通常、借手（レッシー・ユーザー）は、残リース料にかわる損害賠償金（規定損害金）を即時に一括で支払う必要が生じることとなる。リース物件の金額や、リースの残期間にもよるが、かかる損害賠償金（規定損害金）の支払負担が借手（レッシー・ユーザー）の資金繰りに大きな影響を与えることも想定される。そのため、かかる事態が生じた場合でも、借手（レッシー・ユーザー）の事業運営に支障を生じさせないかたちでリースを終了させ、また、貸手（レッサー）としても損害賠償金（規定損害金）の回収を確実なものとするため、リース物件に保険を付保することが実務上定着している。

2　リース物件に関する保険の種類

⑴　一般的な動産のリース取引の場合

　OA機器や機械設備などの一般的な動産を対象とするリース取引の場合、リース契約上、貸手（レッサー）において動産総合保険を付保すべき旨が定められることが一般的である。たとえば、リース契約書（協会書式）15条および別表⑺でも、そのような規定が置かれている。

　動産総合保険とは、いわゆる損害保険の一種であり、対象となる動産（複数の動産を対象とすることもできる）について生じた偶発的事故による損害を担保する保険を指す。保険約款上、地震等の一定の事由による損害については保険金支払が免責されるほか、自動車、航空機、船舶等、一定の物件が保険対象から除外されることが多い[30]。

　なお、動産総合保険によって担保されるのはリース物件の時価額とされることが通常であるところ、規定損害金の額は、残リース料（物件の価値のみならず、物件取得のために貸手（レッサー）が費やしたコストや保険料等も考慮の上算定される）をベースとしているため[31]、理論的には、保険会社から支

---

[30]　山岸憲司・片岡義広・内山義隆編『〔第三版〕リース・クレジットの法律相談』（青林書院、2010年）186頁〔仲澤一彰〕、梶村太市・石田賢一・西村博一編『新・リース契約法』（青林書院、2011年）263頁〔増田輝夫〕。

払われる保険金の額が、損害賠償金（規定損害金）の額に満たないこともあり得る。実際にそのような事態が生じた場合、不足分については、借手（レッシー・ユーザー）は依然として支払義務を負うこととなる[32]。

(2) 航空機、船舶など大型の動産の場合

　航空機、船舶などの大型かつ高額な物件については、動産総合保険の対象とならないこともあり、そのような物件を対象とするリース取引においては、それぞれの物件に特有の保険が付保されることになる。このような特殊な物件については、借手（レッシー・ユーザー）が、特定の保険会社との間で自らが運用する物件について包括的な保険を付保している場合や、物件の特殊性から適切な保険を選択すること自体に専門的な知識・経験が必要とされる場合も少なくない。そのため、このような物件を対象とするリース取引においては、借手（レッシー・ユーザー）において、契約上の所定の条件を充足する保険を付保すべき義務がリース契約に定められることが多い。

　たとえば、船舶のリース取引においては、①リース物件である船舶自体の滅失・損傷に備えるための損害保険（船体保険またはHull and Machinery Insuranceなどと呼ばれる）、②海難事故による人身・財産の損害や港湾施設等の損傷等、船舶の運航・使用・管理等に伴い生じる損害賠償責任に備えるための責任保険（船主責任保険またはP&I保険[33]などと呼ばれる）保険が付保されることが通常である[34]。③また、前述①の船体保険では、戦争等による船体の損害については保険の対象から除外されている（免責事由となっている）ことが一般的であるため、そのような損害をカバーするための保険（戦争保険またはWar Risks Insurance）が別途付保されることが多い。

　航空機のリースにおいても、船舶と同様に、①航空機自体の滅失・損傷に

31　規定損害金の算定方法については、Q23を参照。

32　山岸憲司・片岡義広・内山義隆編『〔第三版〕リース・クレジットの法律相談』（青林書院、2010年）184頁〔仲澤一彰〕。

33　P&Iとは、Protection & Indemnityの略である。

34　この保険は、船主責任相互保険会社（P&I Club）が提供することが通常である（西村あさひ法律事務所編『ファイナンス法大全〔全訂版〕〈上〉』（商事法務、2017年）759頁）。

備えるための損害保険（機体保険）、②第三者に対する損害賠償責任をカバーする賠償責任保険、③戦争保険等が付保されることが一般的である[35]。船舶や航空機など高額なリース物件については、保険を適切に付保し維持することが貸手（レッサー）の権利保護の観点からも極めて重要であるといえ、リース契約（船舶の場合は傭船契約と呼ばれることも多い）においても、詳細な定めが規定されることが多い。

3　リース契約上の保険に関する規定

　一般的なリース契約における保険に関するリース契約上の具体的な規定としては、貸手（レッサー）において動産総合保険を付保すべき旨に加え、当該保険の保険事故に該当する事実があった場合に、貸手（レッサー）に対して通知すべき旨や保険金を受け取るために必要な書類を貸手（レッサー）に提出すべき旨などが定められる。

　また、保険金が支払われた場合に関する規定として、①リース物件が修繕可能であり、借手（レッシー・ユーザー）が自らの費用でリース物件の修繕を行ったときは、貸手（レッサー）は借手（レッシー・ユーザー）に対して当該費用の限度で保険金を支払うべきこと、また、②リース物件が修繕不能な場合または滅失した場合は、貸手（レッサー）が受領した保険金相当額の限度で、借手（レッシー・ユーザー）は支払義務を免れること等が規定される。

　実際のリース契約における規定の例として、リース契約書（協会書式）における保険に関する規定は、概要図表3のようになっている。

---

[35]　西村あさひ法律事務所編『ファイナンス法大全〔全訂版〕〈上〉』（商事法務、2017年）755頁。

図表3　リース契約書（協会書式）における保険に関する規定

15条1項	貸手（レッサー）はリース期間中、リース契約の別表記載の保険を付保する。
15条2項	リース物件に係る保険事故が発生したときは、借手（レッシー・ユーザー）は直ちに貸手（レッサー）にその旨を通知し、保険金受取に必要な一切の書類を遅滞なく貸手（レッサー）に提出する。
15条3項	15条2項の保険事故に基づき貸手（レッサー）に保険金が支払われたときは以下の各号に従う。 ① 物件が修繕可能な場合： 　借手（レッシー・ユーザー）が修繕義務を履行して物件を修理した場合に限り、そのために支払った費用に充てるため、当該費用の額を限度として保険金相当額を借手（レッシー・ユーザー）に支払う。 ② 物件の滅失時（修繕不能および盗難を含む）： 　借手（レッシー・ユーザー）は、貸手（レッサー）に支払われた保険金額を限度として、規定損害金の支払を免れる。

Q 23　中途終了

期間満了前にリース契約を解除して中途終了させることは可能ですか。また、中途終了する場合の取扱いを教えてください。

A ファイナンス・リースでは、借手（レッシー・ユーザー）によるリース期間満了前のリース契約の任意の解除（中途解約）は禁止されています。

ただし、一方当事者の債務不履行等の一定の場合には中途解約が可能であり、また、リース物件が滅失した場合などにおいても、リース契約がリース期間満了前に終了することがあります。その際の処理について

は、原則として、残リース期間のリース料相当額を実質的にカバーする金額の解約金（損害賠償金・規定損害金）を、借手（レッシー・ユーザー）が貸手（レッサー）に対して支払うこととされるのが一般的です。

　オペレーティング・リースの場合には、リース期間中の借手（レッシー・ユーザー）による任意の解除（中途解約）を認める場合もあります。もっとも、任意の解除（中途解約）を認める場合でも、中途解約可能な期間の制限など一定の条件が付されることも多く、また、中途解約時には借手（レッシー・ユーザー）が一定の金銭を支払うものとされる場合もあるなど、具体的な処理は個々の契約により異なります。

1　ファイナンス・リース契約の中途終了

⑴　中途解約の可否

　ファイナンス・リースにおいては、リース期間満了前における、リース契約の任意の解約（以下「中途解約」という）は禁止されており、リース契約上、一般に任意の解約を禁止する旨が規定される。たとえば、リース契約書（協会書式）２条においても、中途解約が明示的に禁止されている。

　もっとも、中途解約の禁止も絶対的なものではなく、一方当事者の債務不履行等の一定の事由が生じた場合には、中途解約も許容される。たとえば、リース契約書（協会書式）では、貸手（レッサー）が中途解約できる場合として図表４のような事由（以下「解約事由」という）が規定されており（20条１項および26条３項）、実務上もこれらに相当する規定の全部または一部が定められることが多い。なお、借手（レッシー・ユーザー）から中途解約できる場合については規定が設けられないことも多い[36]。

---

[36]　国際的なクロスボーダー取引としてのリース契約においては、レッサーの債務不履行時の、レッシーによる中途解約に関する定めが規定されることも珍しくないが、国内の一般的なリース取引においては、そのような定めは規定されないことがむしろ一般的である。リース契約書（協会書式）においても、レッシーによる中途解約に関する定めは規定されていない。

①　リース料支払債務の不履行
②　リース契約または貸手（レッサー）および借手（レッシー・ユーザー）の間の他の契約上の借手（レッシー・ユーザー）の違反
③　借手（レッシー・ユーザー）による、小切手・手形の不渡りまたは電子記録債権の支払停止等
④　借手（レッシー・ユーザー）に関する、仮差押え、仮処分、強制執行、競売の申立て、租税の滞納処分等または破産、民事再生等の倒産手続開始の申立て
⑤　事業の廃止、解散、業務停止処分等
⑥　経営悪化またはそのおそれがあると認められる相当の理由がある場合
⑦　保証人追加事由発生時に保証人が追加されなかった場合
⑧　借手（レッシー・ユーザー）、連帯保証人またはそれぞれの役員が反社会的勢力に該当し、または反社会的行為を行った場合

(2)　解約事由の発生による中途終了時の取扱い

　リース契約上、解約事由の発生によるリースの中途解約における取扱いに関して、概ね、①リース料その他の借手（レッシー・ユーザー）の支払債務の取扱い（期限の利益の喪失の有無など）、②貸手（レッサー）の損害賠償請求権の取扱い、③リース物件の返還に関する取扱い（物件の滅失の場合を除く）、④リース取引終了に関する清算の取扱い、などが定められる。

　たとえば、リース契約書（協会書式）では、①から③について、以下のとおり、Ａ方式、Ｂ方式およびＣ方式の３つの案が規定されている。

・Ａ方式……中途解約事由が発生した場合、貸手（レッサー）が、無催告で、①リース契約上の債務に係る期限の利益の喪失、②リース物件の引揚げ若しくは返還請求、または③リース契約の解除および損害賠償請求の全部または一部を選択できるとする条項

・Ｂ方式……中途解約事由が発生した場合、貸手（レッサー）が、無催告でリース契約を解除することができ、解除された場合、借手（レッシー・ユーザー）はリース物件の返還と規定損害金の支払義務を負うとする条項

・C方式……中途解約事由が発生した場合、①借手（レッシー・ユーザー）は当然にリース料支払債務に係る期限の利益が喪失し、②当該債務が履行されない場合に貸手（レッサー）はリース契約を解除することができ、③解除された場合には借手（レッシー・ユーザー）はリース物件の返還と残リース料の支払を行う（ただし、物件の返還が不能である場合には、リース契約の別表に記載された損害賠償金の支払義務を負う）とする条項

いずれの方式においても、基本的な考え方としては、借手（レッシー・ユーザー）は、残リース料または残リース料にかわる損害賠償金を支払い、リース物件も返還することが想定されている[37]。

④貸手（レッサー）の利得の清算に関する規定については、大きく分けて、リース物件の返還後、貸手（レッサー）がリース物件を実際に処分できた段階で、その処分金額とリース期間満了時のリース物件の評価額の差額を清算する方式（処分清算方式）と、返還時点での物件の評価額とリース期間満了時のリース物件の評価額の差額を清算する方式（評価清算方式）があるが、実務上は処分清算方式か両方の選択方式がとられることが多いといわれている[38]。この場合に考慮されるリース期間満了時の物件の価額については、リース契約締結時に予め見積もった評価額を使用する場合と、リース物件の引き揚げ・返還時において算定した評価額を使用する場合がある[39]。

リース契約書（協会書式）では、リース物件が返還された後、貸手（レッ

---

[37] 中途解約時に借主（レッシー・ユーザー）が支払うべき額については、残リース料相当額から残リース期間に対応する利息、固定資産税、保険料等を控除した額とするのが妥当との指摘もある（谷啓輔「判批」判タ472号（1982年）97頁、道垣内弘人「ファイナンス・リース契約における清算義務」『非典型担保法の課題』（有斐閣、2015年）299頁）。一方、解約事由が生じるような場合において、借手が要支払額の全額を支払えるケースは現実には多くはない。

[38] 山岸憲司・片岡義広・内山義隆編『〔第三版〕リース・クレジットの法律相談』（青林書院、2010年）99頁〔山岸憲司〕。

[39] 松田安正『〔改訂版〕リースの理論と実務』（商事法務研究会、2001年）196頁、道垣内弘人「ファイナンス・リース契約における清算義務」『非典型担保法の課題』（有斐閣、2015年）295頁。

サー）の選択により、借手（レッシー・ユーザー）から支払われた規定損害金等を上限として、物件のその時点の評価額または売却額から評価または売却に要した費用と期間満了時の見込残価を控除した額との差額を清算する（前者が高い場合には、貸手（レッサー）がその差額を借手（レッシー・ユーザー）に返還する）旨が規定されている（23条5項）。

(3) リース物件の滅失による中途終了

　リース物件がリース期間中に滅失した場合、一般に、借手（レッシー・ユーザー）は損害賠償金（規定損害金）の支払義務を負い、支払がなされた段階でリース契約が終了することになる。詳細はQ20参照。

2　規定損害金

　リース契約の中途終了時に、借手（レッシー・ユーザー）が貸手（レッサー）に対して支払うべき金銭として、リース契約に予め定められたものを、実務上、規定損害金と呼ぶことがある。

　ファイナンス・リースにおいては、リース物件の滅失リスクは借手（レッシー・ユーザー）が負担するものとされており、滅失したリース物件の価値相当額を借手（レッシー・ユーザー）が負担することが想定されている。そこで、リース物件の滅失時には、予め契約に定められた額の規定損害金（貸手が投下資本を実質的に回収するために必要な金額[40]）を、借手（レッシー・ユーザー）は即時に支払う義務を負うとされるのが一般的な取扱いである。規定損害金という用語ではなく、規定損失金、損害賠償金、清算金、解約金などの用語が用いられることもある。

　なお、規定損害金は、典型的には、リース物件の滅失時における借手（レッシー・ユーザー）の支払額に関する概念であるが、リース物件の滅失に

---

[40]　リース料の定め方にもよるが、フルペイアウトのファイナンス・リースであれば、規定損害金の額の基礎となるのは残リース料ということになるが、フルペイアウトではないリースの場合、残リース料およびリース期間満了時におけるリース物件の価値（残存価格）の合計額が規定損害金の額の基礎となる。

限らず借手（レッシー・ユーザー）の債務不履行に基づく中途解約時にも用いられることがある。この場合において、規定損害金の支払があったときの取扱いについては、①リース物件の所有権が借手（レッシー・ユーザー）に移り、返還義務が免除される、②返還は必要だが、返還後のリース物件の処分代金の全部または一部が借手（レッシー・ユーザー）に支払われる、③その時点のリース物件の時価が規定損害金を上回っている場合には、借手（レッシー・ユーザー）はその差額を支払うことでリース物件を買い取ることができる、などの種々の取扱いがある。

　規定損害金の具体的な算定方法としては、実務上、①年金現価方式、②基本額逓減方式、または③残リース料方式、の3つの方式のうちのいずれか（特に前二者）がとられることが多い。

　①は、残リース料に一定の割引率を乗じてその現在価値を算出し、リース契約の中途終了時のリース物件の残価との合計額を規定損害金とする方式である。②は、リース期間開始時の規定損害金額を基本額として設定し、リース期間中、リース料の支払回数に応じて基本額から逓減させるという方式である。②については、逓減の定め方について、毎回一定額を逓減させる方式と、逓減額を変動させる（たとえば、リース期間後半の逓減額を、リース期間前半の逓減額よりも高く設定する等）方式がある。③は、各時点の残リース料をそのまま規定損害金の額とする方式である。なお、①と③は、残リース料を基準としており、リース料のみでリース物件の購入代金等を回収できる前提である点で、フルペイアウトのファイナンス・リースを前提とした考え方であるといえる。

リース期間が満了した時の取扱いを教えてください。

A　　リース期間満了時の取扱いについては必ずしも統一的な取扱いがなされるわけではなく、個々の契約の定め方によりますが、大別して、①借手（レッシー・ユーザー）がリース物件を貸手（レッサー）に返還することによりリース契約が終了する場合と、②再リースや二次リース等により当初のリース期間の満了後も引き続き借手（レッシー・ユーザー）がリース物件を使用する場合があります。

1　リース期間満了時の処理

(1)　リース物件の返還

リース期間が満了した場合のリース物件の処理としては、大きく分けてリース物件を返還する場合と引き続き借手（レッシー・ユーザー）が使用する場合があるが、リース物件の返還の場合でも以下のような処理があり得る[41]。

①　リース物件の返還を受け、これを第三者に売却する。

②　リース物件の返還を受け、これを廃棄処分する。

③　リース物件の返還を受け、これを第三者にリースする。

なお、法的にはリース物件が返還されたものとして扱われる場合でも、リース物件の占有が現実に貸手（レッサー）のもとに移るわけではない。特に①の売却や②の廃棄処分などにおいては、リース契約上、借手（レッシー・ユーザー）に協力義務が課せられていることも珍しくなく、現実には借手（レッシー・ユーザー）の占有下にある状態で売却や廃棄処分が進めら

---

[41]　加藤一郎・椿寿夫編『リース取引法講座〈下〉』（金融財政事情研究会、1986年）164頁以下〔岡部眞純〕。

れることも多い（この場合でも、法的には返還されたと考えることができ、借手（レッシー・ユーザー）は、返還後は貸手（レッサー）のためにリース物件を占有することになる）。③の場合には、貸手（レッサー）が実際にリース物件を回収してから第三者にリースすることが一般的であろう。

また、②の廃棄処分を行う場合、リース物件の種類によっては、廃棄に際して厳格な法規制の対象となることもあり、また個人情報やその他の機密情報を含むリース物件の場合には取扱いを誤ると損害賠償リスクもあることから、借手・貸手ともに慎重な対応が必要である（Q45、Q46参照）。

(2) リース物件返還後の精算

前述①の売却処理を行う場合、処分代金に関する精算に関する規定が定められることもあり（特にノン・フルペイアウトのファイナンス・リース）、精算については、大別して、（精算を行う）オープン・エンド方式と（精算を行わない）クローズド・エンド方式がある。

典型的なオープン・エンド方式の場合には、当初に設定した見積残価とリース物件の処分額または評価額との差額を清算する旨が規定される（後者のほうが低い場合には、差額を借手（レッシー・ユーザー）が貸手（レッサー）に支払い、後者のほうが高い場合には、差額を貸手（レッサー）が借手（レッシー・ユーザー）に支払う）。クローズド・エンド方式の場合には、そもそも差額の精算に関する規定を定めないこともあれば、精算を行わない旨の規定を明示的に定めることもある（精算についてはQ2も参照）。

(3) 借手（レッシー・ユーザー）による継続使用

リース期間満了時の処理として、返還ではなく、引き続き借手（レッシー・ユーザー）がリース物件のリースを受けることもある。実質的にはリース期間の延長といえ、延長後のリースは、再リース・二次リースなどと呼ばれる（Q28参照）。リースの継続の処理については後述2にて概説する。

また、フルペイアウトのファイナンス・リースの場合には、リース期間満了時に借手（レッシー・ユーザー）に所有権が移転し、リースが終了すると

いう処理がなされることもある。もっとも、かかる条件のリースの場合（借手（レッシー・ユーザー）において取得するか否かを選択できない場合）には、実質的には割賦販売と評価し得るため、割賦販売法の適用可能性が生じる点に留意が必要である（Q3参照）。

2　原リース期間満了後におけるリースの継続

当初のリース契約（以下「原リース」という）に定められたリース期間（以下「原リース期間」という）が満了した後においても、借手（レッシー・ユーザー）がリース物件を引き続き使用することがあり、実務上、再リースや二次リースと呼ばれる（これらの用語の区別につき、Q28参照）。以下では、便宜上「再リース」とする。

再リースを行うための契約上の規定として、たとえば、以下のような方法があり得る。

①　原リース契約において、原リース期間満了日の一定期間前までに借手（レッシー・ユーザー）が希望した場合には、両者の協議により、再リースできる旨を規定する。

②　原リース契約において、原リース期間満了日の一定期間前までに借手（レッシー・ユーザー）が希望した場合には、リース期間が所定の条件で継続（更新）される旨を規定する。

③　原リース契約において、原リース期間満了日の一定期間前までに当事者の一方または双方がリース終了を希望しない限り、リース期間が自動的に更新される旨を規定する。

④　原リース契約には特段の定めを置かず、原リース期間満了の段階で両者の合意により再度リース契約を締結する。

①は協議が整った場合にのみ再リースされるものであり、法的には④と大きな違いはないが、②は借手（レッシー・ユーザー）に再リースの権利を付与するものであり、③一方当事者が終了を希望しない限り自動的に再リースされるとするものである。なお、②または③の方法による場合には、リース

料等の再リース時の条件も予め原リース契約に規定しておく必要がある。なお、リース契約書（協会書式）においては、再リースに関する規定案として、以下の2つの案が示されている。

・22条【第1案】

　リース期間満了日の2か月前までに借手（レッシー・ユーザー）から予告があった場合は、協議により新たなリース契約を締結できる旨の規定

・22条【第2案】

　リース期間満了日の2か月前までに借手（レッシー・ユーザー）が希望し、貸手（レッサー）が承諾した場合は、一定の条件で再リースできるとする規定

【第1案】は前述の①と同様の規定である。【第2案】については、貸手（レッサー）の承諾が条件とされ、貸手（レッサー）に実質的な拒否権が与えられている点では前述①に近いが、再リースの条件については原契約の定めによることから前述②の派生形と評価できよう。

Q25　特定債務保証・根保証

リース契約における借手（レッシー・ユーザー）の債務の保証の性質について教えてください。

A　法人が保証人となるものを法人保証、個人が保証人となるものを個人保証と呼びます。リース取引においては、通常、補充性のない（保証人が後述の催告の抗弁および検索の抗弁を有しない）連帯保証が用いられ、当該保証の被保証債務の範囲が特定の債務であれば特定債務保証契

約[42]、不特定の債務であれば根保証契約となります。

1　保証とは

(1)　保証の区別

保証とは、主たる債務者がその債務を履行しないときに、その履行をする責任を負うことをいう（民法446条）。保証には種々の類型があり、①保証人の属性の観点から法人保証と個人保証、②補充性の有無の観点から通常の保証[43]と連帯保証、③被保証債務の範囲の観点から特定債務保証と根保証、などに区別することができる。

(2)　法人保証・個人保証

法人が保証人となるものを法人保証、個人が保証人となるものを個人保証と呼ぶ。法人と異なり個人の保証人については、保証債務の処理が生活に直接影響を与えることなどの理由から、後述3、Q26およびQ27のとおり、法人保証か個人保証か否かで、保証に関する規律が異なる場面が存在する[44]。

(3)　通常の保証・連帯保証

通常の保証の保証人は、(i)債権者が保証人に債務の履行を請求したときは、保証人は、まず主たる債務者に催告をすべき旨を請求することができ（催告の抗弁という。民法452条）、また、(ii)債権者が主たる債務者に催告をした後であっても、保証人が主たる債務者に弁済をする資力があり、かつ、主たる債務者の財産についての執行が容易であることを証明したときは、債権

42　一般的に、根保証との対比が問題となる場面において、単に「保証」と言及する場合、被保証債務を特定の債務とする（根保証に該当しない）保証を指すものと思われるが、本書では、根保証との区別のわかりやすさの観点から、特定債務保証と呼ぶことにする。

43　一般的に、連帯保証との対比が問題となる場面において、単に「保証」と言及する場合、補充性を有する（連帯保証に該当しない）保証を指すものと思われるが、本書では、連帯保証との区別のわかりやすさの観点から、通常の保証と呼ぶことにする。

44　Q27の3にて、保証に関する規律の適用関係を整理した一覧表を記載しているので、そちらも参考にされたい。

者は、まず主たる債務者の財産について執行をしなければならないことを主張できる（検索の抗弁という。民法453条）。これに対して、連帯保証人は、催告の抗弁および検索の抗弁を有しない（民法454条）。実務的には、連帯保証人を用いるケースがほとんどである[45]。

(4) 特定債務保証・根保証

特定債務保証とは、特定の債務を被保証債務とする保証であり、当該保証債務は「主たる債務に関する利息、違約金、損害賠償その他その債務に従たるすべてのものを包含する」（民法447条1項）。

これに対して、根保証は、一定の範囲に属する不特定の債務を主たる債務とする保証（民法465条の2第1項参照）をいう。かかる「一定の範囲に属する不特定の債務を主たる債務」は、幅がある概念であり、「一定の範囲」の設定の定め方により、ある1つの契約（＝「一定の範囲」）に基づく不特定な債務も含み得、また、一定の条件で画された不特定の複数の契約（＝「一定の範囲」）上の特定された債務および不特定の債務を含み得る。具体的には、一定の範囲の定め方次第で、①ある特定の契約に基づく不特定の債務（ex.2020年4月1日付リース契約に基づく一切の債務）[46]、②不特定の契約に基づく特定の債務（ex.2020年4月1日から12月31日までの間に甲と乙の間で締結されるリース契約に基づくリース料支払債務）、③不特定の契約に基づく不特定の債務（ex.2020年4月1日から12月31日までの間に甲と乙の間で締結されるリース契約に基づく一切の債務）、などに分けることができる。

根保証契約においては、その後に発生する主債務についてもまとめて保証を徴求でき、主債務の増額・追加、期間延長が生じた場合もあらためて保証契約を締結し直す必要性がないことから、この観点からは債権者にとって、債権の保全手段として簡便な手法と評価し得る。一方で、根保証を提供する

45　そのため、以下の記述において、「保証」に言及した場合、（連帯ではない）保証であることを明確に言及していない限りは、連帯保証であることを念頭に置いている。

46　リース条件や当該リース取引の性質によっては、かかる定め方によっても、被保証債務は特定されていると考えられるケースもあり得るところであり、特定債務の保証であると考える余地もある。

保証人からすると、被保証債務の範囲が特定されていないことから、保証人の予想を超える過大な責任を負担する可能性がある。そのため、民法では、保証人保護の観点から、特定債務保証契約と根保証契約とで、異なる規律を定めることでこれらのバランスを図っている（民法465条の2以下参照）。とりわけ、個人が保証人となる根保証契約（個人根保証契約）について、(i)極度額の定めがなければ効力が生じないとする規律（民法465条の2第2項）、(ii)一定の事由が発生した場合には主債務の範囲が確定するという規律が設けられており、特定債務保証と根保証の区別は、契約内容や期中管理に影響を与える（民法465条の3、465条の4）。

　前述の観点から、以下では、実務上重要となる、特定債務保証と根保証の区別に主に焦点を当てる。

2　リース契約における特定債務保証

　前述のとおり、特定債務保証とは、特定の債務を被保証債務とする保証であり、当該保証債務は「主たる債務に関する利息、違約金、損害賠償その他その債務に従たるすべてのものを包含する」（民法447条1項）。たとえば、リース契約書（協会書式）では、特定債務保証に該当する場合のリース契約の連帯保証の条項案を、以下のとおり定めている。

【リース契約書（協会書式）24条1項】
　連帯保証人は、この契約に基づくリース会社のユーザーに対する次の各号に掲げる支払債務を保証し、甲と連帯して、債務履行の責任を負います。
1　第6条に規定するリース料及び第13条第3項の消費税等相当額
2　第18条第2項に規定する損害賠償金（別表(8)記載の金額）
3　第20条第1項に規定するリース料の全部
4　前各号に係る第21条に規定する遅延損害金

前述規定の1号ないし4号に掲げる支払債務は、各条項で言及されている条項および別表にて、金額が具体的に特定されまたは金額の算定方法が具体的に規定されていることを前提とした場合には、契約締結時点において、その金額の上限を確定できることから[47]、被保証債務は特定の債務と評価することができると考えられる。

3 リース契約における根保証

(1) 根保証契約

一定の範囲に属する不特定の債務を主たる債務とする保証契約を根保証契約という（民法465条の2第1項）。

たとえば、リース契約書（協会書式）では、根保証に該当する場合のリース契約の連帯保証の条項案を以下のとおり定めている。

> 【リース契約書（協会書式）24条1項】
>
> 連帯保証人は、この契約および第22条の新たなリース契約に基づく甲の乙に対する一切の債務（以下「主たる債務」という。）を保証し、甲と連帯し、債務履行の責任を負います。

前述規定においては、2に記載した特定債務保証の場合の条項案と異なり、「……リース契約に基づく一切の債務を……保証」するとされており、契約締結時点において、被保証債務の範囲が抽象化されており、債務の金額

---

[47] 遅延損害金は、弁済期日から、完済に至るまで発生するが、完済までに経過する時間は当然ながら契約締結時点では確定していないため、厳密には遅延損害金の金額の上限も確定することはできない。もっとも、民法447条1項では、特定債務保証に関して、「保証債務は、主たる債務に関する利息、違約金、損害賠償その他その債務に従たるすべてのものを包含する」と規定しており、被保証債務を「主たる債務に関する利息、違約金、損害賠償その他その債務に従たるすべてのもの」については、その金額が確定できなかったとしても、特定債務保証に該当すると解されている。したがって、遅延損害金については「主たる債務に関する……損害賠償」に該当するため、その金額の上限を確定できなかったとしても、当該遅延損害金を被保証債務とする保証は特定債務保証に該当すると解される。

またはその算定方法が具体的に特定されておらず、被保証債務の金額の上限を確定することができない。そのため、このリース契約の保証契約は「一定の範囲に属する不特定の債務を主たる債務とする保証契約」すなわち「根保証契約」に該当すると考えられる。

前述1(3)に述べたとおり、根保証を提供する保証人からすると、根保証は保証人の予想を超える過大な責任を負担する可能性があることから、特に個人保証の場合には、以下の(2)および(3)記載のとおり、特定債務保証にはない規律が取り入れられている。

(2) 極度額の定め

民法上、特定債務保証の場合、保証人が個人か法人かを問わず、保証する債務の限度額（上限額）を定めることは要求されていない。これは、被保証債務の範囲や金額（または金額の定め方）が契約締結時点で明らかであり、保証人に不測の損害を与えるおそれが少ないからであるといえる。

一方で、根保証については契約締結時点で被保証債務の金額について具体的な上限が定まっておらず、保証人に予想を超える責任を負わせるおそれがある。特に保証人が個人の場合には、過大な保証債務を結果的に負うこととなった結果、生活が破綻することもあり、かかる事態を防ぐため、法は、根保証のうち保証人が個人となる根保証について、保証する債務の限度額（上限額）である極度額を定めることを要求し、極度額の定めがない根保証契約は無効としている（民法465条の2）。そのため、リース契約に個人の根保証を付する場合、極度額を定めなければならない。法人が保証人である場合には極度額の定めは必須ではなく、実務上、極度額が定められないこともある。

特定債務保証か根保証かの区別は、被保証債務が「特定」か「不特定」かにより判断されるが、被保証債務が「特定」か「不特定」かの判断基準については、いまだ確立した判例・実務は存在しないものと思われる[48]。なお、2020年4月1日に施行された改正民法により、個人根保証は一般に極度額の定めに関する規定が適用されることになった[49]ことから、被保証債務が「特

定」か「不特定」か判断がむずかしい場合、根保証契約に該当し得ることを前提として、保証に関する定めを作成し、そのなかに極度額に関する規定も含めることが安全な対応といえる。

（個人根保証契約の保証人の責任等）

民法465条の2　一定の範囲に属する不特定の債務を主たる債務とする保証契約（以下「根保証契約」という。）であって保証人が法人でないもの（以下「個人根保証契約」という。）の保証人は、主たる債務の元本、主たる債務に関する利息、違約金、損害賠償その他その債務に従たる全てのもの及びその保証債務について約定された違約金又は損害賠償の額について、その全部に係る極度額を限度として、その履行をする責任を負う。

2　個人根保証契約は、前項に規定する極度額を定めなければ、その効力を生じない。

3　（略）

---

(3) 元本確定事由

個人を保証人とする根保証については、民法に元本確定事由が定められており、①保証人に対する強制執行・担保権実行、②保証人に関する破産手続開始決定、③主債務者または保証人の死亡、のいずれかの事由が発生した場

48　前述(1)で記載したリース契約書（協会書式）24条1項では、「この契約及び第22条の新たなリース契約」に基づく一切の債務を被保証債務として、これらのうち、「新たなリース契約」（筆者注：再リースに係る契約）は「この契約」締結時点で締結されるか否か、また、締結されるとしても、何回締結されるか確定していない。そのため、主債務が「不特定」であると評価されるものと考えられる。一方、特定の「この契約」のみに基づく一切の債務を被保証債務とする場合、リース条件や当該リース取引の性質によっては、不特定の債務は想定されないと考えられるケースもあり得るところであり、特定債務の保証であると考える余地もある。

49　改正前民法においては、主債務が貸金等債務（金銭の貸渡し・手形の割引を受けることによって負担する債務をいう。民法465条の3第1項）である個人根保証の場合に限り、極度額に関する規制が適用されていた。

合には、当該事由発生時点において、発生済みの主債務に係る債権のみが被保証債権となり、以降に発生する債権は保証の対象とはされないこととなる（民法465条の4第1項）[50]。これに対して、法人が保証人である場合の根保証については、民法上、確定事由が定められていない[51]。

Q26　保証の徴求手続

リース取引に関して、保証を徴求する場合、どのような手続が必要ですか。また、公正証書による意思確認は必要ですか。

A　保証契約は民法上書面によることが要求されていますので、保証を徴求する場合、常に保証契約を書面で作成する必要があります。また、保証人が、リース取引の保証に関して主債務者から委託を受けて保証人となる個人である場合には、主たる債務者から、保証人に対して、保証契約の締結以前に主体債務者に係る信用等に関する情報を提供しなければなりません。なお、リース取引における借手（レッシー・ユーザー）の債務の保証については、一般に、公正証書の作成は不要です。

1　民法における保証の徴求手続

日本の民法においては、契約の成立にあたって、契約書面を作成することは要求されておらず、口頭による合意でも足りるのが原則である（民法522

50　個人根保証契約であってその主たる債務の範囲に金銭の貸渡しまたは手形の割引を受けることによって負担する債務が含まれるものにおける主たる債務の元本は、本文記載の事由に加えて、①債権者が、主たる債務者の財産について、金銭の支払を目的とする債権についての強制執行または担保権の実行を申し立てたときまたは、②主たる債務者が破産手続開始の決定を受けたとき、のいずれかに該当するときも確定する（民法465条の4第2項）。
51　保証契約において、確定事由を合意することは可能である。

条2項）[52]。しかしながら、保証契約が無償で情義に基づいて行われ、保証人において自己の責任を十分に認識していない場合が少なくなかったことなどから、保証を慎重にさせるために、2004年の民法改正により、例外的に「保証契約は、書面でしなければ、その効力を生じない」（民法446条2項）と定められることとなった。

　そのため、リース取引において、保証を徴求するためには、貸手（レッサー）および保証人との間での保証の合意[53]に加え、当該合意に係る契約書面を作成する必要がある。

　さらに、民法においては、個人を保証人とする一定の場合（本1末尾の〈参考〉参照）には、保証契約の締結に先立ち、公正証書によって保証人になろうとする者が保証債務を履行する意思を表示しなければならないとされている。しかしながら、一般に、リース契約に基づく債務は、貸金等債務（金銭の貸渡し・手形の割引を受けることによって負担する債務をいう。民法465条の3第1項）には該当しないと考えられている（Q10参照）ため、リース取引において、通常、公正証書の作成は不要である。

〈参考〉
・保証意思宣明公正証書
　個人を保証人とする[54]①事業のために負担した貸金等債務を主債務とする特定債務保証契約、または②主債務の範囲に事業のために負担する貸金等債務が含まれる根保証契約については、原則として、締結の日の前1カ月以内に作成された公正証書によって保証人になろうとする者が保証債務を履行する意思を表示しなければ効力が生じないとされている

52　もっとも、商取引においては、契約内容の確認や証憑を残すという観点から、書面が作成されることが通常である。
53　Q25で記載したとおり、個人根保証契約の場合には、合意の内容の一部として、極度額に関する取り決めを行う必要がある。
54　保証人が法人となる場合には、公正証書の作成は不要である（民法465条の6第2項）。

（民法465条の 6 第 1 項）⁵⁵。

かかる公正証書は、民法465条の 6 第 2 項に従った方式にて、作成しなければならない。

・公正証書の作成が不要である個人保証

　仮に個人保証の被保証債務が貸金等債務であった場合においても、当該個人保証がいわゆる「経営者保証」に該当する場合には、公正証書の作成は不要となる。具体的には、保証人になろうとする者が次のいずれかである場合である。

---

①　主債務者が法人である場合：
　a　主債務者の理事、取締役、執行役又はこれらに準ずる者
　b　主債務者の総株主の議決権の過半数を有する者
　c　主債務者の総株主の議決権の過半数を他の株式会社（X）が有する場合におけるXの総株主の議決権の過半数を有する者
　d　主債務者の総株主の議決権の過半数を他の株式会社（X）およびXの総株主の議決権の過半数を有する者（Y）が有する場合におけるY
　e　株式会社以外の法人が主債務者である場合におけるb～dに掲げる者に準ずる者
②　主債務者が個人である場合：
　a　主債務者と共同して事業を行う者
　b　主債務者が行う事業に現に従事している主債務者の配偶者

55　また、これらの保証契約に基づく保証人の主債務者に対する求償権に係る債務を主債務とする保証契約や主債務の範囲に当該求償権に係る債務が含まれている根保証契約についても、同様の規律が採用されている（民法465条の 8 第 1 項）。

2 契約締結時の情報の提供義務

　主たる債務者は、個人保証の場合で、事業のために負担する債務を主たる債務とする保証または主たる債務の範囲に事業のために負担する債務が含まれる根保証の委託をするときは、委託を受ける個人に対し、主たる債務者の信用等に関する情報を提供しなければならないとされている（民法465条の10）。そのため、リース取引において個人保証の提供を受ける場合、通常は、主たる債務者である借手（レッシー・ユーザー）から当該個人保証人に対する「事業のために負担する債務を主たる債務とする保証または主たる債務の範囲に事業のために負担する債務が含まれる根保証の委託」が存在するであろうから、借手（レッシー・ユーザー）は、前述情報提供義務を履行する必要がある。詳しくはQ27の1を参照されたい。

Q27　保証人に対する情報提供義務

　貸手（レッサー）は、保証人に対して、義務を負担することはありますか。

A　貸手（レッサー）は、①保証人が主債務者である借手（レッシー・ユーザー）の委託を受けて保証をした場合、保証人からの請求があったときは、貸手（レッサー）は、借手（レッシー・ユーザー）の履行状況等に関して情報提供する義務を負い、また、②借手（レッシー・ユーザー）が期限の利益を失ったときは、貸手（レッサー）は、個人保証人に対して、期限の利益の喪失を知ったときから2カ月以内にその旨を通知する義務を負います。

　前述①の規律は、保証人が個人か法人かを問わず、主債務者からの委託を受けた保証人による保証が債権者に提供される場合に適用され、前

述②の規律については、主債務者からの保証の委託の有無を問わず、個人保証人に適用されます。

　なお、借手（レッシー・ユーザー）は、借手（レッシー・ユーザー）から委託を受けた個人保証人に対して契約締結以前に一定の情報提供義務を負うことがありますが、かかる情報提供が不十分または不真実である場合において、貸手（レッサー）が、そのことを知りまたは知ることができたときは、当該個人保証人は保証契約を取り消すことができるとされているため、借手（レッシー・ユーザー）だけでなく貸手（レッサー）にとっても注意が必要です。

1　借手（レッシー・ユーザー）の契約締結時の情報提供義務と保証契約の取消し

　主たる債務者たる借手（レッシー・ユーザー）は、事業のために負担する債務を主債務とする保証または主債務の範囲に事業のために負担する債務が含まれる根保証について個人に委託するときは、委託を受ける当該個人に対し、次の借手（レッシー・ユーザー）に係る信用等に関する情報を提供しなければならない（民法465条の10第1項、3項）。なお、Q26の1で言及した保証意思宣明公正証書の作成が必要となる場合と異なり、主債務が貸金等債務（金銭の貸渡し・手形の割引を受けることによって負担する債務をいう。民法465条の3第1項）であることは条件となっておらず、事業のために負担する債務が主たる債務であれば、主たる債務が貸金等債務ではなくとも、主たる債務者に、かかる情報提供義務が課される。そのため、リース取引において個人保証が徴求される場合には、通常、借手（レッシー・ユーザー）は、個人保証人に対するかかる情報提供義務を負担することになる。

・財産・収支の状況
・主債務以外に負担している債務の有無、その額・履行状況

・主債務の担保として他に提供し、または提供しようとするものがある
　ときは、その旨・その内容

　そして、①借手（レッシー・ユーザー）がこれらの情報を提供せず、また
事実と異なる情報を提供したため、事業のために負担する債務を主債務とす
る保証または主債務の範囲に事業のために負担する債務が含まれる根保証に
ついて委託を受けた当該個人がこれらの事項について誤認した場合で、②貸
手（レッサー）において、借手（レッシー・ユーザー）が情報を提供せず、ま
たは事実と異なる情報を提供したことを知り、または知ることができたとき
には、当該個人保証人は、保証契約を取り消すことができる（民法465条の10
第2項）。要するに、主債務者である借手（レッシー・ユーザー）の保証人に
対する情報提供が不十分または不真実であり、かつ貸手（レッサー）もその
状況を知っているはずである場合には、（委託を受けた）個人保証人は、保証
契約を取り消すことができるということである。
　なお、前述規定は、保証人が、主債務者から事業のために負担する債務を
主債務とする保証の委託を受けた個人保証人の場合にのみ適用され、法人保
証人および保証の委託を受けていない個人保証人には適用されない。
　また、前述規定については、Q26の〈参考〉にて言及した保証意思宣明公
正証書と異なり、保証人が、主債務者の理事、取締役、執行役またはこれら
に準ずる者である場合の、いわゆる「経営者保証」においても、その適用は
除外されていない。もっとも、借手（レッシー・ユーザー）の経営者は、通
常、借手（レッシー・ユーザー）の前述の信用等に関する情報について知る
べき地位にある者といえ、かかる情報について経営者が誤認することは例外
的な場面であることから、経営者保証の場合において、前述の規定に基づく
保証契約の取消しが認められるケースは相当に限定的であろう。

（個人根保証契約の保証人の責任等）
民法465条の10　主たる債務者は、事業のために負担する債務を主たる

債務とする保証又は主たる債務の範囲に事業のために負担する債務が含まれる根保証の委託をするときは、委託を受ける者に対し、次に掲げる事項に関する情報を提供しなければならない。

一　財産及び収支の状況

二　主たる債務以外に負担している債務の有無並びにその額及び履行状況

三　主たる債務の担保として他に提供し、又は提供しようとするものがあるときは、その旨及びその内容

2　主たる債務者が前項各号に掲げる事項に関して情報を提供せず、又は事実と異なる情報を提供したために委託を受けた者がその事項について誤認をし、それによって保証契約の申込み又はその承諾の意思表示をした場合において、主たる債務者がその事項に関して情報を提供せず又は事実と異なる情報を提供したことを債権者が知り又は知ることができたときは、保証人は、保証契約を取り消すことができる。

3　前二項の規定は、保証をする者が法人である場合には、適用しない。

　この契約締結時の情報提供義務はあくまで借手（レッシー・ユーザー）に課されるものであり、貸手（レッサー）に課されるものではない。

　もっとも、前述のとおり、債権者である貸手（レッサー）が、借手（レッシー・ユーザー）の提供した借手（レッシー・ユーザー）に係る信用等に関する情報が不十分または不真実であると知ることができた可能性があれば、保証契約は取り消される可能性がある。そのため、貸手（レッサー）においても、借手（レッシー・ユーザー）の提供した情報の内容を確認するとともに、リース契約において、借手（レッシー・ユーザー）から保証人に対して情報提供した旨、および保証人は借手（レッシー・ユーザー）から情報提供を受けた旨を表明保証する旨などを規定し、保証契約が取り消されるリスクを手当しておくことが考えられる。

かかる観点から、たとえば、リース契約書（協会書式）では、①借手（レッシー・ユーザー）が保証人に対して、借手（レッシー・ユーザー）に係る信用等に関する情報を提供したこと、かかる情報が真実かつ正確であること、を借手（レッシー・ユーザー）に表明保証させる旨、②かかる情報の提供を受けたことを保証人に表明保証させる旨の条項を24条5項に規定している。

【リース契約書（協会書式）24条5項】

　連帯保証人が法人でないときは、以下の規定が適用されるものとします。

1　甲は、以下の情報をすべて、法人ではない連帯保証人に提供済みであること、及び提供した情報が真実、正確であり、かつ、不足がないことを、乙に対して表明及び保証します。

　ア　財産及び収支の状況

　イ　主たる債務以外に負担している債務の有無並びにその額及び履行状況

　ウ　主たる債務の担保として他に提供し、または提供しようとするものがあるときは、その旨及びその内容

2　法人ではない連帯保証人は、甲から前号の情報すべての提供を受けたことを、乙に対して表明及び保証します。

かかる表明保証には保証人による取消権を直接制限する効果はない[56]が、表明保証条項が定められていることにより、借手（レッシー・ユーザー）に情報提供義務の履行が必要であることを認識させる契機となることに加えて、表明保証の違反があった場合には、貸手（レッサー）は、リース料につ

56　表明保証の違反があった場合でも、前述した保証契約の取消しの要件を満たすときには、保証人は保証契約を取り消すことができるという意味で、保証人の取消権を完全に排除するものではないことに留意されたい。

いて期限の利益を喪失させるなどの契約上の責任を借手（レッシー・ユーザー）や保証人に対して追及し得ることになる。そのため、表明保証違反となることを避ける観点から、借手（レッシー・ユーザー）が保証人に対して、必要な信用情報等を適式に提供することを促す効果が期待される。

2　貸手（レッサー）の義務

(1)　主債務の履行状況に関する情報提供義務

　借手（レッシー・ユーザー）の委託を受けて保証をした保証人から請求があったときは、貸手（レッサー）は、当該保証人に対して、遅滞なく、主債務の元本および主債務に関する利息、違約金、損害賠償その他主債務に従たる全てのものについて、不履行の有無、残額および履行期限が到来しているものの額に関する情報を提供しなければならない（民法458条の2）。

　この規律の対象は、主債務者の委託を受けて保証をした全ての保証人であり、保証人が個人の場合だけでなく、法人である場合にも適用される。

　この情報提供義務に違反した場合の効果については、民法上、明文の特別な規定は設けられていないものの、債務不履行に関する一般原則に従うことになる。そのため、リース取引において、貸手（レッサー）がかかる情報提供義務に違反し、これにより保証人が損害を被った場合には、貸手（レッサー）は、保証人に対して、損害賠償義務を負うことがある（民法415条）[57]。

(2)　情報提供義務と守秘義務

　前述のとおり、貸手（レッサー）による主債務の履行状況に関する情報提供義務はあくまで、保証人が主債務者である借手（レッシー・ユーザー）の委託を受けて保証をした場合に限られるが、（リース取引においては、かかる保証の委託があるのが通常であるものの）かかる委託の有無については、元来貸手（レッサー）が関知しないものである。

　そのため、①貸手（レッサー）が情報提供義務を負担するか否か、②当該

---

[57]　筒井健夫・村松秀樹編『一問一答　民法（債権関係）改正』（商事法務、2018年）132頁。

情報の開示が貸手（レッサー）の守秘義務に違反しないか否か[58]が、判断がむずかしい場合があり得る。そこで、リース契約において、情報提供義務違反および守秘義務違反のリスクを手当しておくことが考えられる。たとえば、リース契約において、①保証人が借手（レッシー・ユーザー）から保証の委託を受けたこと、②借手（レッシー・ユーザー）は、貸手（レッサー）が保証人に対して、債務の履行状況を開示することを予め承諾することを規定することが考えられる。リース契約書（協会書式）では、前述②の点について、24条6項に以下のとおり規定されている。

【24条6項】
　甲は、乙が連帯保証人に対して、甲の乙に対する債務の履行状況を開示することを予め承諾します。

---

(3)　借手（レッシー・ユーザー）が期限の利益を喪失した場合の情報提供義務
　借手（レッシー・ユーザー）が期限の利益を喪失したとき[59]は、貸手（レッサー）は、個人保証人に対して、期限の利益の喪失を知った時から2カ月以内にその旨を通知しなければならない（民法458条の3第1項、3項）。

　そして、この通知を怠った場合の効果としては、貸手（レッサー）は、借手（レッシー・ユーザー）が期限の利益を喪失した時から貸手（レッサー）がその旨の通知を現するまでに生じた遅延損害金（期限の利益を喪失しなかったとしても生ずべきものを除く）について、保証債務の履行を請求できなくなるとされている（民法458条の3第2項）。

58　民法458条の2に従い、債権者が情報提供義務を負担する場合における当該情報開示は、仮に当該開示に関する主債務者の同意がなかったとしても、債権者の守秘義務に違反しないと解される。また、主債務者が個人であり、民法458条の2に従って開示される情報が、個人情報の保護に関する法律に定める「個人情報」に該当する場合であっても、同法16条3項1号に定める「法令に基づく場合」に該当し、例外的に主債務者の同意なく、開示したとしても、同法に抵触しないと解される。

59　あくまで期限の利益を喪失した場合が対象であり、期限が到来した場合は対象とならないと解されている。

この情報提供義務は委託の有無を問わず、個人保証一般に適用される[60]も

図表5　保証に関する規律の適用関係の整理

条文 （民法）	制度内容		保証委託の 必要性[61]	個人保証	法人保証
465条の6	公正証書による意思確認		×	○ （貸金等根 保証契約の み）	×
465条の10	情報提供義務	契約締結時の主債 務者の情報提供義 務	○	○ （事業のた めの債務保 証のみ）	×
458条の2		主債務の履行状況 に関する債権者の 情報提供義務	○	○	○
458条の3		主債務者が期限の 利益を喪失した場 合の債権者の情報 提供義務	×	○	×
465条の2 ～465条の 5	根保証契約に関する規律 （極度額の定め、元本確定 期日、元本確定事由、保証 人が法人である根保証契約 の求償権）		×	○	×

60　保証人が法人の場合を対象としていない（民法458条の3第3項）。主債務者が分割金の支払を遅滞するなどして期限の利益を喪失し、保証をした債務の全額について弁済期が到来した場合には、発生する遅延損害金の額が当初の想定以上に多額となり、個人である保証人にとっては、その負担は大きなものになり得る。一方、保証人が法人である場合には保証債務の負担が増加してもそれによって破綻といった極めて深刻な事態が直ちには生じないことや、保証人からの請求がなくても債権者に情報提供義務を課するものであるため、真に必要な場合に限って債権者に義務を課すのが適切であること等を考慮したものである。筒井健夫・村松秀樹編『一問一答　民法（債権関係）改正』（商事法務、2018年）133、134頁。

のであり、また、保証人からの請求を条件とすることなく、貸手（レッサー）に情報提供が義務づけられるため、通知漏れがないよう注意が必要である。

3　保証に関する規律の適用関係の整理[62]

保証に関する規律の適用を整理すると、図表5のとおりである。

Q 28　再リースと二次リース

再リース・二次リースとはどのような取引ですか。

Ａ　再リースとは、広義には、リース契約において定められたリース期間満了後も引き続きリースを継続する場合のリースを指し、狭義には、特にフルペイアウトのファイナンス・リースにおいて、リース期間満了後も引き続きリースを継続する場合のリースを意味することがあります。

二次リースとは、広義の再リースと同様の趣旨で使われることもありますが、特にフルペイアウトのファイナンス・リース以外のリース（ノン・フルペイアウトのファイナンス・リースやオペレーティング・リースなど）において、（経済的には、貸手（レッサー）がリース物件取得のために投下した費用全額をリース料等により実質的に回収していない段階で）リース期間満了後も引き続きリースを継続する場合のリースを意味することがあります。

61　○は当該制度の適用条件として主たる債務者の保証の委託が必要であることを、×は主たる債務者の保証の委託の有無を問わないことを意味する。

62　有吉尚哉『ここが変わった！民法改正の要点がわかる本』（翔泳社、2017年）113頁参照。

1 再リースと二次リース

　「再リース」とは、法令上の用語ではなく、あくまでも実務上用いられている用語であるため、法令上の明確な定義はない。実務上は、2つの意味で用いられており、広義には、当初のリース契約（以下「原リース契約」という）に定められたリース期間（以下「原リース期間」という）の満了後においても、引き続きリースを継続する場合のリースを指すが、狭義には、特にフルペイアウトのリースにおける原リース期間満了後にリースを継続する場合のリースを意味することがある[63]。

　「二次リース」についても、法令上の用語ではなく、あくまでも実務上用いられている用語であるため、法令上の明確な定義はない。実務上、広義の再リースと同様の意味（原リース期間満了後のリース）で用いられることもあるが、狭義には、原リース契約がフルペイアウトでない場合（ノン・フルペイアウトのファイナンス・リースやオペレーティング・リース等）に、貸手（レッサー）がリース物件の取得のために投下した資金の全額の回収を実質的に完了していない状態で、原リース期間満了後も引き続きリースを継続する場合のリースを意味することがある[64]。なお、本項では、以下特段の断りがない限り「再リース」および「二次リース」は狭義の意味を前提とする。

63　加藤一郎・椿寿夫編『リース取引法講座〈下〉』（金融財政事情研究会、1986年）191頁〔中野芳彦〕。

64　加藤一郎・椿寿夫編『リース取引法講座〈下〉』（金融財政事情研究会、1986年）192頁〔中野芳彦〕。もっとも、いわゆる購入選択権付リースにおいて、一定の時点で、①その時点のリース物件の時価または予め見積もっておいた残価等でリース物件を買い取るか、②当該価格を基準として算定したリース料をもってその後もリースを継続するかを、借手（レッシー・ユーザー）が選択できるとされている例もあるところ、②を選択することにより購入選択権の行使可能時点よりも後もリースを継続する場合も、二次リースと呼ばれることがある。

2　リース期間・リース料など

(1)　再リース

　再リースの場合、貸手（レッサー）は、投下した資金を実質的に原リース期間内に回収済みであることから、一般に、再リースの契約内容・経済条件には強い関心をもたないといえる。そのため、実務上は、①再リース期間は原則として短期（１年程度）、②再リースのリース料は原リース契約のリース料の10分の１または12分の１程度、③リース料は一括前払、④付保義務の定めなし等という内容になることが多い[65]。

(2)　二次リース

　他方で、二次リースの場合は、前述１のとおり、貸手（レッサー）がリース物件の取得のために投下した資金の回収が完了していないため、未回収分の資金の回収を考慮した上で契約内容を定める必要がある。

　再リースとの対比では、①リース期間については、再リースに比べて長期になることも珍しくなく、②リース料については、再リースのような名目的なリース料ではなく、原リース期間満了時の物件の見積残価等を基礎に算定されたリース料とされることも多い。また、③リース料が再リースほど低額ではないため、支払方法も一括前払に限られず、原リース契約同様とされることも多く、④二次リースにおける規定損害金を基礎として、リース物件に関する損害保険が付保される取扱いが多い等の相違点がある[66]。

3　法的性質論

　再リースと二次リースがどのような法的性質を有するかについても議論があり、大別して以下の３つの見解がある。

---

[65]　加藤一郎・椿寿夫編『リース取引法講座〈下〉』（金融財政事情研究会、1986年）194頁〔中野芳彦〕参照。

[66]　梶村太市・石田賢一・西村博一編『新・リース契約法』（青林書院、2011年）102頁〔梶村太市〕参照。

① 再リースは単なる賃貸借だが、二次リースは、再リースと異なり、二次リース開始時点で新たな与信判断を行うものであるとして、ファイナンス・リースという特殊な賃貸借であるとする見解[67]

② 再リースであるか二次リースであるかを問わず、原リース期間終了後のリースは、通常の賃貸借であるとする見解

③ 原リース契約とは別の新たなリース契約を締結する方法により再リースまたは二次リースを行う場合は、再リースまたは二次リースは原リースとは別個の契約であるため独自の法的性質が問題となるが、原リース契約の更新により再リースまたは二次リースを行う場合は、再リースまたは二次リースはあくまでも原リース契約の期間の延長にすぎず、法的性質も原リース契約と同一と解すべきとする見解[68]

以上の議論は、貸手（レッサー）の危険負担の免責、借手（レッシー・ユーザー）への危険負担の移転、中途解約の際における前払リース料の不返還、借手（レッシー・ユーザー）の維持・管理義務の負担等のファイナンス・リースに特徴的な条項が、狭義の再リースにおいても規定されることの合理性を検討することに主眼があるが、これらの条項の合理性は、前述①または②のいずれの見解からも十分に説明可能との指摘もある[69]。なお、リース取引における取扱いは、原則として契約で合意された内容に従うことになるため、再リース・二次リースの法的性質に関する議論によって、直ちに個々のリース取引における取扱いに大きな差が生じるわけではない。

---

67 加藤一郎・椿寿夫編『リース取引法講座〈下〉』（金融財政事情研究会、1986年）191頁〔中野芳彦〕。

68 吉原省三・岡部眞純編『判例リース・クレジット取引法』（金融財政事情研究会、1986年）234頁〔西尾弘資〕。この見解によれば、①と②の見解はあくまでも、前者の場合（原リース契約とは別の新たなリース契約を締結する場合）のみを想定した議論ということになる。

69 加藤一郎・椿寿夫編『リース取引法講座〈下〉』（金融財政事情研究会、1986年）199頁〔中野芳彦〕、梶村太市・石田賢一・西村博一編『新・リース契約法』（青林書院、2011年）104頁〔梶村太市〕。

プログラム・リース契約に特有の契約条項にはどのようなものがあり
ますか。

A 動産を対象とする一般的なリース契約との対比で、プログラム・
リース契約に特有の契約条項としては、プログラム・リース契約の目的
がプログラムの使用権の設定であること、プログラムの使用されるコン
ピュータが特定されること、プログラムの無断複製、改変、リバースエ
ンジニアリング等が禁止されること、リース物件についての損害保険の
付保に関する規定が一般に規定されないこと、プログラムが使用不能に
なった場合に、借手（レッシー・ユーザー）はプログラムの所有者であ
るソフトウェア制作会社（サプライヤー）からプログラムの複製物の提
供を受けられること、などがあります。

---

1 プログラム・リース契約に特有の規定

　一般的なプログラム・リースは、貸手（レッサー）はソフトウェア制作会
社（サプライヤー）からプログラムの使用権の設定を受け、当該使用権に基
づき借手（レッシー・ユーザー）に対してプログラムの使用権を設定するも
のである（プログラム・リースの法的性質、当事者間の契約関係は、Q14および
Q15参照）。また、リースの目的物（以下「リース物件」という）の特徴とし
て、プログラムは物理的なかたちをもたず、複製が容易という特徴を有す
る。これらの特徴に鑑み、プログラム・リースに係るリース契約には動産を
目的物とする一般的なリース契約とは異なる特有の規定が置かれている。

　具体的には、①貸手（レッサー）がソフトウェア制作会社（サプライヤー）
から再使用権の設定を前提として、プログラムの使用権の設定を受け、当該
使用権に基づきプログラムを借手（レッシー・ユーザー）に対してリースす

ること、②プログラムの滅失時の取扱いとして、借手（レッシー・ユーザー）はソフトウェア制作会社（サプライヤー）からプログラムの複製物の提供を受けること、③ソフトウェア制作会社（サプライヤー）と借手（レッシー・ユーザー）との間でプログラムの保守サービス契約の締結が義務づけられていること、④借手（レッシー・ユーザー）について、プログラムの無断複製、改変、リバースエンジニアリング等が禁止されること等の規定があげられる。

　①はプログラム・リースの法的性質を契約上明らかにするものであり、②はリース物件がプログラムという複製が容易なものであることから置かれた規定である。また、③はプログラムの性能に問題がある場合、ソフトウェア制作会社（サプライヤー）と借手（レッシー・ユーザー）との間で迅速に当該問題を解決することを意図した規定である。④については、貸手（レッサー）がプログラムの著作権を保有せず、使用権の設定を受けているにすぎないため、使用権設定者（ソフトウェア制作会社（サプライヤー））のプログラムに対する著作権の侵害を防止する目的で、使用権設定者（ソフトウェア制作会社（サプライヤー））のために置かれた規定である。

　なお、リース契約についてリース期間中の中途解除が禁止されていること、リース物件（以下「リース物件」という）の保守・修繕義務を借手（レッシー・ユーザー）が負担すること、貸手（レッサー）はリース物件がリース契約の目的に適合しない場合であっても、当該不適合に基づく責任は負担しないこと等は、動産を目的物とするリース取引と同様である。

2　プログラム・リース契約において規定されない条項

　プログラムの使用権の設定というプログラム・リースの特徴から、リース物件が有体物であることを前提とする規定や、貸手（レッサー）がリース物件について所有権を有することを前提とする規定は、プログラム・リース契約では規定されない。

　具体的には、①リース物件の所有者（貸手（レッサー））を示す標識の設置

義務に関する規定、②貸手（レッサー）のリース物件の所有権を侵害する行為（第三者への無断譲渡、担保権の侵害、改造および加工などによりリース物件の原状を変更することが含まれる）の禁止に関する規定、③リース物件について損害保険の付保を義務づける規定、④リース期間の満了以外の理由によりプログラム・リースが終了し、借手（レッシー・ユーザー）が所定の損害賠償金を支払った場合の清算条項は通常規定されない。

　①および②は貸手（レッサー）にリース物件の所有権が帰属することを前提とした規定となり、プログラムの使用権がリース物件となるプログラム・リースにおいては規定する必要がない。また、③については、借手（レッシー・ユーザー）において使用しているプログラムが使用不能になった場合であっても、プログラムの複製は比較的安価かつ容易になし得ることが多いため、保険を付保する意義が小さい[70]ことに基づくものである。④については、プログラム・リースにおいては、物理的な返還は観念できず、また貸手（レッサー）はソフトウェア制作会社（サプライヤー）からプログラムの使用権を取得しているにとどまり、当該プログラムの使用権の第三者への譲渡や使用権の設定は一般的には禁止されているため[71]、清算規定が必要となる状況が想定されていない、ということになろう。

　プログラム・リース取引に関するプログラムの使用権を目的とするリース契約書（協会書式）と一般的な動産を目的とするリース契約書（協会書式）における主な類似点および相違点をまとめたものが図表6である。

70　理論上保険に関する規定を設けられないわけではない。一般の動産のリースでは、リース物件が滅失した場合にはリースが終了し、借手（レッシー・ユーザー）は中途終了に伴う損害賠償金を支払うことになるため、かかる支払に備えて保険を付保することが一般的であるが、プログラム・リースにおいては、対象のプログラムが一時的に使用不能となった場合でも使用権そのものがなくなるわけではないので、直ちにリースが終了するわけではない。そのため、保険を付保する必要性が低い、と整理されているものと解される。

71　借手（レッシー・ユーザー）の債務不履行などでリース期間中にリースが終了する場合については、貸手（レッサー）の投下資本回収の観点から、第三者への使用権の設定を実質的に認める規定を設けるのが一般的である。リース事業協会によるプログラム使用権設定注文書（参考）15条参照。

図表6　プログラム・リース契約書と動産を目的とするリース契約書の比較

プログラム・リースに係る リース契約書（協会書式）	動産を目的とするリース契約書 （協会書式）
第1条（リース契約の趣旨） ・貸手（レッサー）が借手（レッシー・ユーザー）よりプログラムの非独占的使用権の設定を受け、当該使用権に基づきプログラムのリースを行う。	第1条（リース契約の目的） ・貸手（レッサー）はリース物件（動産）の所有権を取得し、借手（レッシー・ユーザー）に対してリースを行う。
第4条（プログラムの使用・保管） ・借手（レッシー・ユーザー）は善良な管理者の注意をもってプログラムの使用および保管を行う。 ・借手（レッシー・ユーザー）は使用権設定者等との間で保守サービス契約締結の義務を負う。	第4条（物件の使用・保管） ・借手（レッシー・ユーザー）は善良な管理者の注意をもって物件の使用、保管、保守、点検および整備する義務を負う。 ・借手（レッシー・ユーザー）はソフトウェア制作会社（サプライヤー）との間でリース物件に係る保守サービス契約の締結義務を負わない。
対応規定なし。	第8条（物件の所有者標識） ・貸手（レッサー）は貸手（レッサー）が物件の所有権を有する旨の標識を物件に貼付可能である。
対応規定なし。	第15条（物件の保険） ・貸手（レッサー）は、リース期間中（再リース期間を除く。）、リース物件にリース契約で定められる保険を付保する義務を負う。
第8条（プログラムの品質等の不適合等） ・貸手（レッサー）の故意または重過失に基づかないプログラムの引渡しの遅延、不能およびプログラムの不適合について貸手（レッサー）は責任を負わない。	第16条（物件の品質等の不適合等） ・貸手（レッサー）の故意または重過失に基づかないリース物件の引渡しの遅延、不能およびリース物件の不適合について貸手（レッサー）は責任を負わない。 ・リース物件の品質等に不適合が存在

・プログラムの品質等に不適合が存在する場合、借手（レッシー・ユーザー）は使用権設定者に対して直接請求を行い、使用権設定者との間で問題を解決するものとされている。 ・貸手（レッサー）は借手（レッシー・ユーザー）の請求をソフトウェア制作会社（サプライヤー）に応じさせる義務は負わない。	する場合、借手（レッシー・ユーザー）は売主（ソフトウェア制作会社（サプライヤー））に対して直接請求を行い、売主（ソフトウェア制作会社（サプライヤー））との間で問題を解決するものとされている。 ・貸手（レッサー）は、借手（レッシー・ユーザー）の売主（ソフトウェア制作会社（サプライヤー））に対する直接請求について、協力する義務を負う。
第9条（プログラムの滅失・損傷） ・プログラムが滅失した場合における、借手（レッシー・ユーザー）は使用権設定者（通常はソフトウェア制作会社（サプライヤー）が該当する）から複製物の提供を受ける。	第18条（物件の滅失・損傷） ・複製物の提供に係る規定は存在しない。
第10条（プログラムの複製等の禁止） ・借手（レッシー・ユーザー）は貸手（レッサー）の許可なく、無断複製、改変、リバースエンジニアリング等が禁止される。^(注)	対応規定なし。
・該当規定なし。	第9条（物件の所有権侵害の禁止等） ・借手（レッシー・ユーザー）はリース物件の譲渡、担保差入れが禁止される。

（注）　有体物を目的物とするリース契約においても、リース物件の譲渡、担保差入れ等を禁止する条項が設けられているが、それらの規定は貸手（レッサー）の有するリース物件の所有権を保護することを目的とした規定であるのに対し、プログラム・リース契約におけるプログラムの無断複製、改変等の禁止規定は、ソフトウェア制作会社（サプライヤー）の著作権侵害防止の観点から規定されるものである。もっとも、かかる規定を設けることで、貸手（レッサー）がソフトウェア制作会社（サプライヤー）から損害賠償請求等を受けることを回避するという目的も併存していると考えられるため、貸手（レッサー）の保護の側面がないわけではない。

3　サプライヤーと貸手（レッサー）間の契約

　動産を目的とする一般的なリース取引においては、ソフトウェア制作会社（サプライヤー）と貸手（レッサー）の間ではリース物件の所有権の移転を目的とする売買契約が締結されるが、プログラム・リース取引において貸手（レッサー）とソフトウェア制作会社（サプライヤー）の間で締結されるのは、プログラム使用権設定契約である。また、その内容は、ソフトウェア制作会社（サプライヤー）から貸手（レッサー）へのプログラムの著作権の譲渡ではなく、特定の借手（レッシー・ユーザー）へのプログラムの使用権の設定を前提としたプログラムの使用権を貸手（レッサー）に設定することを目的としており、プログラムの著作権の移転や貸手（レッサー）による自由な使用権の設定を認めることを目的とするものではない。

　プログラム使用権設定契約に特有の条項としては、プログラムの使用権の設定に係る規定に加え、貸手（レッサー）がプログラムの再使用権を特定の借手（レッシー・ユーザー）に設定することへの許諾、借手（レッシー・ユーザー）によるプログラムの無断複製を禁止する規定をリース契約に盛り込むことを義務づける規定、プログラムの不具合等を理由として借手（レッシー・ユーザー）から要求があった場合に、ソフトウェア制作会社（サプライヤー）が複製物を交付することを義務づける規定などがある。

第 **4** 章

リース取引と倒産

借手（レッシー・ユーザー）に法的倒産手続が開始したときのリース契約の取扱いを教えてください。

A フルペイアウトのファイナンス・リースについては、実務上は、破産手続、民事再生手続および会社更生手続のいずれにおいても、双方未履行双務契約に該当しないものとする実務が定着しています。この場合、貸手（レッサー）は、破産手続および民事再生手続においては別除権者として取り扱われ、会社更生手続においては更生担保権者として取り扱われるのが一般的な取扱いになります。

　それ以外のリースについては、画一的な基準や取扱いがあるわけではなく、個々の契約の実態に沿って双方未履行双務契約該当性などが判断されることになります。

1　双方未履行双務契約に関する規定の適用の有無

　借手（レッシー・ユーザー）について法的倒産手続が開始した場合（以下、破産、民事再生および会社更生の各手続を念頭に置き、特別清算手続は対象外とする）においては、特にリース料債権の法的倒産手続上の取扱いやリース物件の返還請求の可否等が従前から問題となってきた。この問題は、リース契約について、各法的倒産手続上の双方未履行双務契約に関する規定、具体的には破産法53条、民事再生法49条および会社更生法61条（以下、総称して「破産法53条等」という）が適用されるか、というかたちで検討されてきた。

　これらの規定は、双務契約の当事者の一方につき法的倒産手続が開始された場合において、手続開始の時点で当該契約の当事者双方に未履行の債務があるときには、破産管財人、再生債務者および更生管財人は、当該契約の履行請求または解除を選択できるとするものである。リース期間の途中で借手

（レッシー・ユーザー）に法的倒産手続が開始した場合、借手（レッシー・ユーザー）も残リース料の支払債務が残存しており、貸手（レッサー）はリース期間の満了までリース物件を使用収益させる債務の履行が完了していないとも評価し得るため、破産法53条等が適用されると解する余地がある。

　仮にリース契約に破産法53条等が適用されるとした場合、破産管財人、再生債務者および更生管財人がリース契約の履行請求を選択した場合には、法的倒産手続開始以降のリース料債権は、財団債権または共益債権として随時弁済を受けられることとなり、一方、解除を選択した場合には、リース物件は貸手（レッサー）に返還され、解除により貸手（レッサー）が損害を被った場合にはその賠償請求権は破産債権、再生債権または更生債権として、法的倒産手続に従って配当を受けることができるにとどまることになる。

⑴　フルペイアウトのファイナンス・リース

　破産法53条等の制度趣旨は当事者間の公平にあるとする見解が通説とされている[1]。すなわち、双務契約においては両当事者の負う債務が同時履行の関係にあり、互いに担保視し合う関係にあるにもかかわらず、破産管財人、再生債務者および更生管財人が履行を選択した場合、破産管財人、再生債務者および更生管財人は、相手方から完全な履行を受けられるのに対し、その相手方の債権は、本来、法的倒産手続に従って割合的弁済を受け得る破産債権等にすぎないため、当事者間の公平を欠く結果となる。そこで破産管財人、再生債務者および更生管財人が履行請求を選択した場合には特別に相手方の権利を財団債権や共益債権等として随時弁済されるようにし（破産法147条1項7号等）、法的倒産手続においても両当事者の債務の対価関係を維持することとした点が、破産法53条等の趣旨であると解されている。

　次に、リース契約の法的性質に関しては、賃貸借というリースの法形式を重視し、リース契約は賃貸借契約と解する考え方（賃貸借説）と、その金融

1　その他、契約関係の清算ないし有利な履行の確保の必要が制度趣旨であるとする見解や契約の選別による倒産財団の拡充ないし手続の便宜が制度趣旨であるとする見解などがある。

的側面を重視し、リース契約は融資と担保取引を一体化したものであるとする考え方（担保権説）という大別して2つの見解があるが、担保権説によれば、そもそもリース料債権とリース物件を使用収益する権利は対価関係に立たないため、上記のような破産法53条等の趣旨は妥当しないと考えられる。

　この点、判例は、借手（レッシー・ユーザー）につき更生手続が開始した事案において、フルペイアウトのファイナンス・リース契約におけるリース料の支払とリース物件の使用収益に対価関係がないことを理由として、双方未履行双務契約該当性を否定しており[2]、実務においても、フルペイアウトのファイナンス・リース契約については、法的倒産手続上、双方未履行双務契約に該当しないとする取扱いが確立している。

(2)　フルペイアウトのファイナンス・リース以外のリース契約

　フルペイアウトのファイナンス・リース以外のリース契約については、基本的には個々の契約の実態に即して双方未履行双務契約該当性を検討する必要があるが[3]、厳密にはフルペイアウトになっていない場合でも、当事者間の意図や経済的な実質において実質的にフルペイアウトのリースであるといい得るような場合には、実務上、フルペイアウトの場合と同様の取扱いとされることが多い。

　一方、金融的側面がフルペイアウトのファイナンス・リースほどは強くないリース契約（主にオペレーティング・リース契約）については、双方未履行双務契約に該当し、破産法53条等の適用があることを前提に取り扱われることになる。

　なお、メンテナンス・リースについては、リース部分とメンテナンス部分が契約上可分である場合には、それぞれについて双方未履行総務契約該当性を検討し、不可分である場合には、どちらが主要な部分と評価できるかによって双方未履行双務契約該当性を検討すべきという見解が有力であるが、実務上、この点について必ずしも画一的な取扱いがあるわけではない。

2　最判平7.4.14（民集49巻4号1063頁）。
3　最判平20.12.16（民集62巻10号2561頁）の田原睦夫裁判官補足意見等。

2　各ケースにおける処理

⑴　双方未履行双務契約として取り扱われないリース契約

a　破産・民事再生の場合

　フルペイアウトのファイナンス・リース（または実質的に同様と評価される
リース）の場合、前述のとおり、破産法53条等が適用されないと解されてい
るため、借手（レッシー・ユーザー）の法的倒産手続において、貸手（レッ
サー）は、一般に、担保付債権者として取り扱われる。この場合の貸手
（レッサー）の担保権は、一般に、民法に規定のない担保権（非典型担保権と
いう）として取り扱われる[4]。

　破産・民事再生手続において担保権は別除権とも呼ばれ、手続外での担保
権行使が可能とされている（破産法65条1項、民事再生法53条1項）。そのた
め、特に民事再生手続において、借手（レッシー・ユーザー）がリース物件
の継続利用を希望する場合や、リース物件の処分に関する具体的な取り決め
を希望する場合には、担保権者である貸手（レッサー）との間で、別除権協
定と呼ばれる合意書面を作成して、取扱いを定めることが多い。別除権協定
についてはQ34参照。

b　会社更生手続の場合

　会社更生手続においては、会社更生法61条の適用がないフルペイアウトの
ファイナンス・リース（または実質的に同様と評価されるリース）における貸
手（レッサー）は、更生担保権者として扱われる。会社更生法では会社更生
手続外での担保権行使が認められていないため、貸手（レッサー）は更生担
保権者であっても会社更生手続外で担保権を実行することができない（会社

4　貸手（レッサー）が有する担保権がどのような内容であるかにつき、学説上は、リー
　ス物件の利用権に対する質権または譲渡担保と解する見解（利用権説）や、借主
　（レッシー・ユーザー）にリース物件の実質的な所有権が移転しているが、貸主（レッ
　サー）には所有権留保類似の担保権が設定されているととらえる見解（所有権説）など
　ある。もっとも、いずれの見解をとるかによりリース物件に係る担保権の評価額に違い
　が生じると考えることについては疑問が呈されている（東京弁護士会倒産法部編『倒産
　法改正展望』（商事法務、2012年）287頁〔南賢一＝浅沼雅人〕等）。

更生法50条1項）。この点は、手続開始前に債務不履行が生じていた場合でも同様である。

　この場合、貸手（レッサー）の有するリース料債権およびリース物件の取扱いは更生手続において作成される更生計画のなかで定められることになるため、貸手（レッサー）は、更生計画の策定段階での交渉や、更生計画案への議決権行使を通じて自己の権利を主張していくことになる。

(2)　双方未履行双務契約として取り扱われるリース契約

　双方未履行双務契約として取り扱われ破産法53条等が適用されるリース契約の場合、破産管財人、再生債務者または更生管財人は、リース契約を解除するか履行請求するかを選択することができる。履行請求を選択すれば、借手（レッシー・ユーザー）はリース物件を引き続き利用することができることになる。この場合、法的倒産手続開始決定以降のリース料債権は、財団債権または共益債権として取り扱われ（破産法148条1項7号、民事再生法49条4項、会社更生法61条4項）、破産管財人、再生債務者または更生管財人は、弁済期の到来したリース料を随時弁済することとなる（破産法2条7項、民事再生法120条1項、会社更生法132条1項）[5]。

　なお、履行請求を選択した場合でも、倒産手続開始決定前のリース料債権の取扱いについて、通説・実務は、破産債権、再生債権または更生債権になると解しており、貸手（レッサー）は、かかるリース料債権について法的倒産手続に従って弁済を受けることとなる[6]。

　双方未履行双務契約として取り扱われるリース契約につき、貸手（レッサー）の側からリース契約を解除することができないかという問題がある。

5　各種のリース契約に関する倒産法上の取扱いを簡潔にまとめたものとして、「倒産と担保・保証」実務研究会編『倒産と担保・保証』（商事法務、2014年）625頁以下〔森倫洋・桜田雄紀〕。

6　伊藤眞ほか『条解破産法〔第3版〕』（弘文堂、2020年）455頁以下、永谷典雄・上拂大作編著『破産実務の基礎』（商事法務、2019年）191頁〔池田弥生〕。もっとも、開始決定日にまたがる期間の賃料の取扱いについては、日割計算で破産債権等となる部分と財産債権となる部分を分けるとする見解と、破産法55条2項等の類推適用により財団債権とするとの見解がある。

136

倒産手続開始決定前に債務不履行状態が生じており、解除の要件を満たす場合には、その解除権を開始決定後に行使することも妨げられないと解するのが多数説であるが[7]、法的倒産手続開始の申立て自体を解除事由とする場合の解除は一般に否定されている。倒産解除特約の有効性についてはQ32参照。

3　解除の制限に関する議論

契約の解除について、主に催告解除における債権者による債務者への催告の要件（民法541条本文）につき、債務者に追完の機会を保障するという規範的な意義を重視する見解等[8]を前提として、弁済禁止の保全処分発令中や破産・民事再生手続の開始決定後は、債務者側から任意に履行することができない（催告の前提となる追完を行う余地がない）ことを理由として、民法上の債務不履行に基づく解除権や契約中に規定される無催告の約定解除権の行使が制限されることがあり得るとの見解がある[9]。

これに対しては、①ファイナンス・リースにおける契約の解除には担保権の実行としての意義があることに着目し、通常の契約解除と区別して論じられるべきとする見解や、②貸手（レッサー）の担保権の実行とリース契約の解除を切り離して解することにより、現行民法の解釈による影響を遮断する見解も成り立ち得るとの見解もある[10]。

7　ただし、原則として解除可能としつつ、破産管財人の履行請求の選択権を無意味にする場合に限って制限されると解すべきとする見解などもある（伊藤眞ほか『条解破産法〔第3版〕』（弘文堂、2020年）421頁）。

8　催告に規範的な意義を認める見解は改正前民法下から既に主張されていた。これに対し、実務家からは、契約解除制度の趣旨として契約相手方の迅速な代替取引の保障を重視し、催告についての規範的な意義を重視しない見解が主張される傾向にある（事業再生研究機構編『新しい解約解除法制と倒産・再生手続』（商事法務、2019年）192頁以下〔加毛明〕）。

9　事業再生研究機構編『新しい解約解除法制と倒産・再生手続』（商事法務、2019年）238頁以下〔加毛明〕。なお、かかる見解自体は、必ずしもファイナンス・リース等非典型担保の実行としての約定解除を念頭に置くものではなく、契約の解除一般を想定した議論と思われるが、同251頁〔藤澤治奈〕は、ファイナンス・リース等に妥当する可能性を指摘する。

以上のとおり、現行民法の解釈として法的倒産手続におけるリース契約の解除の制限の有無や、リース契約に基づく貸手（レッサー）の担保権の具体的な行使方法については今後の議論の蓄積を待つほかなく、法的倒産手続におけるリース契約の貸手（レッサー）からの解除に関しては、まだ検討されるべき点が残っているといえる。

Q31 貸手（レッサー）の倒産

　貸手（レッサー）に法的倒産手続が開始した時のリース契約の取扱いを教えてください。

A　フルペイアウトのファイナンス・リース契約については、破産手続、民事再生手続および会社更生手続のいずれにおいても、双方未履行双務契約に該当しないと考えられていますので、リース契約を存続させることになります。

　それ以外のリースについては、画一的な基準や取扱いがあるわけではなく、実務上、個々の契約の実態に沿って双方未履行双務契約該当性などが判断されることになりますが、貸手（レッサー）の法的倒産の場合、一般的には、リース契約を継続させる方向で検討されることが多いものと思われます。

1　リース開始後の貸手（レッサー）の法的倒産

　リース物件の引渡し後かつリース期間の満了前において貸手（レッサー）について法的倒産手続（以下、破産、民事再生および会社更生[11]の各手続を念頭

10　①につき、事業再生研究機構編『新しい解約解除法制と倒産・再生手続』（商事法務、2019年）89頁以下〔大川治〕、②につき、251頁以下〔藤澤治奈〕。

に置き、特別清算手続は対象外とする）が開始した場合、貸手（レッサー）と借手（レッシー・ユーザー）との間で主に問題となるのは、リース契約の帰趨とリース物件の継続使用の可否やリース料の支払先等である。

(1) 双方未履行双務契約に該当しないリース契約

Q30と同様、貸手（レッサー）の法的倒産の場面でも、理論的には、リース契約について、破産法53条、民事再生法49条および会社更生法61条（以下、総称して「破産法53条等」という）が適用されるかという点が問題となる。

もっとも、借手（レッシー・ユーザー）の法的倒産の場面と異なり、貸手（レッサー）の法的倒産の場面では、この論点に関する議論はあまり多くないが、一般に、フルペイアウトのファイナンス・リース契約については、双方未履行双務契約に該当せず破産法53条等の適用はないと整理されているものと思われる。この場合、破産管財人、再生債務者または更生管財人は、リース契約の解除または履行請求を選択することはできない結果、リース契約は法的倒産手続開始後も存続することとなる[12]。すなわち、リース料が引き続き支払われる限り、借手（レッシー・ユーザー）はリース物件を継続して使用することが可能となる。

他方、フルペイアウトのファイナンス・リース契約以外のリース契約については、借手（レッシー）の倒産の場面と同様、個々の契約の実態に即して双方未履行双務契約該当性が判断すべきと解されるが、厳密にはフルペイアウトになっていない場合でも、当事者間の意図や経済的な実質において実質

---

11 後述(4)のとおり、貸主（レッサー）はリース物件購入資金や運転資金を調達するために金融機関から借入れを行い、リース料債権等を担保提供していることもある。そのため、実務上は、リース会社の事業再建という観点から、これらの金融機関（およびその有する担保権）も手続に取り込み、手続外での担保権実行を回避することができる会社更生手続のほうが、民事再生手続よりも優先的に検討されるとの分析もなされている（「現代型契約と倒産法」実務研究会『現代型契約と倒産法』（商事法務、2015年）198頁〔山宮慎一郎・田川淳一・浅沼雅人〕）。

12 松嶋英機・冨山喜久雄「リース会社の倒産と債権管理上の諸問題」金法1462号43頁参照。

的にフルペイアウトのファイナンス・リース契約であるといい得るような場合には、フルペイアウトのファイナンス・リース契約と同様に取り扱われることが多いものと思われる。

　なお、清算型の手続である破産手続の場合には、破産債務者である貸手（レッサー）が引き続きリース契約の当事者となっていることは、手続の目的に沿わない面があり、実務的には、借手（レッシー・ユーザー）との間でリース契約を合意解除した上でリース物件を借手または第三者に売却することや、リース契約付きの物件（またはこれらをまとめたリース事業）として第三者に売却することなどが検討されることになる[13]。

(2)　双方未履行双務契約に該当するリース契約

　双方未履行双務契約に該当するリース契約の場合、法律上は破産管財人、再生債務者または更生管財人は、リース契約の解除または履行請求を選択することができることとなる。もっとも、リース料債権は貸手（レッサー）の収入源であることが多いから、リース料が著しく市場の水準を下回っていると判断されるような場合を除き、民事再生手続・会社更生手続においては基本的にリース契約を継続させる方向で検討することになろう。一方、リース契約を解除してリース物件を第三者に有利な条件でリースできることが見込まれる場合や、当該物件を売却するほうがリースを継続するよりも明らかに経済的に有利であると見込まれるような場合には、解除を検討することもあり得る。

　清算型の破産手続における取扱いについては前述(1)のとおり、リース契約について履行請求を選択して契約を継続した場合であっても、最終的には第三者へ売却して換価することを検討することになる。

(3)　対抗要件を具備したリース契約

　双方未履行双務契約に該当するリース契約の場合において、借手（レッシー・ユーザー）がリース物件の利用権について第三者対抗要件を具備して

13　「現代型契約と倒産法」実務研究会『現代型契約と倒産法』（商事法務、2015年）202頁〔山宮慎一郎・田川淳一・浅沼雅人〕参照。

いる場合には、破産管財人、再生債務者または更生管財人は解除権を有しないこととなる（破産法56条1項、民事再生法51条、会社更生法63条）。日本法上、リースについて第三者対抗要件を具備し得る場合としては、不動産（民法605条）、船舶（商法701条）などをリース物件とする場合に限定されるが、諸外国においては航空機その他の物件のリースについて登録が可能な場合もあることから、特にクロスボーダーでのリース取引が含まれる場合には留意する必要がある。

⑷ リース料債権等を担保提供している場合

　貸手（レッサー）（特に特別目的会社を活用したリース取引におけるレッサーなど）は、リース物件の購入資金や運転資金等を金融機関からの借入れにより調達していることも珍しくない。

　金融機関のためにリース料債権に譲渡担保権が設定されている場合、譲渡担保権を有する金融機関は、破産手続および民事再生手続上、別除権者として扱われ、当該手続に拘束されることなく、当該担保権を行使することができる（破産法65条1項、民事再生法53条2項）。そのため、金融機関により譲渡担保権が行使された場合には、リース料は譲渡担保権者である金融機関に支払われることとなる[14]。

　他方、会社更生手続においては、譲渡担保権を有する金融機関は更生担保権者として扱われ、会社更生手続外での担保権行使が禁止されることとなるため（会社更生法47条1項）、当該金融機関は更生計画に従い弁済を受けることになる。

14　貸手（レッサー）が金融機関に対してもともと負っていた借入金の返済スケジュールとリース料の支払スケジュールによっては、貸手（レッサー）に法的倒産手続が開始されたことにより、金融機関が当初想定よりも早期に貸付金の回収を終えられるような状況もあり得る。この場合、貸手（レッサー）としては各回のリース料から取得するはずであった収入（具体的にはリース料とローン返済額との差額）を失うことになるため、特に再建型の法的手続においては事後の事業運営に支障が生じ得ることになる。このような場合には、当該金融機関との間で別除権協定を締結するなどして実務的な解決を模索することになろう（Q34も参照）。

2 リース契約締結後リース開始前の貸手（レッサー）の法的倒産

　リース契約締結後リース開始前に貸手（レッサー）の法的倒産手続が開始した場合、借手（レッシー・ユーザー）へリース物件を引き渡す債務とリース料支払債務がいずれも未履行であるので、リース契約がフルペイアウトのファイナンス・リースであるか否か等にかかわらず、当該リース契約は、双方未履行双務契約に該当すると思われる[15]。また、リース物件の売買契約についても同様に双方未履行双務契約に該当すると思われる。この場合、破産管財人、再生債務者または更生管財人は、破産法53条等に基づき、これらの契約について履行請求または解除を選択することができることになる。

　なお、リース契約につき履行請求を選択する場合には、事実上、その前提としてリース物件の売買契約についても同様に履行請求を選択する必要があると思われるが、この場合には売買代金の支払義務が生じることになるため、破産管財人、再生債務者または更生管財人は、手元資金の状況その他売買代金の支払原資の点や、借手（レッシー・ユーザー）によるリース料の支払の蓋然性なども総合考慮して判断することになろう。

15　借手（レッシー・ユーザー）の倒産局面における議論だが、山岸憲司・片岡義広・内山義隆編『〔第三版〕リース・クレジットの法律相談』（青林書院、2010年）130頁以下〔渡邊敦子〕は「リース物件引渡しとリース料支払い義務とが対価関係にあることは明白」とする。ただし、貸主（レッサー）の引渡債務の存在を否定する見解も存在する（山岸憲司・片岡義広・内山義隆編『〔第三版〕リース・クレジットの法律相談』（青林書院、2010年）53頁以下〔仲澤一彰〕）。

　借手（レッシー・ユーザー）が倒産した場合に、リース契約を解除することを内容とする特約は有効ですか。

A　リース契約においては、借手（レッシー・ユーザー）について法的倒産手続開始の申立てが行われたことまたは倒産手続の開始決定がなされたこと等が（無催告の）解除事由として定められることがあり、このような定めは倒産解除特約と呼ばれています。

　倒産解除特約は、民事再生手続・会社更生手続との関係では一般に無効と解されていますが、破産手続との関係では有効説と無効説があり、実務上も必ずしも確立した取扱いがあるわけではありません。

1　倒産解除特約とは

　リース契約上、借手（レッシー・ユーザー）について、倒産手続開始の申立てとなる事実が生じたこと、倒産手続開始の申立てが行われたことまたは倒産手続の開始決定がなされたこと等が（無催告の）解除事由として規定されることも珍しくない。このような条項は倒産解除特約と呼ばれている。

2　民事再生手続・会社更生手続の場合

　法的倒産手続開始の申立てが行われたり、法的倒産手続の開始決定がなされたりした場合には、通常、借手（レッシー・ユーザー）の財務状態は相当に悪化しており、貸手（レッサー）としては、残リース料を早期に回収する必要性が高い。そのため、貸手（レッサー）としては、債権の早期回収の観点から、倒産解除特約をリース契約に規定するインセンティブがある。

　他方で、民事再生手続や会社更生手続は、債務者である借手（レッシー・ユーザー）の事業を継続してその事業の再生・更生を図るための手続（再建

型手続）であり、事業に必要な物件であるかを検討したり、事業に必要と判断される場合には対象物件についてのリース契約等を存続させる道を残すことも重要である。かかる観点から、破産管財人、再生債務者および更生管財人には、双方未履行双務契約について、契約を解除するか継続させるかの選択権が与えられている（破産法53条、民事再生法49条および会社更生法61条）。

　以上のような背景から、倒産解除特約の有効性について従前より学説・実務において議論されてきた。この点、判例は、会社更生法および民事再生法の趣旨などから、会社更生手続における所有権留保付割賦売買契約の倒産解除特約の有効性を否定し[16]、また、民事再生手続におけるフルペイアウトのファイナンス・リースの倒産解除特約に関しても、その有効性を否定する判断を示した[17]。

　これらの判例をふまえ、会社更生手続と民事再生手続の実務においても、原則として倒産解除特約の有効性を否定する取扱いがなされている。

3　破産手続の場合

　清算型の法的倒産手続である破産手続においても同様に、倒産解除特約の有効性が議論されている。清算型手続である破産手続においては、事業の継続のためにリース契約等を継続させる必要性が再建型手続である民事再生・会社更生に比して低いと考えられること等から、上記の判例の射程は破産手続の事案には及ばないとの考え方もあり得る[18]。

　一方、清算型手続である破産手続においても、裁判所の許可を得て事業を一定期間継続させた上で事業として第三者に売却したほうがリース物件を個々に売却するよりも破産財団の充実につながる場合があり得るなど（破産法36条、78条2項3号参照）、破産管財人の契約履行請求選択権を実質的に維

16　最判昭57.3.30（民集36巻3号484頁）。
17　最判平20.12.16（民集62巻10号2561頁）。
18　松下淳一「判批」金法1361号106頁以下、上原敏夫「判批」伊藤眞・松下淳一編『倒産判例百選〔第5版〕』（有斐閣、2013年）155頁。

持すべき要請も否定できない。そのため、前述の平成20年判決の射程は破産
手続にも妥当するという見解も有力に主張されているところである[19]。

Q33 借手（レッシー・ユーザー）倒産時の実務対応

借手（レッシー・ユーザー）が倒産した場合の貸手（レッサー）の実務
対応を教えてください。

A 借手（レッシー・ユーザー）が破産手続、民事再生手続、会社更生
手続などの法的倒産手続の申立てをした場合やこれらの手続が開始した
場合、貸手（レッサー）は、借手（レッシー・ユーザー）の承諾なく勝手
にリース物件を回収することはできません。管財人や、監督委員、債務
者申立代理人などと連絡をとり、リース物件の取扱いについて協議する
必要があります。また、別除権協定などにより債権全額の満足を得られ
た場合を除き、債権届出期間内に所定の債権届出をする必要がありま
す。

19　森冨義明「判解」最判解民事篇平成20年度597頁。なお、倒産解除特約の効力を否定
する論拠として、破産管財人に与えられた履行請求または解除の選択権が無意味となる
ことを指摘するものもあるが（永谷典雄・上拂大作編著『破産実務の基礎』（商事法
務、2019年）218頁〔蛭川明彦〕、伊藤眞ほか『条解破産法〔第3版〕』（弘文堂、2014
年）423頁以下）、この論拠は、少なくとも双方未履行双務契約に該当しないようなリー
ス契約については妥当しないだろう（遠藤元一「リース契約における倒産解除特約と民
事再生手続〈下〉」NBL894号40頁）。この点、倒産解除特約が双方未履行双務契約の終
了場面で問題になる類型と、平成20年判決が指摘する倒産解除特約による責任財産から
の逸出という類型に分けて、学説の論拠と（裁）判例の射程を整理するものとして、小
林信明・山本和彦編『実務に効く事業再生　判例精選』（有斐閣、2014年）164頁〔森倫
洋〕。

1　借手（レッシー・ユーザー）の倒産と自力救済の禁止

　借手（レッシー・ユーザー）の倒産といっても、破産手続、民事再生手続、会社更生手続などの法的倒産手続の申立てや手続開始を意味する場合もあれば、ADR手続などの私的整理手続の申立てや手続開始を意味する場合、さらには夜逃げなどのように特段の手続を経ずに借手（レッシー・ユーザー）が事業を停止・廃止したような場合を意味することもある。

　いずれの場合であっても、貸手（レッサー）としては債権保全のため、リース物件を引き揚げ、回収することを検討することになるが、借手（レッシー・ユーザー）や第三者の敷地に許可なく立ち入り、リース物件の引き揚げを行うことは刑法[20]に触れるおそれもあり許容されない。権利者であっても、義務者の意思に反して権利を強制的に実行することはできず、これを自力救済の禁止という[21]。

　一定規模以上の法的倒産手続の申立ての場合には、債務者の事務所や工場に申立代理人の弁護士が待機し、債権者の対応を行うこともあるが、かかる対応がない場合であっても、強引なリース物件の引き揚げや、脅迫的言動を伴う強引な支払督促などは種々の問題を惹起する可能性が高く、これらの行為は控えるべきである。

20　所有者が自己の所有物を回収する場合であっても占有者（この場合は借手（レッシー・ユーザー））の意思に反して行った場合には窃盗罪（刑法235条）が成立し得る。また、建物のなかから引き揚げた場合には建造物侵入罪（刑法130条）も成立し得る。借手（レッシー・ユーザー）が倒産状態に陥っているような場合、リース物件が勝手にサブリースされている場合や第三者に売却されているような場合もあり、これらの場合には、借手（レッシー・ユーザー）の同意を得ていたとしても、実際にリース物件を占有している者の承諾を得なければなお窃盗罪などが成立し得る点にも注意する必要がある。

21　日本法においては自力救済は原則として認められない。一方、コモン・ロー（英米法）の法域においては、一定の範囲で自力救済（self help）が認められることが多い。

2　法的倒産手続の申立段階

(1)　手続開始申立て・保全処分

　借手（レッシー・ユーザー）について法的倒産手続の申立てがなされた場合、債権者には債務者から申立てについての通知がファクシミリなどでなされることが多い。また、民事再生手続や会社更生手続の場合、同日またはその後速やかに弁済禁止の保全処分[22]が発令されることも多く、保全処分が発令された場合には、申立ての事実とあわせて保全処分の内容も債権者に通知されるのが一般的な取扱いである。

　弁済禁止の保全処分が発令された場合、債権者は、原則として債務者である借手（レッシー・ユーザー）から弁済を受けることはできない。ただし、弁済禁止の保全処分が発令された場合でも、一定の金額以下の支払いが例外とされる場合や、事務所の備品のリース料が例外とされる場合などがあり、これら保全処分における明示の例外に該当するような場合には引き続き弁済を受けることができるので、保全処分の内容をよく確認するべきである。

　リース契約やリース物件の取扱いの協議については、申立段階では依然として借手（レッシー・ユーザー）（実務的には申立代理人の弁護士が窓口となることもある）が相手方ということになるが、裁判所から保全管理命令[23]が発令されている場合には、同命令により選任された保全管理人と協議することになる。

(2)　債権者説明会

　民事再生手続や会社更生手続の申立てがあった場合、手続開始決定の判断がなされる前に、債権者説明会が開催されるのが一般的な取扱いである。債権者である貸手（レッサー）としては、かかる債権者集会に積極的に参加し

22　破産法28条1項、民事再生法30条1項、会社更生法28条1項。
23　破産法91条1項、民事再生法79条1項、会社更生法30条1項。保全管理命令が発令されるのは、債務者が法人の場合に限定される。また、手続開始前に選任された保全管理人は、手続が実際に開始されることになった場合、スライドで管財人に選任されることが多い。

て情報収集を図るとともに、必要に応じて債権者としての意見を述べること
が考えられる。債権者説明会の開催は法律上の義務ではないが、法令規則上
想定されている手続であり（民事再生規則61条、会社更生規則16条参照）、実務
上は原則として開催されている。破産手続の場合には手続開始決定前の債権
者説明会は想定されておらず、実務上も開催されないのが一般である（破産
手続開始決定後に任意の債権者説明会が開催される例はある）。

3　法的倒産手続の開始後

⑴　民事再生手続の場合

　借手（レッシー・ユーザー）について民事再生手続が開始した場合、通常
の案件では借手（レッシー・ユーザー）の財産の処分権限は依然として借手
（レッシー・ユーザー）自身が有することになる[24]（監督委員による監督を受け
る）。そのため、リース契約やリース物件の取扱いの協議については、借手
（レッシー・ユーザー）（実務的には申立代理人の弁護士が窓口となることもある）
との間で進めることになる。対象のリースがファイナンス・リースの場合、
貸手（レッサー）の権利を担保権付債権として取り扱い、別除権協定を締結
して取扱いを定めることが多い（リース物件を借手（レッシー・ユーザー）が
継続して使用する内容となることもあれば、返還・売却を前提とする内容となる
場合もある）。別除権協定の締結には原則として監督委員の同意が必要とさ
れるため、通常かかる同意の取得を条件として別除権協定が締結される（別
除権協定についてはQ34を参照）。

　対象のリースがオペレーティング・リースの場合、リース残存期間につい
て双方未履行双務契約に関する規定が適用されるとする取扱いが一般的であ
り、借手（レッシー・ユーザー）は契約を継続するかどうかの選択権を有す
ることになる（民事再生法49条）。

24　例外的に保全管理命令（民事再生法79条１項）が発令された場合には、債務者は財産
　　の管理処分権を失うことになる。

⑵ 破産手続の場合

　借手（レッシー・ユーザー）について破産手続が開始した場合、借手（レッシー・ユーザー）の財産の処分権限は破産管財人に移ることになるため（破産法78条1項）、以後は破産管財人を相手方としてリース契約やリース物件の取扱いを協議することになるが、破産手続の場合、借手（レッシー・ユーザー）（破産債務者）が事業を継続してリース物件の使用を継続することは原則としてない。そのため、ファイナンス・リースの場合にはリース物件を処分して残リース債権の弁済に充当し、不足額があれば破産債権として配当の対象となり、オペレーティング・リースの場合には契約を解除してリース物件を貸手（レッサー）に返還することになるのが原則的な取扱いとなる。

　民事再生手続の場合と異なり借手（レッシー・ユーザー）による継続使用の要請が低いこともあり、別除権協定を締結することはあまり一般的ではないが、リース物件の処分が容易ではない場合など、担保不足額の有無・金額を適時に確定させるために別除権協定を作成することもある。

⑶ 会社更生手続の場合

　借手（レッシー・ユーザー）について会社更生手続が開始した場合、通常、借手（レッシー・ユーザー）の財産の処分権限は更生管財人に移ることになるため（会社更生法72条）、以後は更生管財人を相手方としてリース契約やリース物件の取扱いを協議することになる。

　ファイナンス・リースの場合には貸手（レッサー）は担保付債権者（更生担保権者）として取り扱われることが一般であり、この場合には更生手続外で権利行使（リース物件の回収や処分）を行うことはできず、更生手続のなかで取扱いが定まることになる。対象のリースがオペレーティング・リースの場合、一般にリース残存期間について双方未履行双務契約に関する規定が適用され、借手（レッシー・ユーザー）は契約を継続するかどうかの選択権を有することになる（会社更生法61条）。

⑷ 債権届出等

　いずれの法的倒産手続の場合であっても、債権者は一定の期間内に債権届

出をする必要がある。この点、ファイナンス・リースとオペレーティング・リースの峻別については必ずしも法的に明確・具体的な基準があるわけではなく、個々の手続において個別に検討されることになる。貸手（レッサー）としては、対象のリースがファイナンス・リースであると考えている場合には、その前提で残リース料全額の債権届出（破産・民事再生の場合は別除権付債権、会社更生の場合は更生担保権としての債権届出）をすることになるが、オペレーティング・リースであると考えている場合（手続開始決定日の前日までの期間の金額について債権届出することになる）であっても、借手（レッシー・ユーザー）側ではファイナンス・リースと考えている場合もあるため、残リース料全額について一律に届出をしておくこともあり得る（予備的届出）。

破産・民事再生の手続において、届出の期間内にファイナンス・リースのリース物件に係る別除権の処分が確定している場合（実際に処分できた場合や別除権協定が締結された場合）には確定した別除権不足額を債権届出に記載し、不足額が確定していない場合には見込額を記載する。更生手続の場合には、ファイナンス・リースであればそのリース物件の評価額を担保目的物の評価額として記載し、更生担保権届出書を提出することになる。

Q34　リース取引と別除権協定

リース取引に関して締結される別除権協定の意義や内容を教えてください。

A　借手（レッシー・ユーザー）について破産手続や民事再生手続が開始された場合、担保権は別除権と呼ばれ手続外でも担保実行することができます。リース取引のうち、ファイナンス・リースにおいて貸手（レッサー）がリース物件に対して有する権利については別除権として

取り扱うのが一般的であり、別除権協定を締結することで、貸手（レッサー）が有する権利の内容を明確にし、リース取引の事後の取扱いやリース物件の処理について定めることができます。

1　別除権協定

　借手（レッシー・ユーザー）について破産手続や民事再生手続が開始された場合、債権者が有する担保権は別除権と呼ばれ、担保権者は手続外でも担保実行することができる。リース取引のうち、ファイナンス・リースについては、貸手（レッサー）を別除権者として取り扱うのが一般的である。

　別除権協定は、債務者と別除権者が締結する合意書面であるが、破産手続や民事再生手続において、債務者と別除権者が常に締結しなければならないものではない。別除権者は手続外で担保実行が可能であるため、別除権協定を締結せずに、手続外で担保権を実行することも可能である。

　一方で、特に民事再生の場合、借手（レッシー・ユーザー）の事業継続のためにリース物件を継続使用する必要性が高い場合もあり、その目的を達成するために別除権者であるリース会社との間で別除権協定を締結することが実務上多くみられる（その他の手段としては、担保権消滅請求（民事再生法148条）などもある）。破産手続の場合には、リース物件の継続使用の要請は高くないことから別除権協定が締結されないことも多い。

2　リース取引に関する別除権協定の内容

　別除権協定においては、①担保目的物の受戻額、②その弁済方法、③合意期間中の担保権の不行使、などが一般に定められる[25]。リース取引の場合についていえば、①はリース物件継続使用の対価として借手（レッシー・ユーザー）が貸手（レッサー）に支払う金額であり、当該時点での残リース料や

---

[25]　西村あさひ法律事務所編『事業再生大全』（商事法務、2019年）195頁。

リース物件の市場価格などを基準に定めることが一般的である。②の弁済方法については一括弁済の場合もあるが、従前のリース取引と同様の支払スケジュールとすることも珍しくない。③については別除権協定の目的から当然の内容ともいえるが、別除権協定の違反があったような場合（主に支払遅延などが想定される）には、担保権不行使の制限が解除されるとすることが多い。

　民事再生手続において別除権協定を締結するためには監督委員の同意が必要とされるのが一般的であるため、別除権協定のなかで監督委員の同意取得を条件として効力が生じる旨規定されることも多い。

　破産手続においては、借手（レッシー・ユーザー）による継続使用は原則として想定されないため別除権協定が締結されることは多くはない。もっとも、自動車など中古市場が整備されている担保目的物ではなく、売却処分が容易ではない担保目的物の場合、迅速に担保評価額を確定させ破産手続をスムーズに終了させるために別除権協定を締結することがある[26]。なお、破産手続において別除権協定を締結する場合には、貸手（レッサー）と破産管財人の間で締結することになる。

　いずれの手続においても、別除権（担保目的物）の受戻額や評価額が当該時点での残リース料よりも低額である場合には、残リース料との差額（不足分）について通常の再生債権・破産債権として再建届出することが可能である。

　以下、参考として民事再生手続における別除権協定書の例を記載する（図表1参照）。なお、以下では担保権の存在を前提として作成された例を記載しているが、実務上、貸手（レッサー）から借手（レッシー・ユーザー）に対するリース物件の売却の形式で、実質的に別除権協定と同様の結果をもたらすような手続がとられることもある。

---

[26]　別除権者が破産手続の最後配当に参加するには、別除権行使によって弁済を受けることができない債権額を最後配当の除斥期間内に証明しなければならない（破産法108条1項、198条3項）。

図表1　民事再生手続における別除権協定書の例

別除権協定書

　［貸手］株式会社（以下「甲」という。）及び［借手］株式会社（以下「乙」という。）は、乙の●地方裁判所令和●年（再）第●号再生手続開始申立事件（以下「本件再生手続」という。）に関し、甲乙間で締結された別紙リース契約一覧記載のリース契約（以下「原契約」という。）について、次のとおり別除権協定（以下「本協定」という。）を締結する。

第1条　（使用権原の確認）

　　甲及び乙は、本協定締結日現在、原契約が有効に存続しており、乙が別紙リース契約一覧「物件」欄記載の物件（以下「本件物件」という。）につき使用権原を有していることを確認する。

第2条　（債権債務、別除権の確認）

1　甲及び乙は、本協定締結日現在、甲の乙に対する原契約に基づくリース料債権（以下「本件債権」という。）の残額が、それぞれ別紙リース契約一覧「本件債権の金額」欄記載の金額であることを確認する。

2　甲及び乙は、甲が原契約に基づき本件物件を目的として、当該物件に係る本件債権をそれぞれ被担保債権とする担保権（以下「本件別除権」という。）を有していることを確認する。

3　甲及び乙は、本件別除権の目的たる本件物件の評価額が、別紙リース契約一覧「本件評価額」欄記載の金額であることを確認する。

4　甲及び乙は、本件別除権の行使によって弁済を受けることができない本件債権の額について、0円であることを確認し、合意する。

第3条　（別除権の受戻し）

　　甲及び乙は、乙が甲から本件別除権を別紙リース契約一覧「本件評価額」欄記載の金額で受け戻す（以下当該受戻代金を「本件受戻代金」という。）ことを合意する。

第4条　（受戻代金の支払い）

1　乙は甲に対し、本件受戻代金を、別紙リース契約一覧「支払方法」欄記載の条件に従い支払う。

2　乙は甲に対し、前項に定める受戻代金を、甲の指定する銀行口座に振り込む方法により支払う。ただし、振込手数料は乙の負担とする。

第5条　（別除権の不行使）

　　甲は、乙が本件債権の弁済を前条に従って継続する限り、乙による原契約に基づく本件物件の使用継続について異議を申し述べず、また、原契約の解除、本件物件の返還請求等の方法によって本件別除権を行使しない。

第6条 （別除権の消滅）
　　甲及び乙は、乙が甲に対し、各本件物件について本件受戻代金の全額を支払った場合、当該物件に係る本件別除権が消滅し、甲は本件別除権の負担のない本件物件の所有権を取得することを確認する。
第7条 （原契約との関係）
　　本協定に定めのない事項については、原契約の定めるところに従う。
第8条 （効力）
1　本協定は、本件再生手続における監督委員の同意を受けることを停止条件として効力を生じるものとする。
2　本協定は、本件再生手続につき再生計画案の否決、再生計画の不認可、再生計画の取消し又は再生手続廃止の決定が確定した場合において、乙につき破産手続開始の決定がされたときは、将来に向かって効力を失うものとする。
第9条 （譲渡禁止）
　　甲又は乙は、予め相手方の書面による承諾がない限り、本協定により生じた地位を移転し、又は本協定により生じた自己の権利義務の全部若しくは一部を、第三者に譲渡し、若しくは、第三者の担保に供してはならない。
第10条 （債権届出の取下げ）
　　甲は、本協定の効力発生後速やかに、本件債権に係る再生債権届出額の全額を取り下げる。
第11条 （清算条項）
　　甲及び乙は、本協定締結日において、本協定に定めるほか、原契約に関し何らの債権債務のないことを相互に確認する。
第12条 （秘密保持）
　　甲及び乙は、本協定の存在及び内容を、事前に相手方の書面による同意がある場合を除き、第三者に対し開示又は漏洩しない。ただし、本協定の履行のために必要な範囲内で弁護士その他秘密保持義務を負う専門家に開示する場合、並びに、本件再生手続の遂行のために必要な範囲内で本件再生手続における裁判所及び監督委員に開示する場合を除く。
第13条 （管轄）
　　本協定に関連する一切の事項については、●地方裁判所を第一審の専属的合意管轄裁判所とする。

第 5 章

リース事業に関する許認可・業務規制等

リース事業を始めるために必要な許認可はありますか。

A　リース事業を始めるにあたり、リース事業自体について必ず必要とされる許認可はありません。もっとも、リース事業者の資本構成によっては親会社等の事業に関連する規制を受けたり、取り扱うリース物件やリース取引の内容によっては許認可や登録・届出が必要とされることがあります。

1　リース事業に必要な許認可

　リース事業を始める場合、リース事業そのものについて日本において一般に必要とされる許認可はない。諸外国では、一定のリース事業を行う際には許認可等を必要とする法域もあるが[1]、日本では現状そのようなリース事業一般を対象とする許認可は必要とされていない。

　もっとも、リース事業者の資本構成・企業グループ構成により特別な規制を受ける場合もあり、また、リース物件の性質やリース事業者が販売する商品・提供するサービスによっては、許認可や登録・届出が必要とされる場合もあるため注意が必要である。

2　リース事業者の性質による許認可規制

　上記のとおり、リース事業を営むにあたり一般に必要とされる許認可はないが、リース事業者が特定の許認可規制を受ける業種の企業グループに属す

1　たとえば中国では、取り扱うファイナンス・リースの内容に応じて種々の許認可が必要とされ、関連する規制を受けることになる。欧州でも、ドイツにおいてはファイナンス・リースは許認可業種とされており、ファイナンス・リースを許認可業種とする法域は少なくない。

る場合には、当該業種に適用のある規制を受けることがある。

　たとえば、銀行業や保険業は、銀行法、保険業法などにより兼業規制が課せられており、リース事業者が、銀行や保険会社のグループ会社である場合には、これらの規制の対象となることがある。厳密には、リース事業を行うことについての許認可ではないが、別の許認可業種に属することによるリース事業に対する規制であるといえる。詳細はＱ38〜Ｑ40参照。

3　リース物件の性質による許認可規制

　上記のとおり、リース事業を営むにあたり一般に必要とされる許認可はないが、リースの対象物件によっては、当該物件の賃貸を業として営むことに際して許認可や登録などが必要とされることがある。

　代表的な例としては、医療機器（医療機器の分類に応じて薬機法に基づく許可や届出が必要）、船舶（海運法に基づく船舶貸渡業の届出が必要）、自動車（リース事業については一般に許可不要だが、使用者に関する条件を満たさないリース事業やレンタカー事業について道運法に基づく許可が必要）などがあげられる。詳細はＱ43参照。

4　リース事業者が取り扱う商品・サービスによる許認可規制

　リース事業者が、リース事業に関連・付随して取り扱う商品やサービスによって許認可や登録が必要とされることがある。

　たとえば、リース事業に出資する投資商品を販売する場合には、金商法に基づく第二種金融商品取引業の登録、中古物件のリース取引を行う場合やリース取引以外に中古商品の売買を行う場合には古物営業法に基づく古物商の許可、ファイナンス・リースではなく金銭消費貸借（ローン）を提供する場合には貸金業法に基づく貸金業の登録、保険の販売を行うには保険業法に基づく特定保険募集人（損害保険代理店や生命保険募集人）の登録が必要となる。Ｑ39やＱ42も参照。

5 まとめ

前述のとおり、リース事業を営むにあたり一般に必要とされる許認可等は存在しないものの、具体的なリース事業を営むに際しては、リース物件やリース事業の内容によって種々の許認可や規制が関係することが多いことから、具体的なリース事業やリース関連事業を始める場合には、慎重な検討が必要である。

| Q 36 | 金融商品取引業の登録 |

リース取引を行うために金融商品取引業の登録は必要ですか。

A リース会社がリース取引を行うことについては基本的に金融商品取引業の登録は不要ですが、匿名組合出資、任意組合出資または信託受益権の販売などの方法により投資家からリース物件の購入資金等を調達するスキームでリース取引を行う場合には、金融商品取引業に該当するものとして登録が必要となる場合があります。

1 リース取引と金商法

金商法上、「金融商品取引業」（金商法 2 条 8 項）に該当する業務を行おうとする場合には、同法に基づく登録を受けることが必要となる（同法29条）。

この点、売主（サプライヤー）・借手（レッシー・ユーザー）・貸手（レッサー）の三者間の通常のリース取引やセール・アンド・リースバックのような借手（レッシー・ユーザー）・貸手（レッサー）の二者間のリース取引の場合、通常、貸手（レッサー）となるリース会社の行為について金融商品取引業に該当し得るような要素はない。

もっとも、高額なリース物件を対象とするリース取引においては、貸手（レッサー）がリース物件の購入資金等を金融機関や投資家等から調達することも珍しくない。その際、資金調達方法が一定の形態による場合、リース取引においてリース会社が行う業務が金融商品取引業に該当する可能性がある。

金商法による業規制は、同法2条1項および2項において定義される「有価証券」という概念を中心として設計されているところ（同条8項）、リース取引における資金調達が一定の形態をとる場合には、資金提供者の取得する権利が「有価証券」に該当することがあり、これを勧誘、販売等をする行為について「金融商品取引業」への該当性が問題となり得る。

2 JOL取引と金商法

(1) JOL取引の概要

リース取引に関して金商法が問題となる具体例としては、船舶・航空機・海上輸送用コンテナ等に関して行われている日本型オペレーティング・リース取引（Japanese Operating Lease〔JOL〕[2]、Q11参照）があげられる。一般的なJOL取引において、貸手（レッサー）は、銀行等の金融機関からの借入金と、商法上の匿名組合または民法上の組合（他の形態の組合から区別する観点から、以下「任意組合」という）による投資家からの出資金により、リース物件の購入資金等を調達することが多い[3]（借入金と出資金の比率は、物件の購入価格の7割：3割〜8割：2割程度とされることが多い）。

JOL取引の代表的なスキームである匿名組合スキームは、概ね図表1のとおりである。

匿名組合スキームにおいては、通常、1つのJOL取引のためにリース会社

---

2 リース契約上、借主（レッシー・ユーザー）に物件の購入選択権が付与されている場合があり、この場合、Japanese Operating Lease with Call Option（JOLCO）と呼ばれる。

3 匿名組合や任意組合のかわりに信託を用いたスキームも存在する。後述3参照。

図表1　匿名組合スキーム

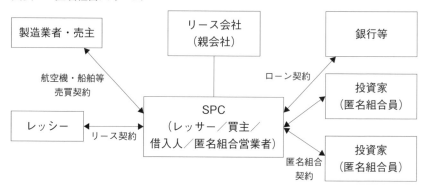

が特別目的会社（SPC）を設立し、当該SPCがレッサー・買主・借入人・匿名組合営業者として、関係当事者との間で、リース契約、物件売買契約、ローン契約および匿名組合契約などの関連契約を締結することとなる[4]。

(2)　投資家の取得する権利と有価証券該当性

　前述のとおり、JOL取引においては投資家からの資金調達手法として匿名組合や任意組合が用いられる。金商法上、匿名組合契約または任意組合契約に基づく権利のうち、当該権利を有する者が出資または拠出した金銭を充てて行う事業（出資対象事業）から生ずる収益の配当または当該出資対象事業に係る財産の分配を受けることができる権利（集団投資スキーム持分）は、原則として金商法上の「有価証券」に該当するとされているため（金商法2条2項5号）、JOLにおける匿名組合契約または任意組合契約に基づく投資家の権利は「有価証券」に該当することとなる[5]。

4　その他、ローンを担保するための担保契約等、種々の契約が締結される。詳細につき、西村あさひ法律事務所編『ファイナンス法大全〔全訂版〕〈上〉』（商事法務、2017年）747頁以下。

5　リース物件を信託財産とする信託の信託受益権を投資家に販売するというスキームがとられる場合には、かかる信託受益権が金商法上の「有価証券」に該当する（金商法2条2項1号、2号）。

⑶　リース会社の行為と金融商品取引業該当性

「金融商品取引業」とは、金商法2条8項各号に掲げる行為を業として行うことをいう。同項各号の行為のうち、JOL取引において匿名組合や任意組合を用いるスキームを前提とした場合に、リース会社の行為について該当し得るものとしては、まず有価証券の私募の取扱い（同項9号）と有価証券の引受け（同項6号）があげられる[6]。

a　有価証券の私募の取扱い

リース物件の購入価額の一部を匿名組合出資等により調達する場合、かかる出資を行うことについて投資家に対して勧誘行為を行う必要がある。そのような勧誘行為は、集団投資スキーム持分についての「有価証券の……私募」に該当し（金商法2条8項7号ヘ）[7]、これを業として行うことは「金融商品取引業」に該当する[8]。そのため、出資の受入れを行うレッサー（匿名組合契約における営業者）がこのような勧誘行為を行おうとする場合、金融商品取引業のうち第二種金融商品取引業の登録を得る必要があることになる（金商法28条2項1号）。

6　本文中では、匿名組合の営業者などが、リース物件を直接購入し所有する一般的なスキームを前提としている。もっとも、航空機のリースなどの場合、リース物件の登録手続などの関係から、外国においてリース物件を信託財産とする信託が設定され、匿名組合の営業者などが、かかる外国の信託の受益権を購入するスキームも存在する。かかるスキームにおける受託者や営業者の行為は、投資家から出資を受けた金銭その他の財産を、金商法上の有価証券に該当する外国の信託の受益権で運用しているといえることから、金融商品取引業のうち投資運用業に該当すると考えられる（金商法2条8項15号ロ、28条4項3号）。

7　有価証券の「募集」および「私募」の正確な定義は金商法2条3項に定められているが、ひとまずは、いずれも新たに発行される（＝未発行の）有価証券の取得に関する勧誘行為を指し、その規模によって「募集」と「私募」が区別されていると考えれば足りる。JOL取引における匿名組合出資持分に係る勧誘行為が「募集」に該当することは実務上多くないため、以下では「私募」に限定して記載するが、大規模な勧誘行為であれば「募集」に該当する可能性もある。

8　「業として」とは、対公衆性のある行為で反復継続して行われるものをいい、この要件を満たさない場合は「金融商品取引業」に該当しないこととなるが、実務上「業として」の要件を満たさないという整理がされることはあまり多くないため、ここでは詳述しない。この要件の詳細は、松尾直彦『金融商品取引法〔第5版〕』（商事法務、2018年）332頁以下等参照。

もっとも、JOL取引におけるレッサー（匿名組合契約における営業者）は、その取引における物件の保有およびリース業務のためにリース会社により特別に設立された会社であることが通常であるため、実際には、第二種金融商品取引業の登録に必要な一定の人的・物的な要件を満たすことが困難であることが一般的である。そこで、投資家に対する勧誘行為を、第二種金融商品取引業を有するリース会社等に対して全面的に委託し、レッサー（匿名組合契約における営業者）自身は勧誘行為を行わないことにより第二種金融商品取引業の登録を要しない、という整理がなされることが多い[9]。この場合に委託を受けたリース会社等が行う勧誘行為を、有価証券の「私募の取扱い」というが（金商法2条8項9号）、このような集団投資スキーム持分についての私募の取扱い行為も、第二種金融商品取引業の登録を要する行為である（金商法28条2項2号）。

b　有価証券の引受け

　JOL取引においては、リース物件を売主から取得して引渡しを受ける時点で購入価額全額の支払が必要とされることが通常であるため、安全にリース取引を開始する観点から、実務上、レッサー（匿名組合契約における営業者）の親会社であるリース会社がレッサー（匿名組合契約における営業者）との間で匿名組合契約を締結し、いったん必要資金の全額を出資して、リース取引を開始することが多い。リース会社は、その後、匿名組合契約上の地位を投資家に対して譲渡することにより、実質的に立て替えていた資金を投資家から回収することになる。

　この点、金商法では、「有価証券の募集……又は私募……に際し」、「当該有価証券を取得させることを目的として当該有価証券の全部又は一部を取得

9　金商法施行時のパブリック・コメントに対する回答において、集団投資スキーム持分の取得勧誘を全面的に金融商品取引業者に委託し、発行者（金商法2条5項、定義府令14条3項4号イ又はロ）自らは全く行わない場合には、有価証券の自己募集・私募を行っているとは認められず、有価証券の自己募集・私募に係る金融商品取引業の登録を受ける必要がないとの考え方が示されている（金融庁平成19年7月31日付「コメントの概要及びコメントに対する金融庁の考え方」58、59頁103番～110番）。

すること」（金商法2条6項1号）が「有価証券の引受け」として定義され（同条8項6号）、これを業として行うことは「金融商品取引業」（第一種金融商品取引業）とされている（金商法28条1項3号）。上記のような組成形態におけるリース会社の行為は、投資家への譲渡を前提としてレッサー（匿名組合契約における営業者）に出資し匿名組合出資持分を取得するものであるため、形式的には「有価証券の引受け」に該当する。したがって、このような行為を業として行うには、原則として、第一種金融商品取引業の登録を受ける必要があることになる。

　もっとも、有価証券の引受けについては、例外的に、第二種金融商品取引業を行う法人であって、資本金等の額が5,000万円以上のものが、その完全子会社（株式会社に限る）が営業者であり、かつ、機械類その他の物品または物件を使用させる業務を出資対象事業とする匿名組合契約に基づく権利の私募に際し、当該匿名組合契約に基づく権利を引き受ける行為は、金融商品取引業に該当しないとされている（金商法2条8項柱書、金商法施行令1条の8の6第1項4号、定義府令16条1項5号）。かかる行為は、実質的には私募の取扱いに類似しており、第一種金融商品取引業として位置づけて投資家を保護する必要性が低いと考えられることから設けられた例外規定である[10]。典型的には、上記のようなJOL取引におけるリース会社の引受行為がこの例外規定に該当する。

　なお、上記の例外規定の要件のうち、①匿名組合スキームをとる場合に限定されていること、および②匿名組合契約の営業者が、第二種金融商品取引業の完全子会社であって、かつ、株式会社の場合に限定されていることには留意が必要である。これらの要件からすれば、匿名組合以外のスキームでリース会社が代行出資をする場合や、匿名組合スキームであっても営業者が合同会社である場合などには、上記の例外規定が適用されず、原則どおり、第一種金融商品取引業の登録を受けなければ、出資持分の引受行為を行うこ

10　松尾直彦＝松本圭介編著『実務論点　金融商品取引法』（金融財政研究会、2008年）51頁。

とはできないと解される[11]。

3　信託を用いるJOL取引の場合

　JOL取引においては、匿名組合や任意組合を用いずに、リース会社がリース物件の購入に必要な資金を信託して信託受益権を取得し、信託受託者がリース物件を購入した上でレッサーとしてリース取引を開始した後に、リース会社がその信託受益権を投資家に譲渡するというスキームがとられることもある。この場合のスキームは概ね図表2のとおりである。

　このスキームの場合、信託受益権は「有価証券」に該当することから（脚注5参照）、リース会社の投資家に対する信託受益権の譲渡行為について、金融商品取引業該当性が問題となり得る。

　上記のケースにおいては、金商法上、リース会社が信託受益権を投資家に譲渡する段階で、「有価証券」である信託受益権が発行されることとなるため[12]、通常はリース会社による譲渡行為が自己募集・自己私募に該当すると解される。そして、信託受益権の自己募集・自己私募は、商品ファンド等に関するもの[13]を除き、金融商品取引業に該当しないものとされており、上記

図表2　信託を用いたJOL取引のスキーム

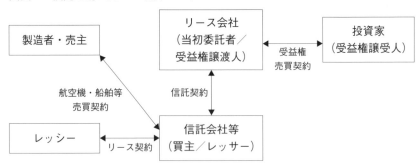

11　なお、JOL取引の匿名組合スキームにおいて、投資家が、営業者であるSPCの承諾を
　　得て匿名組合出資持分を第三者に転売することもあり得る。この場合、リース会社が匿
　　名組合出資持分の第三者への売却を媒介することは、「有価証券の売買……の……媒介」
　　として第二種金融商品取引業に該当する（金商法2条8項2号、28条2項2号）。

スキームにおける信託受益権は商品ファンド等に関するものではないため、かかる信託受益権の譲渡は、金融商品取引業の登録をせずに行うことができるものと解される。

Q37　銀行法上の規制1

銀行本体や銀行の子会社または関連会社がリース事業を行う場合の法規制について教えてください。

A 銀行本体では、所有権移転外ファイナンス・リースに関する業務およびその代理・媒介業務のみが認められています。また、銀行の子会社および関連会社がリース事業を行うことは認められていますが、銀行法に基づくリース収入依存度規制が適用される等の制約が存在します。

1　銀行法の業務範囲規制

銀行がその本業である預金の受入れや資金の貸付、為替取引を業務として行えることはいうまでもないが、銀行法は、銀行業の公共性に鑑み、銀行業以外の業務を銀行が営むことによる異業種リスクの混入を阻止し、銀行業務の健全かつ適切な運営を期するという観点から、銀行本体が行える業務の範

12　信託財産が金銭の場合の信託については、原則として、委託者指図型の信託の場合は、委託者が発行者とされ、委託者非指図型の信託の場合は受託者が発行者とされるが（定義府令14条3項1号イ・ロ）、信託を用いるJOL取引のスキームの場合、委託者指図型が想定されていることが多いものと思われる。また、当初委託者兼受益者が信託受益権を譲渡するタイミングが有価証券の発行時とされている（同条4項1号イ）。

13　概ね、①信託法に規定する受益証券発行信託の受益証券等であって、②商品投資または特定商品、競争用馬、映画、絵画、鉱業権のいずれかの物品の取得・譲渡・使用若しくは使用させることにより運用することを目的とするものを指すが（金商法2条8項7号ト、金商法施行令1条の9の2）、基本的に先物取引の対象となるものに投資する場合が想定されている。

囲を銀行法に列挙された一定の業務に限定している（他業禁止規制）[14]。

　また、この他業禁止の趣旨は銀行グループ全体にも及ぶことから、銀行法は、銀行が議決権の50％超を保有する子会社が行うことのできる業務の範囲に関して規制を設けるとともに、一定の類型の会社を除き銀行が国内の会社の議決権の５％超を取得することを制限している[15]。さらに、図表３に掲げる銀行の子法人等、関連法人等および特定出資会社についても、金融庁の監督指針において銀行の子会社に準じた業務範囲規制が定められており、これらの会社も、銀行の子会社が行うことのできない業務を営むことは禁止されている[16]。

　したがって、銀行本体または銀行のグループ会社においてリース事業を行

図表３　業務範囲規制が適用されるグループ会社の類型

規制対象となる類型	銀行との関係
子会社[17]	銀行が、議決権の50％超を保有している会社
子法人等[18]	銀行が、議決権の50％超を保有する等の方法で支配力を有している会社 （＝会計上、銀行の子会社に該当する会社）
関連法人等[19]	銀行が、議決権の20％以上を保有する等の方法で重要な影響力を有している会社 （＝会計上、銀行の関連会社に該当する会社）
特定出資会社[20]	銀行またはその子会社が、合算して議決権の５％超を保有している国内の会社

14　銀行法10条ないし12条。
15　銀行法16条の４。
16　主要行等向けの総合的な監督指針Ⅴ－３－３（注１）、Ⅴ－３－３－１(3)、中小・地域金融機関向けの総合的な監督指針Ⅲ－４－７（注１）、Ⅲ－４－７－１(3)。
17　銀行法２条８項。なお、銀行法上の「子会社」の範囲は、会計上の子会社の範囲よりも狭い。
18　銀行法施行令４条の２第２項、銀行法施行規則14条の７第１項。
19　銀行法施行令４条の２第３項、銀行法施行規則14条の７第２項。
20　主要行等向けの総合的な監督指針Ⅴ－３－３（注１）、中小・地域金融機関向けの総合的な監督指針Ⅲ－４－７（注１）。

う場合には、それが銀行法上認められている業務範囲を逸脱していないか、という観点が重要である。

2　銀行本体に対する法規制

　従来、リース業務を銀行本体で行うことは認められておらず、銀行の子会社において行うことのみが許容されていたが、2011年の銀行法改正により、銀行本体でも一定の要件を満たす所有権移転外ファイナンス・リースの提供を行うことが解禁された。

　現行の銀行法では、機械類その他の物件を使用させる業務（すなわちリース業務）のうち、①中途解約が認められない、②リース期間の満了時までのリース物件の価値低下額および付随費用の合計額をリース料として受領できる、③リース期間の満了後リース物件の所有権等が相手方に移転しない、という三要件を全て満たす契約に基づく業務に限り、銀行本体で行うことが認められている[21]。この①および②の要件は、会計上のノンキャンセラブル・フルペイアウトの要件を念頭に置いたものと考えられており、③の要件とあわせれば、銀行本体で認められているのは所有権移転外ファイナンス・リース取引に関する業務のみという結論となる。この三要件を満たしている限り、リース取引の対象となる物件の範囲に制限はない。

　銀行本体において所有権移転外ファイナンス・リース取引が認められているのは、取引の性質が融資と近似すると考えられているためである。しかし、他の形態のリース取引（たとえば、リース期間満了時に物件の売買を伴う所有権移転ファイナンス・リース、中途解約可能なオペレーティング・リース、保守・点検サービスが付加されたメンテナンス・リース等）は、銀行業との親近性やリスクの同質性が認められない物件の売買業務や賃貸業務等の要素を含むため、他業禁止の観点から、銀行本体の業務としては禁止されている。

　また、これらのリース業務に加えて、銀行が自らリース取引の当事者にな

21　銀行法10条2項18号。

らない形態の業務として、前述の三要件を満たす所有権移転外ファイナンス・リースに関する媒介業務および代理業務が銀行本体の業務として認められている[22]。他方で、それ以外のリース取引に関する媒介業務および代理業務を行うことは禁止されている。

3　銀行の子会社および関連会社に対する法規制

(1)　リース取引についての規制

銀行の子会社および関連会社は、「機械類その他の物件を使用させる業務[23]」としてリース業務を行うことが広く認められている。銀行本体のように提供できるリース取引の形態に制限はなく、所有権移転ファイナンス・リースやオペレーティング・リースの取扱いも認められている。リース取引の対象となる物件の範囲にも原則として制限はない[24]。

(2)　リース収入依存度規制

しかし、銀行の子会社および関連会社がリース業務を行う場合には、主たるリース業務は融資と同視できる形態とすべきという観点から、銀行法に基づくリース収入依存度規制が適用される点に留意が必要である。

このリース収入依存度規制は、各事業年度において、リース関連収入に占める所有権移転外ファイナンス・リース収入の割合を50％以上に維持することを求めており、リース業務を行う会社に子会社が存在しない場合、具体的には以下の計算式を満たす必要がある。

$$\frac{所有権移転外ファイナンス・リースによる収入の額}{リースによる収入の額^{25}＋リース物件売買等収入^{26}の額} \geqq 50\%$$

また、リース業務を行う銀行の子会社または関連会社に、リース業務や中

22　銀行法10条2項19号。

23　銀行法16条の2第1項11号、銀行法施行規則17条の3第2項11号。

24　ただし、不動産を対象としたリース契約については、公的な施設の設備・運営に係るものを除きファイナンス・リースのみが許容されており、不動産を対象とするオペレーティング・リースは例外的に禁止されている（主要行等向けの総合的な監督指針V－3－3－1(2)②、中小・地域金融機関向けの総合的な監督指針Ⅲ－4－7－1(2)②）。

図表4　リース収入依存度規制の判定の例

【パターンA】

> 銀行のリース子会社であるX社
> ■ 所有権移転外ファイナンス・
> 　リース収入：100
> ■ 上記以外のリース収入：40
> ■ リース物件売買等収入：20
>
> X社の子会社であるY社
> ■ 所有権移転外ファイナンス・
> 　リース収入：30
> ■ 上記以外のリース収入：50
> ■ リース物件売買等収入：10

〈連結ベースの要件〉
$(100+30) \div (100+40+20+30+50+10) = 52\%$
→連結ベースの要件は充足

〈単体ベースの要件〉
X社（リース収入140＞リース物件売買等収入20）
Y社（リース収入80＞リース物件売買等収入10）
→いずれも単体ベースの要件を充足

【パターンB】

> 銀行のリース子会社であるX社
> ■ 所有権移転外ファイナンス・
> 　リース収入：100
> ■ 上記以外のリース収入：40
> ■ リース物件売買等収入：20
>
> X社の子会社であるY社
> ■ 所有権移転外ファイナンス・
> 　リース収入：10
> ■ 上記以外のリース収入：30
> ■ リース物件売買等収入：50

〈連結ベースの要件〉
$(100+10) \div (100+40+20+10+30+50) = 44\%$
→連結ベースの要件に抵触

〈単体ベースの要件〉
X社（リース収入140＞リース物件売買等収入20）
Y社（リース収入40＜リース物件売買等収入50）
→Y社が単体ベースの要件に抵触

古リース物件の売買・管理業務を行う子会社が存在する場合には、リース収入依存度規制の内容はさらに複雑になる。この場合、①上記の計算式を連結合算ベースで満たすと同時に、②リース業務を営む会社のそれぞれの単体ベースで、分母に記載された「リース物件売買等収入の額」が「リースによる収入の額」を上回らないことが求められる。

　たとえば、銀行の子会社としてリース業務を営むX社およびその子会社（Y社）の各収入の額が図表4のとおりであるケースでは、リース収入依存

25　ここでの「リース」にはファイナンス・リースおよびオペレーティング・リースの両方が含まれ、物件を使用させる対価として受領するリース料収入がこの項目に該当する。
26　リース業務に係る物件と同種の中古物件の売買または保守、点検その他の管理業務による収入を指す。

度規制の判定は以下のとおりなされ、【パターンA】の場合にはリース収入依存度規制の要件を満たすが、【パターンB】の場合にはリース収入依存度規制に抵触することになる。すなわち、連結ベースでリース収入依存度規制が適用される場合、【パターンA】におけるY社のように単体の所有権移転外ファイナンス・リース収入の割合が50％未満となることは問題ないが、リース業務と中古物件の売買・管理業務をあわせて行う会社が存在する場合には、【パターンB】におけるY社のように中古物件の売買・管理業務が主たる収入源とならないよう留意が必要である[27]。

したがって、銀行の子会社および関連会社がリース業務を行う場合には、所有権移転外ファイナンス・リースがリース業務の主な収入源になるように留意しつつ、リース収入依存度規制に抵触することがないよう、事業年度の途中においても、各種のリース取引の収入の額を定期的にモニタリングしておくことが求められる。

Q38 銀行法上の規制2

銀行の子会社や関連会社がリース事業を営む場合、どのような業態であることが必要になりますか。

A 銀行法の業務範囲規制が適用されるため、その営む業務はいずれも金融関連業務とする必要があります。金融関連業務には、貸金業務、割賦販売・延払売買業務、中古物品の売買・管理業務などが含まれます。

27　なお、リース業務を行わない子会社はこの単体規制の適用を受けないため、中古物件の売買・管理業務を専門に行う子会社であれば「リース収入の額＞リース物件売買等収入」とする必要はない。このような中古物件売買・管理専門子会社のリース物件売買等収入の額は、上記の計算式において分母の「リース物件売買等収入」に合算されることとなる。

1　リース以外の業務に対する銀行法の規制

Q37で述べたとおり、銀行の子会社および関連会社は、リース収入依存度規制に抵触しない範囲でリース業務を行うことが認められている。もっとも、リース業務を行う子会社および関連会社は、銀行法上は「金融関連業務[28]」を専ら営む会社として分類されることによってリース業務の取扱いが認められているものである。したがって、リース業務を行う子会社および関連会社がリース以外の業務もあわせて行う場合には、他の業務も全て「金融関連業務」に該当しなければならず、新たな業務を開始しようとする場合などにおいて、リース以外の業務がいずれも金融関連業務として銀行法上許容される類型に収まっているかは常に検証が必要となる。

以下の2ないし4では、いわゆる銀行系リース会社において典型的に行われている金融関連業務の内容とその銀行法上の位置づけについて説明する。

2　貸金業務

銀行法施行規則17条の3第2項2号は、貸金業（金銭の貸付または金銭の貸借の媒介を行う業務）を金融関連業務として認めている。そのため、銀行の子会社または関連会社であるリース会社は、リース取引を行うことができるのみならず、顧客に対して融資を行うことも可能である。

なお、貸金業を業務として行うためには、銀行の子会社または関連会社であったとしても、貸金業法に基づく登録が別途必要になる。

3　割賦販売・延払売買に関する業務

銀行法施行規則17条の3第2項8号は、個品割賦購入あっせん業務（利用者がクレジットカード等を利用せずに販売業者等から商品の購入等を行うことを条件として、その販売業者等に代金を交付し、利用者からその金額を受領する業

28　銀行法16条の2第1項11号、2項2号、銀行法施行規則17条の3第2項。

務）を金融関連業務として認めている。

　また、金融庁は、本号を根拠に個品割賦購入あっせん業務と同等の（融資と同等の）経済的効果を有する取引を業務として行うことも認められるとの見解を示しており[29]、具体的には、図表5の形態で行われる割賦・延払取引がこれに該当するものと解されている。

　この点、割賦・延払業務は、①リース会社は顧客の購入する物品の選定に一切関与せず、実質的な売買契約は販売業者と顧客の間に存在する（ただし、契約書類は存在しない）、②販売業者とリース会社の間の売買契約およびリース会社と顧客の間の売買契約は、販売業者にかわってリース会社が顧客に対して信用を供与するための手段として締結される形式的なものである、③売買契約の対象となった物品は販売業者から顧客に直接納品され、その後のメンテナンス等も販売業者によって行われる、といった前提のもとで融資と同等の経済的効果を有する取引として認められているものである（取引の構成や経済実態としてはファイナンス・リース取引とも類似しているといえる）。したがって、銀行の子会社または関連会社であるリース会社について、物品の売買業務を行うことが一般的に認められているわけではないという点には留意を要する。

図表5　割賦・延払取引

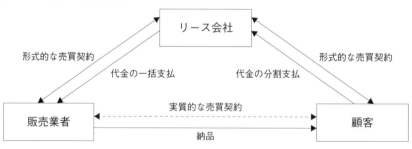

29　金融庁「担保附社債信託法施行規則等の一部を改正する内閣府令案に対するパブリックコメントの結果について」（2002年3月28日）。

4 中古物品の売買・管理業務

　銀行の子会社および関連会社においては、リース業務に係る物件と同種の中古物件の売買業務およびその保守、点検その他の管理業務を行うことも認められている[30]。ただし、これらの業務はリース利用者の利便等のためリース業務を補完する付帯的な業務と位置づけられており、Q37で触れたリース収入依存度規制によって、中古物品の売買・管理業務が銀行の子会社および関連会社における主たる収入源とならないよう制限がなされている。

　なお、所有権移転外ファイナンス・リース契約におけるリースアップ物品の売却は、この中古物品売買業務ではなく、リース業務に附帯する業務（銀行法施行規則17条の3第2項39号）という類型で金融関連業務として認められている[31]ため、リース収入依存度規制との関係ではかかるリースアップ物品の売却収入を考慮する必要はない。

　また、このような業務を行う場合、銀行法による規制のほか、中古物品[32]の売買を業務として行うためには、営業所の所在地の都道府県公安委員会から古物営業法に基づく古物商の許可を取得する必要がある点にも留意を要する[33]。

---

[30]　銀行法施行規則17条の3第2項38号、「銀行法施行規則第17条の3第2項第3号、第11号及び第38号、第17条の4の2第2号並びに第34条の18第2号の規定に基づき銀行等の子会社が営むことのできる業務から除かれる業務等を定める件（平成10年11月24日金融監督庁・大蔵省告示第9号）」3条7号。

[31]　金融庁「コメントの概要及びコメントに対する金融庁の考え方」（2008年12月2日）73頁No.3。

[32]　船舶、航空機、鉄道車両などの大型機械類は古物営業法における「古物」からは除外されており（同法2条1項、同法施行令2条）、これらの売買には古物商の許可を要しない。

[33]　リースアップ物品の売却については、新品のリースであった場合には古物営業に該当しない。中古品のリースについては、当該営業自体が古物営業に該当するため、リース開始前（リース物件の購入前）に古物商の許可を得ておく必要がある。

Q39　保険業法上の規制

　保険会社やその子会社または関連会社がリース事業を行う場合の法規制について教えてください。

A　保険会社（グループ）については、Q37およびQ38で述べた銀行法上の規制と同様の規制が適用されます。保険会社本体は、所有権移転外ファイナンス・リースに関する業務およびその代理・媒介業務のみが認められています。保険会社の子会社または関連会社は、リース収入依存度規制の範囲内でリース業務が認められているほか、貸金業務、割賦販売・延払売買業務、中古物品の売買・管理業務などを行うことができます。

1　保険業法の業務範囲規制

　保険業を営む保険会社の業務は保険業法によって規制されている。保険会社は、銀行と同様に金融庁の免許を要する公共性の高い金融機関であることから、保険会社やその子会社および関連会社についても、Q37およびQ38で述べた銀行法と類似する業務範囲規制が課されており、保険業法上認められていない業務を行う場合には法令違反となる。

　したがって、保険会社または保険会社の子会社および関連会社においてリース事業を行う場合にも、それが保険業法上認められている業務範囲を逸脱していないか、という観点が重要である。

2　保険会社本体に対する法規制

　保険会社についても、従来は自らリース業務を行うことは認められていなかったが、銀行と同様、2011年の保険業法改正によりリース関連業務の一部が解禁された。

保険会社に認められているリース関連業務の範囲は、Q37で述べた銀行本体に認められている業務と同様に、所有権移転外ファイナンス・リースの提供およびその代理・媒介業務である[34]。それ以外の形態のリース取引やその代理・媒介業務については、保険業との親近性やリスクの同質性が認められないことを理由に引き続き禁止されている。

3　保険会社の子会社および関連会社におけるリース業務に関する規制

(1)　リース取引についての規制

保険会社の子会社および関連会社も、「機械類その他の物件を使用させる業務[35]」としてリース業務を行うことが広く認められている。銀行の子会社および関連会社の場合と同様に、提供できるリース取引の形態に制限はなく、所有権移転ファイナンス・リースやオペレーティング・リースの取扱いも認められており、リース取引の対象となる物件の範囲にも原則として制限はない[36]。

(2)　リース収入依存度規制

保険会社の子会社および関連会社についても、銀行法と同様のリース収入依存度規制が適用される[37]ため、リース業務を行う会社に子会社が存在しない場合には、各事業年度において、以下の計算式を満たす必要がある。

$$\frac{\text{所有権移転外ファイナンス・リースによる収入の額}}{\text{リースによる収入の額}[38] + \text{リース物件売買等収入}[39]\text{の額}} \geq 50\%$$

34　保険業法98条1項12号、13号。

35　保険業法106条1項12号、保険業法施行規則56条の2第2項23号。

36　公的な施設の設設・運営に係るものを除き、不動産を対象とするリース契約についてはファイナンス・リースのみが許容されており、不動産を対象とするオペレーティング・リースが例外的に禁止されている点も銀行と同様である（保険会社向けの総合的な監督指針Ⅲ−2−2−1(2)⑧)。

37　「保険業法施行規則第56条の2第2項第5号の2の規定に基づく債権管理回収業に関する特別措置法第12条第2号に規定する業務を行う場合の基準を定める件（平成11年1月29日金融監督庁・大蔵省告示第6号)」2条。

また、リース業務を行う会社にリース業務や中古リース物件の売買・管理業務を行う子会社が存在する場合には、①上記の計算式を連結合算ベースで満たすと同時に、②リース業務を営む会社の単体ベースでも、分母に記載された「リース物件売買等収入の額」が「リースによる収入の額」を上回らないことが求められる。

したがって、保険会社の子会社および関連会社がリース業務を行う場合にも、所有権移転外ファイナンス・リースがリース業務の主な収入源になるように留意しつつ、リース収入依存度規制に抵触することがないよう、事業年度の途中においても、各種のリース取引の収入の額を定期的にモニタリングしておくことが求められる。

4 保険会社の子会社および関連会社におけるリース業務以外の業務に対する規制

保険会社の子会社および関連会社は、保険業法上は「金融関連業務[40]」を専ら営む会社として分類されることによってリース業務の取扱いが認められているものである。したがって、リース以外の業務もあわせて行う場合には、他の業務も全て「金融関連業務」に該当しなければならず、リース以外の業務がいずれも金融関連業務として保険業法上許容される類型に収まっているかは常に検証が必要となる。

なお、Q38で述べた銀行法上の「金融関連業務」とは異なり、保険業法上の「金融関連業務」には、保険会社の保険業に係る業務の代理や保険募集など、保険に関連する業務も含まれている。もっとも、リース業務と関連性が高い業務のうち、貸金業務、割賦販売・延払売買業務、中古物品の売買・管

---

38 ここでの「リース」にはファイナンス・リースおよびオペレーティング・リースの両方が含まれ、物件を使用させる対価として受領するリース料収入がこの項目に該当する。
39 リース業務に係る物件と同種の中古物件の売買または保守、点検その他の管理業務による収入を指す。
40 保険業法106条1項12号、2項2号、保険業法施行規則56条の2第2項。

理業務などが金融関連業務として認められている点[41]は銀行法と同様であるため、詳細はQ38を参照されたい。

41　保険業法施行規則56条の2第2項13号、21号、46号、「保険業法施行規則第56条の2第2項第5号及び第46号並びに第210条の7第2項第25号の規定に基づき保険会社等の子会社が営むことができる業務から除かれる業務等を定める件（平成10年11月24日金融監督庁・大蔵省告示第14号）」2条7号。

第 6 章

リース事業に関する行為規制

Q40 リース事業に関する行為規制

リース取引において貸手（レッサー）が留意すべき行為規制について教えてください。

A リース事業であることをもって貸手（レッサー）に一律に適用のある行為規制はありませんが、Q35で記載した許認可や届出が必要とされるリース取引については、通常、リースの期間中に遵守すべき行為規制もあります。また、ファイナンス・リース取引を行う場合には、マネー・ローンダリング、テロ資金供与対策の規制の適用があります。さらに、個人を相手とするリース事業を営む場合には個人情報保護法を遵守する必要があり、リース物件の廃棄などの関係では、廃棄物処理法などの、廃棄物処理に関する規制にも留意する必要があります。

1 リース事業に関する行為規制

リース事業を営むにあたり、リース事業そのものについて日本において一律に適用のある行為規制はない。もっとも、リース事業を行うにあたり、他の既存の行為規制の適用を受けることも少なくないため、リース事業を営む場合には、対象となるリース物件に応じた規制のみならず、リース取引の性質（ファイナンス・リースか否か）に応じた行為規制、リース物件の廃棄時に遵守すべき規制など、種々の視点から行為規制を検討する必要がある。

2 許認可業種における行為規制

リース事業を行うにあたり許認可や届け出が必要な場合（医療機器のリースなど）には、一定の設備要件や人的要件、行政への報告義務などの行為規制があり得る（Q35およびQ43参照）。

銀行や保険会社のグループ企業については、リース関連収入に占める所有

権移転外ファイナンス・リース収入の割合を一定以上に保つ必要があるなどの規制を受けることになる（Q37～Q39参照）。

投資家にリース事業への出資持分を販売する場合など、金商法の適用のあるリース取引を取り扱うリース事業者については、金商法上の金融商品取引業者として、金融商品の販売に関する行為規制や、一定の体制整備に関する行為規制などを受けることになる（Q42参照）。

3　マネー・ローンダリング、テロ資金供与対策に関する行為規制

送金・決済業務を取り扱う銀行などの金融機関には、犯収法等により、マネー・ローンダリングおよびテロ資金供与（以下「マネロン・テロ資金供与」という）への対策が求められている。リース取引のうちファイナンス・リースについては、かかる規制の目的との関係では資金移動を伴う金融取引の一種であると考えられることから、ファイナンス・リース事業者は、マネロン・テロ資金供与対策に関する行為規制に服することになる（Q41およびQ47参照）。

4　個人情報保護法における行為規制

リース事業者については、個人を借手（レッシー・ユーザー）とするリース取引を行う事業者はもちろんのこと、法人向けのリース事業しか行っていないリース事業者であっても、借手の会社の役員の個人情報を取り扱うことや自社の従業員の個人情報を取り扱うことは避けられないであろうから、原則として、個人情報保護法における個人情報取扱事業者に該当する。

個人情報取扱事業者であるリース事業者は、個人情報の、①取得、②利用、③保管、④第三者への譲渡や移転、⑤本人からの開示請求、などの場面において、個人情報保護法による行為規制を受けることになる。

5 リース物件の廃棄における行為規制

　リース物件を廃棄する場合、リース契約において借手（レッシー・ユーザー）が責任をもって廃棄するものとされない限りは、リース物件の所有者である貸手（レッサー）、すなわちリース事業者がリース物件を廃棄する主体となることになる。廃棄物処理法上、事業活動に伴って生じた廃棄物は産業廃棄物として取り扱われるため、リース事業者は、リース物件を産業廃棄物として、同法の規制に従って廃棄処理する必要がある（Q45参照）。

　また、OA機器のリースなどの場合、リース物件に個人情報や営業秘密が記録されていることもあり、これらの情報を含むリース物件を適切に廃棄処理しなかった場合、契約上の責任（契約上、情報消去の具体的な方法が規定されることもある）のみならず、不法行為責任を負う可能性もあり、これらの物件の廃棄方法については特に留意する必要がある（Q46参照）。

Q41 マネー・ローンダリング、テロ資金供与対策

　リース取引を行う場合に、マネー・ローンダリングやテロ資金供与対策のために法令上、求められる手続について教えてください。

A　ファイナンス・リース事業者がファイナンス・リース業務を行う場合には、リース契約の締結時に顧客について犯収法に従った取引時確認を行い、取引時確認に関する一定の記録を作成・保存しておくことが必要になり、また、顧客との取引が「疑わしい取引」に該当する場合には、経済産業省に届出を行うことが必要となります。

1　マネー・ローンダリング、テロ資金供与対策の意義

　マネー・ローンダリング（資金洗浄）とは、違法な起源を偽装する目的で犯罪収益を処理することを意味する。たとえば、麻薬の密売によって得た代金を偽名で開設した銀行口座に隠蔽したり、詐欺などの犯罪行為によって取得した金銭をいくつもの口座を転々と移動させることで出所をわからなくさせたりする行為が該当する。このような行為を放置しておくと、犯罪収益が将来の犯罪活動や犯罪組織の維持・拡大に使われたりすることによって組織的犯罪を増加させるおそれが生じることになる。

　また、テロ対策が国際的な主要課題となっているなか、テロ行為を目的とした資金のテロリストへの供給を遮断することや、そのような資金の供給ルートを把握し、テロ行為が行われる前に摘発することが重要となっている。

　送金・決済業務を取り扱う銀行などの金融機関にマネー・ローンダリングおよびテロ資金供与（以下「マネロン・テロ資金供与」という）への対策が求められることは当然であるが、リース取引（そのなかでもファイナンス・リース）も資金移動を伴う金融取引の一種であることから、マネロン・テロ資金供与のための資金移動の手段として利用される可能性がないとはいえない。そのため、ファイナンス・リースを行う事業者にも、マネロン・テロ資金供与対策に取り組むことが求められる。

2　国内外の取組み

⑴　FATF

　マネロン・テロ資金供与対策に関して、国際的に中心的な役割を担っているのがFATF（金融活動作業部会：Financial Action Task Force）である。FATFは、1989年のG7アルシュ・サミット経済宣言後に設立された政府間会合であり、マネロン・テロ資金供与対策に関する国際基準として参加国等向けの勧告（Recommendations）を策定し、随時見直しを行う一方、順次、

参加国等に審査団を派遣し、勧告の遵守状況等の相互審査を実施している[1]。

FATFは、マネー・ローンダリング対策として公表していた「40の勧告」とテロ資金供与対策として公表していた「9の特別勧告」を一本化した新たな「40の勧告」(The FATF Recommendations) を2012年に公表し、本書の執筆時点では、この「40の勧告」があわせて公表されている解釈ノート (Interpretive Notes) を含めてマネロン・テロ資金供与対策の国際基準となっている[2] (図表1参照)。

(2) 国内での制度的枠組み

日本においても、FATFの「40の勧告」をふまえたマネロン・テロ資金供与対策に関する制度が設けられている。中心となるのは犯収法であり、金融機関などの一定の者に対して、取引時確認や疑わしい取引の届出などの手続を義務づけている。また、海外送金や両替業務に関して本人確認の手続を求めるなど、対外取引に対しては、外国為替及び外国貿易法にもマネロン・テロ資金供与対策のための規律が定められている。

これらの法令に加えて、金融庁は、銀行法、保険業法、金商法等の免許や登録等を受けて業務を行う金融機関等において「対応が求められる事項」や「対応が期待される事項」を明確化するとともに、当局としてのモニタリングのあり方等を示すものとして「マネー・ローンダリング及びテロ資金供与対策に関するガイドライン」(マネロンGL) を公表している[3]。また、リース事業者に対しては、公益社団法人リース事業協会が「ファイナンス・リース事業者におけるマネー・ローンダリング及びテロ資金供与対策に関するガイ

1　2019年に第4次対日相互審査が実施され、2020年には相互審査報告書が取りまとめられる。

2　本書の執筆時点では2019年6月改訂版が最新のものとなっている (http://www.fatf-gafi. org/media/fatf/documents/recommendations/pdfs/FATF%20Recommendations%202012. pdf)。なお、公表時点の「40の勧告」については財務省が作成した仮訳が公表されている (http://warp.ndl.go.jp/info:ndljp/pid/11194366/www.mof.go.jp/international_policy/ convention/fatf/fatf-40_240216_1.pdf)。

3　マネロンGLは、他の業態で免許や登録等を受けて金融庁の監督の対象となっていない限り、リース事業者に直接適用されるものではないが、リース事業者がマネロン・テロ資金供与対策に取り組む際も参考にすべきものである。

図表 1　FATF「40の勧告」（第 4 次勧告）

勧告	内容	勧告	内容
1	リスク評価とリスクベース・アプローチ	21	内報禁止及び届出者の保護義務
2	国内関係当局間の協力	22	DNFBPにおける顧客管理
3	資金洗浄の犯罪化	23	DNFBPによる疑わしい取引の報告義務
4	犯罪収益の没収・保全措置	24	法人の実質的所有者
5	テロ資金供与の犯罪化	25	法的取極の実質的所有者
6	テロリストの資産凍結	26	金融機関に対する監督義務
7	大量破壊兵器の拡散に関与する者への金融制裁	27	監督当局の権限の確保
8	非営利団体（NPO）悪用防止	28	DNFBPに対する監督義務
9	金融機関秘密法が勧告実施の障害となることの防止	29	FIUの設置義務
10	顧客管理	30	資金洗浄・テロ資金供与の捜査
11	本人確認・取引記録の保存義務	31	捜査関係等資料の入手義務
12	PEP（重要な公的地位を有する者）	32	キャッシュ・クーリエ（現金運搬者）への対応
13	コルレス銀行業務	33	包括的統計の整備
14	送金サービス提供者の規制	34	ガイドラインの策定業務
15	新技術の悪用防止	35	義務の不履行に対する制裁措置
16	電信送金（送金人・受取人情報の通知義務）	36	国連諸文書の批准
17	顧客管理措置の第三者依存	37	法律上の相互援助、国際協力
18	金融機関・グループにおける内部管理方針の整備義務、海外支店・現法への勧告の適用	38	法律上の相互援助：凍結及び没収
19	勧告履行に問題がある国・地域への対応	39	犯人引渡
20	金融機関における資金洗浄、テロ資金供与に関する疑わしい取引の届出	40	国際協力（外国当局との情報交換）

（注 1 ）　DNFBP（Designated Non-Financial Businesses and Professions：指定非金融業者・職業専門家）とは、(a)カジノ、(b)不動産業者、(c)貴金属商、(d)宝石商、(e)弁護士、公証人その他の独立法律専門家及び会計士、(f)トラスト・アンド・カンパニー・サービスプロバイダー（その他の業種に含まれない、法人設立の仲介者として行動する業者等のこと。

（注 2 ）　FIU（Financial Intelligence Unit：資金情報機関）とは、資金洗浄やテロ資金に係る資金情報を一元的に受理・分析し、捜査機関等に提供する政府機関のこと。

（出所）　関税・外国為替等審議会　第41回外国為替等分科会（2019年 6 月14日開催）資料 5 ・ 4 頁より抜粋。

ドライン」（ファイナンス・リース事業者マネロンGL）を公表している[4]。

3　犯収法に基づき求められる手続の概要

　以下では犯収法により求められるマネロン・テロ資金供与対策のための手続の概要を説明する。なお、犯収法に基づく規制については、JAFIC（警察庁刑事局組織犯罪対策部組織犯罪対策企画課犯罪収益移転防止対策室）が公表している「犯罪収益移転防止法の概要」[5]（以下「概要」という）に分かりやすく解説されており、あわせて参照されたい。

(1)　特定事業者・特定業務

　犯収法は、「特定事業者」が顧客等[6]との間で「特定業務」を行う場合に、取引時確認や疑わしい取引の届出などの手続を行うことを義務づけている。

　規制の主体となる「特定事業者」の範囲は犯収法2条2項に定められており、銀行、保険会社、金融商品取引業者その他の金融機関や弁護士、公認会計士その他の士業者などと並んで、「顧客に対し、その指定する機械類その他の物品を購入してその賃貸（政令で定めるものに限る。）をする業務を行う者」が含まれている（同項38号）。そして、この「政令で定めるもの」として、犯収法施行令3条および犯収法施行規則2条は次の要件を定めている。

・次のいずれかに該当すること。
　・賃貸に係る契約が、当該賃貸の期間の中途においてその解除をすることができないものであること。
　・賃貸に係る契約のうち解除することができない旨の定めがないものであって、賃借人が、当該契約に基づく期間の中途において当該契

4　ファイナンス・リース事業者マネロンGLの詳細はQ47参照。
5　本書の執筆時点では「令和2年4月1日以降の特定事業者向け」が最新のものとなっている（https://www.npa.go.jp/sosikihanzai/jafic/hourei/data/hougaiyou20200401.pdf）。
6　顧客または一定の信託の受益者をいう（犯収法2条3項、犯収法施行令5条、犯収法施行規則3条）。

約に基づく義務に違反し、または当該契約を解除する場合において、未経過期間に係る賃貸料のおおむね全部を支払うこととされているものであること。

・賃貸を受ける者が当該賃貸に係る機械類その他の物品の使用からもたらされる経済的な利益を実質的に享受することができ、かつ、当該物品の使用に伴って生ずる費用を実質的に負担すべきこととされているものであること。

(※) 機械類その他の物品の賃貸につき、その賃貸の期間（当該物品の賃貸に係る契約の解除をすることができないものとされている期間に限る）において賃貸を受ける者から支払を受ける賃貸料の額の合計額がその物品の取得のために通常要する価額のおおむね100分の90に相当する額を超える場合には、当該物品の賃貸は、「物品の使用に伴って生ずる費用を実質的に負担すべきこととされているものであること」に該当する。

以上の要件を満たすファイナンス・リースを行う事業者（以下「ファイナンス・リース事業者」という）は「特定事業者」に該当し、犯収法の規制が適用されることになる。

犯収法の規制の対象となる「特定業務」は、「特定事業者」の類型ごとに定められている（犯収法別表、犯収法施行令6条）。ファイナンス・リース事業者の「特定業務」は前述の犯収法2条2項38号に規定する業務、すなわち、前述の要件を満たすファイナンス・リース業務とされているため、ファイナンス・リース事業者は、そのような業務を行う際に犯収法に基づく規制への対応が必要となる[7]。

---

7 リース業務のうち犯収法の規制の対象となるのはファイナンス・リース事業者が特定業務を行う場合だけであるが、マネロン・テロ資金供与対策の重要性をふまえると、それ以外の場合でもマネロン・テロ資金供与のおそれに配慮した対応をとることが望ましいといえる。

(2) 取引時確認

特定事業者は、顧客等との間で特定業務ごとに定められる一定の取引（特定取引）を行うに際しては、取引時確認として、当該顧客等について、次の事項の確認を行わなければならない（犯収法4条1項、4項）。

・本人特定事項

【自然人の場合】氏名、住居、生年月日

【法人の場合】名称、本店または主たる事務所の所在地

・取引を行う目的

・【自然人の場合】職業、【法人の場合】事業の内容

・【法人の場合】その事業経営を実質的に支配することが可能となる関係にあるものとして犯収法施行規則11条2項で定める者（実質的支配者）があるときにあっては、実質的支配者の本人特定事項

・特定事業者との間で現に特定取引の任に当たっている自然人が当該顧客等と異なるときは、当該自然人の本人特定事項

これらの事項の確認は、項目ごとに犯収法施行規則6条～13条に定める方法により行うことが必要となる。また、マネロン・テロ資金供与のおそれが特に高い類型の取引（ハイリスク取引）[8]に対しては、その取引が200万円を超える財産の移転を伴うものである場合には「資産及び収入の状況」の確認を行うことが必要となり、かつ、確認方法も通常の取引よりも厳格にされている（犯収法4条2項、犯収法施行令12条）。取引時確認の方法の具体的な内容については、「概要」19～28頁およびリース事業協会が公表している「改正犯罪収益移転防止法について」[9]3～8頁を参照されたい。なお、特定事業者

---

[8] ①なりすましの疑いがある取引もしくは本人特定事項を偽っていた疑いがある顧客との取引、②特定国等に居住・所在している顧客との取引、または③外国PEPs（重要な公的地位にある者（Politically Exposed Persons））との取引のいずれかに該当する取引が対象となる。

が他の取引の際に既に取引時確認を行っている取引などについては、一定の要件を満たす場合にはあらためて取引時確認を行うことを要しないものとされている（犯収法4条3項。「概要」29頁参照）。

　ファイナンス・リース事業者がファイナンス・リース業務を行う場合には、リース契約の締結が特定取引と定められている（犯収法別表、犯収法施行令7条1項2号）。そのため、ファイナンス・リース事業者が法人の顧客とリース契約を締結しようとする場合、顧客の本人特定事項、取引を行う目的、顧客の事業内容、当該取引における顧客の担当者の本人特定事項の確認が必要となり、顧客に実質的支配者が存在する場合には実質的支配者の本人特定事項の確認も求められることになる。さらに、ハイリスク取引に該当する場合には、通常の取引の場合よりも厳格な方法によって本人特定事項および実質的支配者の確認を行うことが必要となり、また、その取引が200万円を超える財産の移転を伴うものである場合に「資産及び収入の状況」の確認を行うことも必要となる。

(3)　記録の作成・保存

　特定事業者は、取引時確認を行った場合には、直ちに、犯収法施行規則19条で定める方法により、当該取引時確認に係る事項、当該取引時確認のためにとった措置その他の犯収法施行規則20条1項各号に定める事項に関する記録（確認記録）を作成しなければならず（犯収法6条1項）、作成した確認記録は特定取引の類型に応じて契約が終了した日または取引が行われた日から7年間保存しなければならない（犯収法6条2項、犯収法施行規則21条）。法令上、確認記録の様式は定められていないが、「概要」34〜37頁に参考様式が掲載されている。

　また、特定事業者は、特定業務に係る取引を行った場合には、財産移転を伴わない取引、1万円以下の財産の移転に係る取引などの一定の取引を除き、直ちに、文書、電磁的記録またはマイクロフィルムを用いて作成する方

9　https://www.leasing.or.jp/studies/docs/20160215.pdf

法により、顧客等の確認記録を検索するための事項、当該取引の期日および内容その他の犯収法施行規則24条各号に定める事項に関する記録（取引記録）を作成し（犯収法7条1項）、取引が行われた日から7年間保存しなければならない（犯収法7条3項）。

　ファイナンス・リース事業者も、取引時確認を行ったり、ファイナンス・リース取引を行ったりした際には、確認記録・取引記録の作成・保存義務を負うことになる。

⑷　疑わしい取引の届出

　特定事業者は、特定業務に係る取引について、当該取引において収受した財産が犯罪による収益である疑いがあるかどうか、または顧客等が当該取引に関し犯罪収益等隠匿罪（組織的な犯罪の処罰及び犯罪収益の規制等に関する法律10条）もしくは薬物犯罪収益等隠匿罪（国際的な協力の下に規制薬物に係る不正行為を助長する行為等の防止を図るための麻薬及び向精神薬取締法等の特例等に関する法律6条）に当たる行為を行っている疑いがあるかどうかを判断し、これらの疑いがあると認められる場合においては、速やかに、犯収法施行規則で定める様式に従って、所定の事項を記載した届出書を行政庁に提出しなければならない（犯収法8条1項）。疑いがあるかどうかの判断にあたっては、「概要」41、42頁の「疑いがあるかどうかの判断方法」の記述が参考となる。

　この制度は、個別事件の直接的端緒としてだけでなく、犯罪被害財産の発見や、暴力団の資金源の把握に役立つなど、組織犯罪対策を推進する上で重要な情報源となっている。また、特定事業者を利用して犯罪収益の受渡しがなされることを防止し、特定事業者が行う業務に対する社会の信頼を高めるとともに、特定事業者におけるリスク管理にも寄与するものと評価できる。

　ファイナンス・リース事業者がファイナンス・リース業務を行う場合にも、個々の取引について、届出が必要となる疑わしい取引に該当しないかどうかの判断が求められる。この判断に際しては、経済産業省消費経済企画室が公表している「ファイナンスリース事業者における疑わしい取引の参考事

例」[10]やJAFICが公表している「疑わしい取引の届出における入力要領　五訂版」[11]61、62頁に掲載されているファイナンス・リース事業者との関係での疑わしい取引の参考事例が参考となる。判断の結果、疑わしい取引の届出を行う場合、ファイナンス・リース事業者は、届出書を経済産業省消費経済企画室に提出することになる。

(5)　取引時確認等を的確に行うための措置

特定事業者は、取引時確認、取引記録等の保存、疑わしい取引の届出等の措置（以下「取引時確認等の措置」という）を的確に行うため、当該取引時確認をした事項に係る情報を最新の内容に保つための措置を講ずるほか、使用人に対する教育訓練の実施、取引時確認等の措置の実施に関する規程の作成、取引時確認等の措置の的確な実施のために必要な監査その他の業務を統括管理する者の選任などの一定の措置を講ずるように努めなければならない（犯収法11条）。特定事業者であるファイナンス・リース事業者もこれらの措置を講ずることが求められる。

(6)　違反の場合の制裁

行政庁は、特定事業者に対して報告徴求や立入検査を行う権限を有し（犯収法15条、16条）、犯収法に定める特定事業者による措置の適正かつ円滑な実施を確保するため必要があると認めるときは、特定事業者に対し、必要な指導、助言および勧告をすることができる（犯収法17条）。また、行政庁は、特定事業者がその業務に関して犯収法の規制に違反していると認めるときは、当該特定事業者に対し是正命令を発することができる（犯収法18条）。ファイナンス・リース事業者に対しては、経済産業大臣が担当の行政庁としてこれらの権限を有することになる（犯収法22条1項14号）。行政庁による命令に違反したり、報告徴求や立入検査に応じなかったりした場合には罰則の対象となる（犯収法25条、26条）。

10　https://www.meti.go.jp/policy/economy/consumer/consumer/fainansuri-sujigyoysha-utagawashiitorihiki-sankoujirei.pdf

11　https://www.npa.go.jp/sosikihanzai/jafic/todoke/pdf/youryou_191001.pdf

このように特定事業者が犯収法に基づく取引時確認を実行しなかったり、確認記録・取引記録の作成・保存を怠ったり、疑わしい取引の届出を履践しなかったりした場合には、行政庁による指導等や是正命令の対象となる可能性があり、それにも従わない場合には罰則の適用を受ける可能性もある。これらの行政的・刑事的な制裁に加えて、犯収法の規制を遵守せず、マネロン・テロ資金供与対策への取組みが不十分と評価されることは、特定事業者のレビュテーションを大きく毀損し、取引上の不利益が生じる可能性も高いといえる。このような影響も考慮して、ファイナンス・リース事業者も特定事業者として犯収法の規制を適切に履践することが強く求められる。

Q42 金融商品取引法上の行為規制

第二種金融商品取引業の登録が必要となるリース取引を行う場合に、適用される行為規制等の内容を教えてください。

A 金商法上、第二種金融商品取引業を行う場合の主な行為規制としては、契約締結前交付書面の交付義務等や、投資家の特性等に照らして不適当な勧誘を行ってはならない義務、必要な説明を行わずに契約を締結してはならない義務、出資・拠出を受けた金銭の分別管理の確保義務、体制整備義務などがあります。

1 リース取引における行為規制

リース取引に際して匿名組合出資や任意組合出資の販売等による資金調達を行う場合には、貸手（レッサー）やその親会社等において、第二種金融商品取引業の登録が必要となるが（Q36参照）、金商法は、登録を受けた金融商品取引業者に対して投資家保護の観点から一定の行為規制を定めている。

本問では、そのうち主要なものについて解説する[12]。

2 契約締結前交付書面

⑴ 契約締結前交付書面等の交付義務

金融商品取引業者等は、金商法に定義される金融商品取引契約[13]を締結しようとするときは、原則として、所定の事項を記載した書面（契約締結前交付書面）を顧客に対して交付しなければならない（金商法37条の3第1項）。また、金融商品取引契約が成立したときは、原則として、遅滞なく、所定の事項を記載した書面（契約締結時交付書面）を作成し、顧客に交付しなければならない（同法37条の4第1項）。なお、仮に顧客からこれらの書面の交付を要しない旨の意思の表明があった場合でも、これらの書面の交付義務は免除されないと解されている[14]。

たとえば、JOL取引における、リース会社と投資家との間の、匿名組合契約上の地位の譲渡契約は、「金融商品取引契約」に該当するため、リース会社は、かかる地位譲渡契約を締結しようとする場合、投資家に対して、事前に契約締結前交付書面を交付し、かつ、契約が成立したときは、契約締結時交付書面を交付しなければならない。

なお、リース会社が匿名組合出資を行わず投資家に対する販売・勧誘行為（私募の取扱い）のみを行い、投資家がレッサー（匿名組合契約における営業者）に対して直接に匿名組合出資を行う場合であっても、投資家が実質的な販売・勧誘行為の対象となるため、リース会社は、かかる投資家に対して契約締結前交付書面等を交付する義務を負うと解されている[15]。

---

12 本問で説明するもの以外にも、顧客への誠実・公正義務（金商法36条）、広告等の規制（同法37条）、取引態様の事前明示義務（同法37条の2）、損失補填等の禁止（同法39条）などの規制が適用される。

13 金融商品取引業者が、顧客を相手方とし、または顧客のために、金商法2条8項各号に掲げる行為を行うことを内容とする契約を指す（金商法34条）。

14 松尾直彦『金融商品取引法〔第5版〕』（商事法務、2018年）436頁。

15 金融庁平成19年7月31日付「コメントの概要及びコメントに対する金融庁の考え方」274頁16番〜18番。

(2)　契約締結前交付書面の内容

　契約締結に関連して投資家に交付すべき書面に記載すべき事項は、法令に明記されているが（契約締結前交付書面につき、金商法37条の3第1項と業府令81条から96条、契約締結時交付書面につき、同法37条の4第1項と業府令99条から107条など）、①金融商品取引業者等の商号、名称または氏名および住所、②金融商品取引業者等である旨および登録番号などの共通記載事項のほかは、取引スキームによって記載すべき事項が異なり得るため、取引類型ごとに法定記載事項を確認する必要がある。また、契約締結前交付書面については、文字の大きさ、書面の冒頭に記載すべき事項、枠内に記載すべき事項など、書式面でも満たすべき要件が定められており、この点にも留意が必要である（業府令79条）。

　以下では、特にJOL取引の匿名組合スキームにおいて投資家に匿名組合出資持分を販売する場面を前提として、契約締結前交付書面に記載すべき事項のうち、留意すべき主要な事項につき説明する。

a　顧客が支払うべき対価に関する事項

　契約締結前交付書面には、手数料、報酬、費用その他いかなる名称によるかを問わず、金融商品取引契約に関して①顧客が支払うべき手数料等の種類ごとの金額若しくはその上限額またはこれらの計算方法と②当該金額の合計額若しくはその上限額またはこれらの計算方法を「顧客が支払うべき対価に関する事項」として記載する必要がある（金商法37条の3第1項4号、業府令81条本文）。ただし、これらの事項を記載することができない場合は、その旨とその理由を記載する必要がある（同条ただし書）。

　実務上、JOL取引における契約締結前交付書面には、案件組成のアレンジャーへの支払費用などが記載される。

b　指標に係る変動による損失発生のおそれに関する事項

　顧客が行う金融商品取引行為につき、一定の指標（たとえば、金利や通貨の価格等）に係る変動により顧客に損失が生ずることとなるおそれがあるときは、その旨、当該指標、そのようなおそれがある理由を契約締結前交付書

面に記載する必要がある（金商法37条の３第１項５号、業府令82条３号）。

実務上、JOL取引における契約締結前交付書面には、リース物件の中古市場の価格変動に関するリスクや、取引通貨が日本円以外の場合の為替リスクなども記載されることが一般的である。

c　金融商品取引業者等その他の者の業務または財産の状況の変化を直接の原因とする損失の発生のおそれに関する事項

顧客が行う金融商品取引行為につき、金融商品取引業者等その他の者の業務または財産の状況の変化を直接の原因として顧客に損失が生ずることとなるおそれがある場合には、当該者、そのようなおそれがある旨およびその理由を契約締結前交付書面に記載する必要がある（金商法37条の３第１項７号、業府令82条５号）。

JOL取引における契約締結前交付書面には、レッシー、レッサーまたはレッサーの親会社等の債務不履行や倒産等のリスクに関する説明を記載することが考えられる。

d　出資対象事業持分に係る金銭管理方法および資金の流れに関する事項

集団投資スキーム持分に係る出資対象事業が、主として有価証券またはデリバティブ取引に関する権利に対する投資を行う事業以外の事業である場合（そのような持分を「事業型出資対象事業持分」という）、金銭の分別管理方法（後記３）、分別管理の実施状況とその確認を行った方法等を記載する必要がある（金商法37条の３第１項７号、業府令92条の２第１項２号）。

JOL取引における匿名組合出資持分は事業型出資対象事業持分に該当すると解されるため、JOL取引における契約締結前交付書面にはこれらの分別管理に関する事項の記載が必要である。

3　適合性原則

金融商品取引業者は、①金融商品取引行為について、顧客の知識、経験、財産の状況および金融商品取引契約を締結する目的に照らし不適当と認められる勧誘を行い投資者の保護に欠けることとなったりまたは欠けることとな

るおそれがないように業務を行わなければならない（金商法40条1号）。また、②契約締結前交付書面の交付に関し、当該書面に記載されるべき事項の内容を、顧客の知識、経験、財産の状況に照らして、顧客に理解されるために必要な方法および程度に説明しなければならない（同法38条9号、業府令117条1項1号）。

①の原則から著しく逸脱した勧誘を行い、顧客に取引を行わせた場合には、規制違反となるだけでなく、民法上の不法行為責任との関係でも違法とされ、民事的な損害賠償責任が生じることになる。適合性原則の判断にあたっては、判例上、一般的抽象的なリスクのみを考慮するのではなく、具体的な商品特性をふまえ、それとの相関関係において、顧客の投資経験、証券取引の知識、投資意向、財産状況等の諸要素を総合的に考慮する必要があるとされる[16]。

4　財産の分別管理の確保に関する義務

金融商品取引業者等は、集団投資スキーム持分について出資または拠出された金銭が、当該金銭を充てて行われる事業を行う者（以下「運営者」という）の固有財産その他運営者の行う他の事業に係る財産と分別して管理することが、当該持分に係る契約等において確保されている場合でなければ、当該持分に係る売買、売買の媒介・取次ぎ・代理、募集・私募、売出し、募集・売出し・私募の取扱いを行ってはならない（金商法40条の3）。

分別管理されることが確保されている場合とは、運営者の定款や集団投資スキーム持分に係る契約等において、以下の2点の基準を満たすことが運営者に義務づけられていることをいう（業府令125条）。

①　投資家から出資または拠出された金銭を充てて行われる事業の対象・方法が明らかにされ、当該事業に係る財産がそれぞれ区分して経理され、その内容が投資家保護を図る上で適切であること（同条1号）

16　最判平17.7.14（民集59巻6号1323頁）。

② 投資家から出資または拠出された金銭が、銀行預金等の方法により適切に管理されていること（同条2号）

実務上は、運営者であるSPCの固有財産に係る銀行口座とは別に、JOL取引における事業用の銀行口座を開設した上で、後者の口座でのみJOL取引に関する金銭を管理することその他資金の管理に係る取り決めを、匿名組合契約において定め、金融商品取引業者において、（銀行口座の入出金記録などから）かかる取り決めに従った現実の金銭の管理を確認する、という方法がとられることが多い。

5 体制整備義務

金商法は、投資家保護の観点から不適格な業者が金融商品取引業に参入することを防ぎまたはそのような業者を排除するため、金融商品取引業者に対し、一定の体制を整備することを求めている。

たとえば、金融商品取引業を適確に遂行するに足りる人的構成を有すること（人的構成要件）や金融商品取引業を適確に遂行するための必要な体制が整備されていること（業務遂行体制要件）等の要件が満たされない場合（金商法29条の4第1項1号ホ・ヘ、52条1項2号）や認可金融商品取引業協会または認定金融商品取引業協会に加入せず、それらの協会の定款その他の規則に準ずる内容の社内規則を作成していない場合または当該社内規則を遵守するための体制を整備していない場合、第二種金融商品取引業の登録拒否事由または登録取消事由に該当するとされている（金商法29条の4第1項4号ニ、52条1項2号）。

加えて、金融商品取引業者は、金融商品取引業を適格に遂行するために、社内規則等を整備した上でそれを遵守するための従業員の研修を行うことなど、業府令70条の2の要件を満たす業務管理体制を整備しなければならない（金商法35条の3）。

Q43　リース物件に関する法規制

リース物件に関連する法規制にはどのようなものがありますか。

A　リース物件であることを理由として画一的に適用のある法規制はありませんが、一定のリース物件については、その種類に応じ、リース取引を行うために許認可または届出が必要とされるものや、貸手（レッサー）に報告義務が課されるもの、リース物件の管理のために、一定の設備要件および管理者の設置が求められるものなどがあります。

　たとえば、医療機器のリースについては、薬機法上の区分に応じて、リース取引を行うにあたり許可または届出が必要とされるほか、リース物件の管理にあたり法令に従った人的、物的要件の充足が要求されています。また、自動車のリースについては、自家用自動車を使用者以外にリースする場合には道運法上の許可が必要とされ、船舶のリースについては、貸手（レッサー）には船舶貸渡業として届出義務があるほか、所定の報告義務が課されるなどの法規制があります。

1　リース物件に関する法規制

　リース取引の対象であるリース物件について、その内容を問わずリース物件であることのみをもって画一的に適用される法規制はない。もっとも、リース物件の種類によっては、国民の生命や健康を守る観点やその他の行政目的から、リース取引を行うに際し、許認可やその他の法規制の対象となることがある。以下では、具体例として、医療機器、自動車および船舶をリース物件とする場合の法規制について概観する[17]。

17　本文中で取り扱ったもののほかにも、リース事業を行うに際しての法規制は存在する。たとえば、放射性同位元素（ラジオアイソトープ・RI）を利用した機器のリースを行うためには、放射性同位元素等の規制に関する法律に基づく届出が必要とされる。

2　医療機器のリースに関する法規制

(1)　許可および届出制

　薬機法上、医療機器は、人体に与える影響のリスクに応じて複数のカテゴリーに分類されており、医療機器の貸与を行うにあたっては、薬機法上の区分に応じ、高度管理医療機器または特定保守管理医療機器（以下「高度管理医療機器等」という）に区分される医療機器については貸与業の許可が必要となり（薬機法39条1項）、また、薬機法上の管理医療機器に分類される医療機器（特定保守管理医療機器を除く）の貸与業について届出が必要とされている（薬機法39条の3第1項）。リース取引も、一般に同法上の貸与に含まれると解されることから、これらの貸手（レッサー）は、これらの医療機器のリース取引を行う場合、所定の許可の取得や届出を行う必要がある。

　なお、許可および届出の対象となる行為には、貸与の目的で医療機器を陳列・展示を行う場合も含まれていることから、リース取引を行う目的で高度管理医療機器等および管理医療機器の展示を行う場合も許可および届出の対象となる。

(2)　設備要件および人的要件

　高度管理医療機器等の貸与業に係る許可の要件には、営業所の構造設備が一定の要件を充足することが要求され（薬機法39条3項1号）、許可の要件として一定の設備要件を充足する必要があるほか、営業所ごとに管理者の設置が義務づけられている（薬機法39条の2第1項）。管理医療機器の貸与業者に係る営業所の構造設備に関する基準が定められている。

　医療機器のリースを行うにあたっては、貸手（レッサー）となるリース会社においてこれらの要件を満たす必要がある。

3　自動車のリースに関する法規制

　道運法において、自動車は自家用自動車と事業用自動車に区分されており、自家用自動車とは事業用自動車以外の自動車をいう（道運法78条）。事業

用自動車とは、自動車運送事業者がその自動車運送事業の用に供する自動車をいい、具体的には旅客や貨物の運送を行う路線バスや運送会社のトラック等が該当する。以下では、一般的な自動車リースの形態である、自家用自動車のリースに係る許認可について解説する[18]。

　自家用自動車を業として有償で貸し渡す形態としては、自動車リース事業のほか、レンタカー事業も一般に知られている（いずれも法令上の用語ではない）。これらは、いずれも事業者（貸手（レッサー））が対象自動車の所有権を有する形態の事業であるが、誰が自動車の使用者（道路運送車両法に基づく自動車検査証に記載された使用者）であるかにより違いがある。レンタカー事業では使用者も貸手（レッサー）となる一方、自動車リース事業では、一般に、借手（レッシー・ユーザー）が使用者となる（図表2参照）。

　道運法において、運送事業は許可制が採用されているところ、レンタカー事業や自動車リース事業については、自動車の貸渡しにあたり運転者を派遣する等により、運送事業の許可の脱法行為が行われることを防止するため、かつてはいずれにも許可制（自家用自動車有償貸渡業の許可）が採用されていた。しかし、自動車のリースは、借手（レッシー・ユーザー）による長期継続的な自動車の使用を目的とするものであり、金融負担や車両管理業務の負担を軽減する観点等から行われることが一般的であり、脱法行為として行わ

図表2　レンタカー事業と自動車リース事業

	登録所有者	登録使用者
レンタカー事業	貸手（レッサー）	貸手（レッサー）
自動車リース事業	貸手（レッサー）	借手（レッシー・ユーザー）

18　バスやタクシー、トラックなどの事業用車両も自動車リースの対象となり得る。もっとも、リース会社は自動車運送事業者ではないので、自動車運送事業者向けのリースも、自家用自動車のリースとして取り扱われる。自動車運送事業者がリース物件である自動車を自動車運送事業に使用した場合、当該自動車は事業用車両として取り扱われることとなる。

れるおそれは小さいと考えられるため、2006年の道運法の改正に伴い、自動車リース業に係る許可制は廃止されることとなった。したがって、現在、自家用自動車のリースを行うにあたり許可を取得する必要は原則としてない。

　もっとも、自家用自動車有償貸渡業の許可が不要とされるのは、あくまでも借手（レッシー・ユーザー）が、リース物件である自動車の車検証上の使用者として記載されるリース取引を業として行う場合であり、借手（レッシー・ユーザー）が車検証上の使用者として記載されないリース取引を業として行う場合には、レンタカー事業と同様に、自家用自動車有償貸渡業の許可が必要とされる（道運法80条1項）。なお、近年増えてきているカーシェアリングについては、事業者を車検証上の使用者としている場合には、レンタカー事業（レンタカー型カーシェアリング事業と呼ばれる）として自家用自動車有償貸渡業の許可が必要である。

4　船舶のリースに関する法規制

　海運法において、定期備船を含む船舶の貸渡しまたは運航の委託をする事業は船舶貸渡業に該当し（海運法2条7項）、船舶貸渡業を行うにあたっては国土交通大臣に対する届出が必要とされている（海運法33条、20条1項）。リース取引も、一般に同法上の貸渡しに該当すると解されることから、船舶をリース物件としてリース取引を行う場合、貸手（レッサー）は、海運法に基づく届出を行うことが必要となる。

　また、船舶貸渡業に係る事業を開始する場合に加えて、事業変更および事業廃止の場合にも届出が必要とされており、船舶貸渡業者は、事業開始日、事業変更日および事業廃止日からそれぞれ30日以内に届出を行う義務を負う。

　その他海運法上の義務として、船舶運航事業者は、国土交通大臣の求めに応じ、その業務に関する報告義務を負う（海運法24条、33条）。

　ケープタウン条約に基づく国際的権益の登録制度においてリース契約
上の権利は登録できますか。

A　ケープタウン条約は、航空機、船舶等の国境を越えて移動する特定
の資産について、国際的に統一された担保制度の創設を目的として2001
年に採択されたものです。リース契約上の権利は国際的権益（Interna-
tional Interest）として登録することはできますが、登録できるのはケー
プタウン条約の対象となり、かつ議定書が発効している航空機を対象と
するリース契約に限られます。日本は同条約を批准していませんが、借
手（レッシー・ユーザー）の所在国や航空機の登録国が批准している場
合には、日本の当事者を権利保有者とする国際的権益の登録も可能で
す。

1　ケープタウン条約の概要

　ケープタウン条約とは、正式名称をConvention on International Interest
in Mobile Equipment（可動物件の国際的権益に関する条約）といい、航空
機、船舶等の国境を越えて移動する資産について、各国国内法とは別に、国
際的に権利内容、実行方法、優先劣後のルールが統一された担保制度の総説
を目的として2001年にケープタウン（南アフリカ共和国）において採択され
た条約である。日本は批准していない。

　国際私法において、物権の成立、対抗要件および効力については、物件の
所在地法が適用されると一般的に解されているが[19]、国境を越えて移動する
航空機等の可動動産について担保権を設定する場合、ある国の法律に基づき

---

[19]　法の適用に関する通則法13条は「動産又は不動産に関する物権及びその他の登記をす
　　べき権利は、その目的物の所在地法による」と定める。

設定された担保権が当該物件の登録国や所在国の法制度上も有効かつ執行可能なものであるのか、という問題が常に生じる。すなわち、特定の国において担保権を設定するにあたり、当該国の法制度のみならず、担保権の実行時における担保対象物件所在国の法制度上の問題の有無等の調査も必要となるため、費用および時間的な負担が大きい。

ケープタウン条約は、これらの問題を解決する1つの方法として、各国の国内法とは別に、国際的に権利内容、実行方法、優先劣後のルールなどが統一された担保制度を創設することを目的として採択されたものである。同条約においては、航空機、鉄道車両および宇宙資産が対象とされ、それぞれ議定書が採択されているが、このうち、航空機議定書のみが発効済みであり、鉄道車両議定書および宇宙資産議定書は未発効である。

実際に、航空機の取引においては、リース取引を含め、ケープタウン条約・航空機議定書に基づく国際的権益（後述する）の登録が実務的に広く行われているところである。

2　ケープタウン条約に基づく登録制度の概観

(1)　国際的権益（international interest）

ケープタウン条約における重要な概念として、「国際的権益（international interest）」がある。国際的権益とは、①担保権に基づく担保権者の権利、②所有権留保契約に基づく売主の権利、③リース契約に基づく貸手（レッサー）の権利の3種からなり[20]、これらの権利（将来発生し得る権利も含む）が、主要な登録可能権利として取り扱われる。

なお、これらの権利の概念は、各国の法制度上も一般的に存在するものであるが、国際的権益は、厳密にはそれら各国の国内法の概念とは異なり、ケープタウン条約により創設された概念となる。

20　ケープタウン条約2条2項。

(2) 国際登録簿（International Registry・IR）

　国際的権益などケープタウン条約で登録可能な権利は、国際登録簿（International Registry）という国際的な登録システムに登録され、公開される。国際登記簿は、物理的に存在するわけではなく、オンライン上のデータベースであり、アイルランド法人であるAviareto Limitedという会社により運営されている。オンラインで国際登録簿のウェブサイトにアクセスすることにより、24時間いつでも航空機・エンジン等についての国際的権益の登録の有無の確認や、また登録・変更手続を行うことが可能とされている。

(3) 登録可能な事項と登録の効果

　国際登録簿（International Registry）へ登録可能な事項としては、国際的権利の設定のほか、登録可能とされる非約定権益（non-consensual interest）[21]、国際的権益の譲渡[22]、優先劣後に関する合意[23]、法令あるいは契約に従った国際的権益の代位による取得[24]、国内権益の通知等がある[25]。

　国際的権益は、国際登録簿（International Registry）への登録により、原則として登録されていない権益およびその後に登録された権益の一切に優先することとなる。ただし、優先劣後の合意は別途登録することが可能であり、その場合の優先順位はかかる登録内容に従うこととなる。

(4) 適用条件

　国際的権益として国債登録簿に登録をするためには、締約国に所在する当事者がその国際的権益の負担者（debtor）である必要がある[26]。

　「負担者（debtor）」とは、担保権の設定者、所有権留保契約における売

21　ケープタウン条約40条。具体例として、国内法上の法定担保物権がある。
22　ケープタウン条約16条1項(b)。
23　ケープタウン条約16条1項(e)。
24　ケープタウン条約16条1項(c)。具体例としては、保証人や保険会社等が国際的権益としての担保権に係る被担保債務を支払った際に、当該国際的権益を適用法令に従い代位取得する場合の当該代位による取得が登録される。
25　ケープタウン条約16条1項(d)。締約国は国内取引（internal transaction）により設定された国内権益（national interest）について、ケープタウン条約の適用がない旨宣言できる。

主、リース契約における借手（レッシー・ユーザー）を指し[27]、これらの者が締約国に所在している場合、国際的権益の登録が可能となる。

　国際的権益に係る負担者（debtor）と権利者（creditor）をまとめると、図表3のとおりとなる。

　ここでいう「締約国に所在」の意味については、ケープタウン条約上も曖昧な部分が残されているが、ケープタウン条約4条1項の規定によれば、法人が「負担者」となる場合、当該法人が締約国法に基づいて設立されたか、その登録された事務所が締約国に所在していれば、「締約国に所在する当事者がその国際的権益の負担者（debtor）であること」との要件は満たすと考えられる。また、航空機に関しては、①国際的権益の負担者（debtor）が条約の締約国に所在している場合、機体・エンジンについて登録可能とされ、②負担者（debtor）は締約国に所在しないが航空機の登録国が締約国となっている場合、機体について登録可能とされている。具体的な登録の可否は図表4のとおりである。

⑸　締約国による宣言（Declaration）

　ケープタウン条約の規定のうち、特に重要な事項については、締約国が宣

図表3　国際的権益に係る負担者（debtor）と権利者（creditor）

国際的権益の種類	負担者（debtor）	権利者（creditor）
担保権	設定者	担保権者
リース契約上の権利	借手（レッシー・ユーザー）	貸手（レッサー）
所有権留保上の権利	所有権留保買主	所有権留保売主
売買[28]契約上の権利	売主	買主

26　ケープタウン条約3条1項。なお、航空機議定書4条1項により、航空機議定書が適用される場合は、締約国において登録されている航空機に関する国際的権益であること、でも足りる。

27　ケープタウン条約1条。

28　航空機議定書5条に基づき、航空機に関しては所有権留保売買以外の売買について、国際登録簿（International Registry）への登録可能とされている。

図表4　機体・エンジン登録の可否

	機体登録の可否	エンジン登録の可否
(a)負担者（debtor）が締約国に所在	○	○
(b)航空機の登録国が締約国だが、負担者（debtor）は締約国に所在していない	○	×
(c)負担者（debtor）の所在国も航空機の登録国も締約国ではない	×	×

言によりその適用の有無を選択できることとなっており、宣言の方法としては、原則として適用されるが、宣言として適用が除外される規定と（Opt-out）、宣言しない限り適用されない規定（Opt-in）がある。そのため、実際にケープタウン条約を利用した取引を行うことを検討するにあたっては、関係する締約国の宣言の有無および内容にも留意する必要がある。

　ケープタウン条約上の宣言には図表5記載のものがある（航空機議定書上の宣言も別途存在する点には留意する必要がある）。

　また、国際的権益の負担者に倒産手続が開始された場合における権利実行方法は、予めケープタウン条約において定められているA規定とB規定から締約国が選択するものとされている（航空機議定書11条）。A規定とB規定の最大の相違点は、国際的権益の実行にあたり、倒産手続の係属している裁判所の関与が予定されているかどうかという点にある。A規定では、倒産手続の係属している裁判所の関与なく国際的権益の実行が可能と解されている一方、B規定では当該裁判所の手続下で国際的権益の実行が前提とされており、A規定の方がB規定よりも強力な権利を国際的権益の権利者に認めている。

(6)　国際的権益の形式的要件

　ケープタウン条約上の国際的権益として認められるためには、①書面による合意であること、②権利者が対象物件の処分権限を有していること、③対

図表5　ケープタウン条約上の宣言

条約の規定	Declarationの内容
39条1項(a) （Opt-in）	国内法に基づき国際的権益よりも優先する非約定権益 （non-consensual right or interest）に関する宣言
39条1項(b) （Opt-in）	国内法に基づく公的機関の権利が条約の影響を受けない旨 の宣言
40条 （Opt-in）	一定の非約定権益について条約上の登録を可能とし、また 国際的権益と同様に取り扱う旨の宣言
50条 （Opt-out）	国内取引（internal transaction）に条約を適用しない旨の 宣言
52条 （Opt-in）	当該締約国内において異なる法制のある地域がある場合に おける雑役の適用条の取扱いに関する宣言
53条 （Opt-in）	条約上の訴訟等に係る約定国内における裁判管轄等に関す る宣言
54条2項 （強制的宣言）	自力救済の可否に関する宣言

象物件が特定されていること、④担保権の場合、被担保債務が確定している
ことが必要である[29]。

　①に関しては、航空機に関するリース契約において、国際的権益の登録が
予定されている場合には、ケープタウン条約に関する個別の規定が置かれる
ことが一般的である。

(7)　リース契約に基づく国際的権益の実行

　リース契約に基づく国際的権益の実行方法として、ケープタウン条約に
は、①契約解除および対象物件の占有権・支配権の取得、②対象物件の登録
抹消、③対象物件の所在地からの移転が規定されている。①については、負
担者がかかる権利実行方法が可能であることを合意しなければ行使できない

29　ケープタウン条約7条。

ため[30]、通常、リース契約においてかかる合意に関連する規定が盛り込まれる。

Q 45　リース物件の廃棄に関する規制

　リース物件を廃棄する際に注意すべき法令にはどのようなものがあり
ますか。

A 　リース物件を廃棄する場合、廃棄物処理法に基づき当該リース物件
について適正に処理する必要があります。廃棄物処理法における廃棄物
は、主に産業廃棄物と産業廃棄物に該当しない一般廃棄物に分類される
ところ、一般廃棄物の処理は市町村が処理責任を負いますが、産業廃棄
物は事業者が自ら処理する義務を負い、この「自ら処理」のなかには産
業廃棄物処理業者等への委託も含まれます。リース取引において、どの
当事者が「事業者」として同法上の義務を負うかは、原則として契約の
定めによります。また、廃棄物処理法に基づく規制に加えて、各リース
物件の特性に応じた規制が適用される場合があります。たとえば、リー
ス物件が自動車であった場合や、特定家庭用機器再商品化法の適用のあ
る家電製品であった場合などには、特別な規制に服することになりま
す。

1　廃棄物処理法の概要

(1)　産業廃棄物処理法とは

　リース物件を廃棄する場合を含め、廃棄物の処理については一般に廃棄物
処理法の適用があり、同法に従った処理が必要となる。

30　ケープタウン条約10条。

廃棄物処理法とは、廃棄物の排出を抑制し、および廃棄物の適正な分別、保管、収集、運搬、再生、処分等の処理をし、並びに生活環境を清潔にすることにより、生活環境の保全および公衆衛生の向上を図ることを目的として1970年に制定された法律である。廃棄物は、主に一般廃棄物と産業廃棄物に分けられ、一般廃棄物は市町村が処理責任を負う一方（廃棄物処理法6条の2第1項）、産業廃棄物は、事業者が自ら処理する義務を負う（廃棄物処理法11条1項）。

(2)　一般廃棄物と産業廃棄物

　廃棄物処理法上、廃棄物とは、ごみ、粗大ごみ、燃え殻、汚泥、ふん尿、廃油、廃酸、廃アルカリ、動物の死体その他の汚物または不要物であって、固形状または液状のもの（放射性物質およびこれによって汚染された物を除く。）をいう（同法2条1項）。産業廃棄物とは、事業活動に伴って生じた廃棄物のうち、燃え殻、汚泥、廃油、廃酸、廃アルカリ、廃プラスチック類その他政令で定める廃棄物[31]並びに輸入された廃棄物および本邦に入国する者が携帯する廃棄物をいい（同法2条4項）、一般廃棄物とは産業廃棄物以外の廃棄物をいう（同法2条2項）。

　また、一般廃棄物および産業廃棄物のうち、爆発性、毒性、感染性その他人の健康または生活環境に係る被害が生ずるおそれがあるものについては、それぞれ特別管理一般廃棄物および特別管理産業廃棄物として別途定義され（同法2条3項および5項）、当該特別管理廃棄物に係る処理基準および委託基準について、他の廃棄物と異なる取扱いが採用されている（図表6参照）。

2　産業廃棄物の処理

(1)　処理の基準

　産業廃棄物の処理にあたり、事業者は、産業廃棄物（または特別管理産業廃棄物）の運搬または処分を行う場合、政令で定める産業廃棄物（または特

31　廃棄物の処理及び清掃に関する法律施行令2条、2条の2および2条の3。

図表6　一般廃棄物と産業廃棄物

```
┌──────────────────── 廃棄物 ────────────────────┐
│ ┌──── 産業廃棄物 ────┐   ┌──── 一般廃棄物 ────┐ │
│ │ 事業活動により生じた廃棄物の │  │ 産業廃棄物以外の廃棄物 │ │
│ │ うち、廃棄物処理法等で定める │  │                      │ │
│ │ 一定の廃棄物            │  │                      │ │
│ │  ┌─────────────────┐  │  │  ┌─────────────────┐  │ │
│ │  │ 特別管理産業廃棄物  │  │  │  │ 特別管理一般廃棄物  │  │ │
│ │  │ 爆発性、毒性、感染性等が │  │  │ 爆発性、毒性、感染性等が │  │ │
│ │  │ あるもの          │  │  │  │ あるもの          │  │ │
│ │  └─────────────────┘  │  │  └─────────────────┘  │ │
│ └──────────────────┘   └──────────────────┘ │
└────────────────────────────────────────────┘
```

別管理産業廃棄物）の収集、運搬および処分に関する基準（以下「産業廃棄物処理基準（または特別管理産業廃棄物処理基準)」という）に従わなければならず（廃棄物処理法12条1項、12条の2第1項）、当該産業廃棄物（または特別管理産業廃棄物）が運搬されるまでの間、環境省令で定める産業廃棄物保管基準（または特別管理産業廃棄物保管基準）に従い、保管義務を負う（廃棄物処理法12条2項、12条の2第2項）。これらの処理基準には、収集運搬基準、処分・再生基準、埋立処分基準および海洋投入処分基準がある。

(2)　処理の主体

　事業者は、事業により生ずる廃棄物について、自らの責任において適正に処理する義務を負担するところ、当該義務は他人への委託を禁ずるものではない（むしろ実務的には処理の委託は一般的であるといえる）。もっとも、安易な委託により法の目的が害されないよう、廃棄物処理法は、事業者が廃棄物の運搬および処理に係る業務を委託する場合に関する規定を設けており、事業者が産業廃棄物の運搬および処分を他の者に委託する場合には、それぞれ産業廃棄物収集運搬業者および産業廃棄物処理業者に委託しなければならず、委託に際して政令で定める基準に従う必要がある。

　具体的には、①委託しようとする産業廃棄物処理業者等の事業の範囲を当該業者の許可証等により確認するほか、施設の能力の有無等を確認の上、適

切な者に委託する必要があるほか、②委託契約の書面性および一定の契約条項の要求、および③委託契約の5年間の保管義務等がある[32]。

3　違反時の罰則

廃棄物処理法に違反した場合、違反した条項に応じて罰則が規定されている（廃棄物処理法25条ないし34条）。法人の従業員が、その法人の業務に関して無確認輸出、不法投棄および不法焼却等一定の違反行為を行った場合、当該行為者に加え、法人に対する罰金刑が科される両罰規定が採用されている（廃棄物処理法32条）。

両罰規定における罰金刑のうち、環境大臣の無確認輸出、不法投棄および不法焼却などの悪質性の高い行為については、3億円以下の罰金が科される。

4　リース取引における「事業者」

⑴　「事業者」についての考え方

廃棄物処理法において、誰が産業廃棄物の処理に責任を負う「事業者」に該当するかを特定する定義規定は存在しない。廃棄物処理法上は、事業活動に伴い廃棄物を生じさせ、排出する者が「事業者」に該当すると解されるが、複数の関係者が関与する事業活動により廃棄物が生じた場合等、誰が「事業者」に該当するか必ずしも明らかではない場合が考えられる。この点、下級審裁判例では、「事業者」の判断にあたり、産業廃棄物を排出する仕事を支配、管理しているかを考慮したものがあり[33]、参考となる。

⑵　リース取引における「事業者」の判断

リース取引においても、誰が産業廃棄物の処理責任を負う「事業者」に該当するかは、産業廃棄物の排出に対する支配、管理の実態をふまえて判断する必要がある。もっとも、貸手（レッサー）と借手（レッシー・ユーザー）と

32　廃棄物の処理及び清掃に関する法律施行令6条の2、6条の6。
33　東京高判平5.10.28（判時1483号17頁）。

の間でリース物件の廃棄に関する取扱いが合意されている場合には、当該合意に基づき「事業者」が決定されることになる。

廃棄に関する明示の合意が契約上規定されていない場合には、具体的な案件ごとに判断することになるが、リース契約上、リース期間満了時に、借手（レッシー・ユーザー）がその費用においてリース物件を貸手（レッサー）に返還することとされている場合には、当該リース物件の廃棄に関する責任は貸手（レッサー）が負う（貸手（レッサー）が「事業者」に該当する）旨の合意が推定される場合が多いであろう。

5　その他の環境関連法制

リース物件を廃棄する場合、リース物件の種類によっては、廃棄物処理法に加えて当該リース物件に適用される特別な法令に従う必要があることがあり、留意する必要がある。具体例として、一定の家電製品や自動車のリース取引の場合、特定家庭用機器再商品化法（以下「家電リサイクル法」という）や使用済自動車の再資源化等に関する法律（以下「自動車リサイクル法」という）に従いリース物件の処理を行う必要がある。

家電製品のうち家電リサイクル法上の特定家庭用機器[34]（エアコン、テレビ、冷蔵庫・冷凍庫、洗濯機・衣類乾燥機）がリース物件となっている場合、事業者は家電製品の収集若しくは運搬を行う者または当該家電製品の再商品化を行う者等に当該家電製品を引き渡し、必要な料金を支払う義務を負うこととされている[35]。

また、自動車がリース物件である場合、使用済自動車[36]の所有者（＝リース事業者）は、引取業者に対して当該使用済自動車を引き渡す義務を負うほか（自動車リサイクル法8条）、自動車の再資源化に必要な行為に関する料金

34　家電リサイクル法2条4項、特定家庭用機器再商品化法施行令1条。
35　家電リサイクル法6条。
36　自動車のうち、その使用（倉庫としての使用その他運行以外の用途への使用を含む。以下同じ）を終了したものをいう（自動車リサイクル法2条2項）。

等の預託義務を負担する（同法73条）。

　リース物件を返還・廃棄する際、個人情報や秘密情報の保護の観点から注意すべき事項を教えてください。

A　OA機器等のリースの場合には、リース物件の返還時に借手（レッシー・ユーザー）においてリース物件に記録されている情報の消去処理が行うことも多いと思われますが、リース契約上、貸手（レッサー）において情報の消去・物件の廃棄義務を負うとされている場合などは、貸手（レッサー）が情報の消去処理等を行うこともあります。

　情報の消去や物件の廃棄を適切に行わないと、借手（レッシー・ユーザー）や貸手（レッサー）は、個人情報保護法違反や情報漏えいによる不法行為責任などの責任を負うことがあります。これらの種々の責任を回避・軽減する観点からは、適切に情報の消去・物件の廃棄処理を行うための体制の整備について検討すること、消去・廃棄を第三者に委託する場合には、委託内容を適切な内容とし、かつ当該委託先の監督を行うこと等が必要となります。

1　リース物件と情報漏えいリスク

　企業等がOA機器等をリースにより調達することは広く行われているが、これらの機器等には、その使用の過程で種々の情報が記録される。そのなかには、個人情報保護法による保護の対象となる情報が含まれていたり、それらに該当しない情報であっても、漏えいすることによりプライバシー侵害や第三者に財産上・精神上の損害を与えたりするおそれのあるものが含まれ得

る[37]。そのため、OA機器等がリースの対象物件となる場合、個人情報保護法違反リスクや不法行為責任・契約上の損害賠償責任をはじめとした種々の責任を負うリスクを回避・軽減する観点から、リース契約の当事者は物件を返還・廃棄する場合の対応につき、検討を行う必要がある[38]。

2　借手（レッシー・ユーザー）の対応の必要性

個人情報保護法上、個人情報取扱事業者（同法2条5項）[39]や匿名加工情報取扱事業者（同条10項）に該当する者は、同法において定義される「個人データ」（同条6項）や「匿名加工情報」（同条9項）の安全管理のために必要かつ適切な措置を講じる義務を負う（同法20条、同法39条）。また、「個人データ」に該当しない「個人情報」や「匿名加工情報」に該当しない情報については、個人情報保護法上の安全管理措置義務を負わないものの、漏えいした場合には不法行為（民法709条、民法715条）や契約に基づく損害賠償責任等を負う可能性がある。そのため、リース物件中の情報の処理について借手（レッシー・ユーザー）は強い利害関係を有することになる。

3　貸手（レッサー）の対応の必要性

前記2のとおり、一般論としては、リース物件中の情報の適切な消去について一次的に責任を負うこととなるのは借手（レッシー・ユーザー）であるが、貸手（レッサー）も情報漏えい等についての法的責任と全く無関係であ

37　その他、記録されている情報が他者（営業秘密保有者）から開示を受けたものであって不正競争防止法上の「営業秘密」に該当する場合、不正の利益を得る目的でまたは営業秘密保有者に損害を加える目的で当該営業秘密を使用・開示した場合には、使用・開示を行った者は、営業秘密保有者に対して損害賠償責任や刑事責任を負う（同法4条、21条1項4号・5号等、179条）。

38　たとえば、最近の事例として、2019年に、神奈川県庁がリース物件であるハードディスクドライブをリース会社に返却したところ、個人情報を含む行政文書が記録された状態の当該物件がネットオークションで転売されたという事例等がある。

39　2015年の改正前は、一定の者が「個人情報取扱事業者」から除外されていたが、当該改正により、現在では、基本的にほぼ全ての民間事業者が含まれるような定義となっている。

るわけではない。

　リース契約上、物件の廃棄または物件中の情報の消去が貸手（レッサー）の義務とされている場合はもちろんのこと（特に、官公庁が借手（レッシー・ユーザー）である場合は、物件調達時の入札要項や仕様書等においてそれらの業務が貸手（レッサー）の義務として明記されることが多い）、仮にそれらが借手（レッシー・ユーザー）の義務とされている場合でも、実際には借手（レッシー・ユーザー）において適切なデータ消去処理がなされていない状態（容易に情報の復元が可能な場合を含む）で物件が返還されることもあり、その場合に、貸手（レッサー）経由でリース物件中の情報が漏えいした場合などは、貸手（レッサー）が不法行為責任等の法的責任を負うこともあり得る。特に返還を受けたリース物件を第三者に再度リースしたり売却したりする場合には、物件中の情報の適切な消去は、貸手（レッサー）にとっても重要な問題となるが、廃棄の場合であっても、廃棄が適切になされず、第三者がこれを取得・流用できてしまうリスクがあるため、やはりこの場合も物件の適切な廃棄は貸手（レッサー）にとっても重要な問題となり得る。

4　具体的な処理の方策等

　物件廃棄・情報消去については、借手（レッシー・ユーザー）や貸手（レッサー）において自らこれを行うこともあるが、実務上、これらの作業を専門の業者に外部委託することも一般的である。もっとも、外部の業者に委託した場合であっても、当該業者によって適切な処理がされなかった場合には、借手（レッシー・ユーザー）や貸手（レッサー）は依然として上述の法的責任を負い得ることになる。そのため、外部に委託する場合であっても、業者による適切な処理が確保されるような体制が必要であり、たとえば、過去の実績や運営体制などに鑑みて適切な業者を選定すること、リース契約や業者との間の契約において、物件の具体的な廃棄方法や情報の消去方法、秘密保持義務を明記すること、または、それらの契約において、物件廃棄・情報消去の義務を負う者に対して、物理的な破壊の場合にはそれを行ったことを示す

写真、情報の完全消去の場合にはそれを証する証明書を提出する義務を負わせること等の方策が考えられるところである。

　外部委託の有無を問わず、物件廃棄・情報消去方法の具体的な検討に際しては、一般社団法人電子情報技術産業協会の公表している「パソコンの廃棄・譲渡時におけるハードディスク上のデータ消去に関する留意事項」[40]や一般社団法人コンピュータソフトウェア協会の公表している「データ消去証明ガイドブック」[41]なども参考となる。また、近時は、データ適正消去についての第三者証明サービスを提供している機関もあるため、そのようなサービス等を利用することも考えられる。

40　https://home.jeita.or.jp/upload_file/20181115120515_UujfVHoRtP.pdf
41　https://www.csaj.jp/NEWS/committee/datadelete/170614_datadelete_guidebook.html

第 7 章

自主規制・ガイドライン等

Q47 ファイナンス・リース事業者におけるマネロン・テロ資金供与ガイドライン

「ファイナンス・リース事業者におけるマネー・ローンダリング及びテロ資金供与対策に関するガイドライン」の概要を教えてください。

A ファイナンス・リース事業者におけるマネロン・テロ資金供与対策の取組みをさらに強化し、これを促進するために、取りまとめられたものであり、リスクベース・アプローチを基本的な考え方としつつ、ファイナンス・リース事業者が犯収法に基づく規制を遵守するにあたっての指針が示されています。

1 ガイドラインの制定経緯

Q41で解説したとおり、ファイナンス・リース業者には、マネロン・テロ資金供与対策の観点から、犯収法に基づく取引時確認や疑わしい取引の届出などの規制が適用される。その上で、公益社団法人リース事業協会は、2019年9月25日に、同協会および会員会社におけるマネロン・テロ資金供与対策の取組みをさらに強化し、これを促進するために、「ファイナンス・リース事業者におけるマネー・ローンダリング及びテロ資金供与対策に関するガイドライン」(以下「ファイナンス・リース事業者マネロンGL」という)を策定した。Q41で述べたとおり、金融庁が「マネー・ローンダリング及びテロ資金供与対策に関するガイドライン」(以下「マネロンGL」という)を公表しているが、その対象は、銀行法、保険業法、金商法等の免許や登録等を受けて業務を行う金融機関等であり、金融庁の監督を受けていないファイナンス・リース事業者は対象となっていない。この「ファイナンス・リース事業者マネロンGL」は、「マネロンGL」に対応するものとして[1]、リース事業協会および会員会社であるファイナンス・リース事業者におけるマネロン・テロ資

金供与対策の取組みをさらに強化し、これを促進するために、経済産業省消費経済企画室の助言を受けてリース事業協会が取りまとめたものである。

「ファイナンス・リース事業者マネロンGL」は民間の業界団体であるリース事業協会が制定したものであって、法律のように法的拘束力を有する規範ではなく、これに従わないことにより直ちに罰則や行政処分の対象になるものではないが、リース事業協会および会員会社が「ガイドラインの取組を実施することにより、マネロン・テロ資金供与の防止に寄与し、もって、公正かつ自由な経済活動を促進し、わが国経済の健全な発展に資することを目的とする」ものであり（「1．ガイドラインの目的」）、業界としてマネロン・テロ資金供与対策の取組みの強化・促進を図る観点から、会員会社であるファイナンス・リース事業者が遵守することが期待されている。なお、会員会社の子会社がファイナンス・リース事業を営む場合は、親会社である会員会社から子会社に対してこの「ファイナンス・リース事業者マネロンGL」に則した対応を促すことが求められている（「6．その他」）。

2　ガイドラインの構成

「ファイナンス・リース事業者マネロンGL」の構成は次のようになっている。

はじめに

1．ガイドラインの目的

2．基本的な考え方

3．会員会社の取組

（1）取引時確認

（2）確認記録・取引記録の作成・保存

（3）疑わしい取引の届出

1　ただし、「マネロンGL」に比べて「ファイナンス・リース事業者マネロンGL」の内容は簡素なものとなっている。

⑷　リスクの特定・評価

　⑸　取引時確認等を的確に行うための措置

4．当協会の取組

5．フォローアップ調査

6．その他

　「ファイナンス・リース事業者マネロンGL」の具体的な内容は巻末資料を参照されたい。以下では、「ファイナンス・リース事業者マネロンGL」の概要とそのポイントを解説する。

3　リスクベース・アプローチ

　マネロン・テロ資金供与対策においてはリスクベース・アプローチという考え方が重視されている。マネロン・テロ資金供与対策におけるリスクベース・アプローチとは、「自らのマネロン・テロ資金供与リスクを特定・評価し、これを実効的に低減するため、当該リスクに見合った対策を講ずること」をいうと説明されており（「マネロンGL」Ⅱ－1）、Q41で解説したFATFの「40の勧告」でも第1の勧告として勧告全体を貫く基本原則となっている。

　「ファイナンス・リース事業者マネロンGL」においても、「2．基本的な考え方」のなかで以下のとおりリスクベース・アプローチの考え方が明記されている。

2．基本的な考え方

　会員会社は、犯収法に基づく取引時確認、確認記録・取引記録の作成・保存、疑わしい取引の届出を確実に履行するとともに、ファイナンス・リース取引におけるマネロン・テロ資金供与のリスクを特定・評価し、その評価を踏まえ、取引時確認等を的確に行うための措置を講ずるものとし、これらを的確に実施するための社内体制を整備するものとす

る。

　マネロン・テロ資金供与対策におけるリスクの内容や程度は様々な経済・社会環境のなかで常に変化し、各ファイナンス・リース事業者が取り扱う商品・サービス等によっても異なるが、各ファイナンス・リース事業者における人員や予算には制限がある。そこで、ファイナンス・リース事業者は、自らが直面するリスクを適時・適切に「特定」し、「評価」し、リスクに見合った「低減措置」を図るというリスクベース・アプローチの三段階の手法を活用し、メリハリの利いた機動的かつ実効的な対応が求められる。具体的な対応としては、下記4で述べるとおり、「リスク評価書」を作成し、これに基づき取引時確認等を的確に行うことが考えられる。

4　取組指針

　「3．会員会社の取組」にはファイナンス・リース事業者が犯収法に基づく規制[2]を遵守するにあたっての指針が示されている。

　まず、「(1)　取引時確認」では、①通常取引（ハイリスク取引等以外の取引）、②ハイリスク取引、③簡素な顧客管理が許容される取引に分けて、確認を行う項目とそれぞれの項目に関する留意事項がまとめられている。

　「(2)　確認記録・取引記録の作成・保存」では、確認記録・取引記録の作成・保存の確実な実施と、取引時確認をした事項に係る情報を最新の内容に保つための措置を講ずることが求められている。

　「(3)　疑わしい取引の届出」では、疑わしい取引の判断に際して、①経済産業省消費経済企画室が公表している「ファイナンスリース事業者における疑わしい取引の参考事例」[3]を必ず参照すること、および②顧客の属性、取

2　犯収法に基づく規制の内容についてはQ41参照。
3　https://www.meti.go.jp/policy/economy/consumer/consumer/fainansuri-sujigyoysha-utagawashiitorihiki-sankoujirei.pdf

引時の状況その他保有している当該取引に係る具体的な情報を最新の内容に保ちながら総合的に勘案して判断する必要があり、形式的に合致するものが全て疑わしい取引に該当するものではなく、①の参考事例に示された事例に該当しない取引であっても、会員会社が疑わしい取引に該当すると判断したものについては届出を行う必要があることが留意事項として記述されている。

「(4)　リスクの特定・評価」では、①ファイナンス・リース取引のマネロン・テロ資金供与のリスクを特定・評価するために、自らが行う取引について調査・分析し、その取引によるマネロン・テロ資金供与のリスク評価をして、その結果を記載した「特定事業者作成書面等」（以下「リスク評価書」という）を作成すること、②リスク評価書に基づき取引時確認等を的確に行うこと、③国家公安委員会が毎年公表する犯罪収益移転危険度調査書の内容等を勘案して、リスク評価書の見直しを定期的に行うことが求められている。

最後に「(5)　取引時確認等を的確に行うための措置」では、各ファイナンス・リース事業者が特定・評価したマネロン・テロ資金供与リスク等を勘案し、取引時確認等を的確に行うための措置をできる限り講ずることが求められている。

5　リース事業協会の取組み

リース事業協会は、会員会社の取組みを支援するために、犯収法および「ファイナンス・リース事業者マネロンGL」に関する情報を随時提供するとともに、マネロン・テロ資金供与対策に関する研修を実施するとされている（「4.　当協会の取組」）。

また、リース事業協会は、年1回、会員会社に対して、「ファイナンス・リース事業者マネロンGL」の取組状況に関するフォローアップ調査を実施し、調査結果を経済産業省消費経済企画室に報告するとともに、「ファイナンス・リース事業者マネロンGL」の取組みを適切に実施していないと認める会員会社に対し、その理由と改善策の報告を求めるものとしている

（「5．フォローアップ調査」）。

Q48 中小企業向けのリース契約に関する経営者保証ガイドライン

「中小企業向けのリース契約に関する経営者保証ガイドライン」の概要を教えてください。

A 「中小企業向けのリース契約に関する経営者保証ガイドライン」は、公益社団法人リース事業協会が2019年に策定したガイドラインであり、法的な拘束力はないものの、会員であるリース事業者による自主的な遵守が期待されています。概要としては、中小企業向けのリース契約に係る不必要な経営者保証の削減のため、経営者保証を要求するかどうかについて借手（レッシー・ユーザー）の会社の資産・経理の状況、借手（レッシー・ユーザー）の意向などもふまえて検討することや、既存の保証についても解除要請があった場合には真摯かつ柔軟に検討することなどが要請されています。

---

1 中小企業向けのリース契約に関する経営者保証ガイドライン

「中小企業向けのリース契約に関する経営者保証ガイドライン」（以下「リース経営者保証GL」という）は、公益社団法人リース事業協会が2019年5月に策定したガイドラインであり、2013年12月に公表された「経営者保証に関するガイドライン[4]」を参考としつつ、中小企業向けのリース契約に係る保証の実体を前提として策定されたものであり、2019年9月11日に公表され

---

4 日本商工会議所と全国銀行協会が設置した「経営者保証に関するガイドライン研究会」が策定・公表したガイドラインである。

2020年1月1日から適用されている。不必要な経営者保証を削減することで
リース取引をより活発化し、中小企業・小規模事業者の生産性向上のための
設備投資が促進されることや、中小企業・小規模事業者が窮境に陥った際の
事業再生の場面において、経営者保証の取扱いも含めた柔軟な対応をとるこ
とで中小企業・小規模事業者の再建にも資することなどが期待される。

2 「リース経営者保証GL」の概要

「リース経営者保証GL」においては、中小企業・小規模事業者向けのリー
ス契約に係る不必要な経営者保証の削減のため概要以下の対応を求めてい
る。

(1) 要 件

法人個人の一体性の解消が図られている場合、以下の要件が充足されると
きは経営者保証を求めない可能性について検討する。

① 法人と経営者個人の資産・経理が明確に分離されている。

② 法人と経営者の間の資金のやり取りが、社会通念上適切な範囲を超え
ない。

③ 法人のみの資産・収益力でリース料返済が可能と判断し得る。

④ 法人から適時適切に財務情報等が提供されている。

(2) 経営者保証を取得する場合

経営者保証を取得する場合、①保証契約の必要性、②当該必要性が解消さ
れた場合には保証契約の変更・解除等見直しの可能性があること、について
丁寧かつ具体的に説明する。

(3) 保証金額の減額

中小企業・小規模事業者および保証人から保証契約の締結に際して保証金
額の減額に関する要請があった場合は、この要請を検討する。

(4) 小口リース契約の場合

小口リース契約においては、経営者保証を取得することにより、取引の迅
速性が確保されることをふまえ、一人の保証人の小口リース残高が1,000万

円超となる場合[5]に前述(1)を適用する。

⑸　既存のリース契約に係る保証契約

既存のリース契約に係る保証契約について、中小企業・小規模事業者において経営の改善が図られたこと等により、当該中小企業・小規模事業者および保証人から既存の保証契約の解除等の申入れがあった場合、真摯かつ柔軟に検討を行い、丁寧かつ具体的に説明する。

⑹　事業承継

中小企業・小規模事業者に事業承継が生じた場合、当然に後継者に保証を引き継がせるのではなく、必要な情報開示を得た上で保証契約の必要性をあらためて検討する。新たな保証契約を締結する場合にはその必要性について丁寧かつ具体的に説明する。前経営者の保証解除を求められた場合、実質的な経営権・支配権を有しているか否か等を総合的に勘案して保証契約の解除について適切に判断する。

⑺　保証債務の整理

保証債務の整理について中小企業・小規模事業者および保証人から要望がある場合にはその要望について検討する。保証債務の整理に関する協議を求められた場合にはそれに参加することに努める。

3　適用対象となる保証契約

リース経営者保証ガイドラインの適用対象となる保証契約については、当該保証契約の保証人が個人であり、かつ、中小企業・小規模事業者の経営者であることが規定されているが、例外的に、①実質的に経営者と同視できる者（実質的経営者や経営者の配偶者など）が保証人となる場合、②経営者の健康上の理由のため、事業承継予定者が保証人となる場合も適用対象とされている。また、かかる①②の例外に該当する場合を除き、経営者ではない第三者を保証人とすることは回避すべきとされている[6]。

---

5 「リース経営者保証GL」3頁（Q13）。
6 「リース経営者保証GL」1頁（Q5）。

「自然災害発生時におけるリース会社のユーザー対応等に関するガイ
ドライン」の概要を教えてください。

A 「自然災害発生時におけるリース会社のユーザー対応等に関するガ
イドライン」は、公益社団法人リース事業協会が2019年に策定したガイ
ドラインであり、法的な拘束力はないものの、会員であるリース事業者
による自主的な遵守が期待されています。具体的には、自然災害により
被災した中小企業・小規模事業者からのリース料の支払猶予要請やリー
ス期間延長の相談、災害によりリース物件が滅失した場合のリース契約
に関する相談があった場合に、リース物件機器等の使用可能期間を考慮
しつつ、支払条件の変更等の柔軟かつ適切な対応を行うことなどが要請
されています。

1 自然災害発生時におけるリース会社のユーザー対応等に関
するガイドライン

「自然災害発生時におけるリース会社のユーザー対応等に関するガイドラ
イン」（以下「災害対応GL」という）は、公益社団法人リース事業協会が2019
年5月に制定したガイドラインであり、保険に関する事項を除き、制定され
た日から適用されている。大規模な自然災害発生時において、従前は個々の
リース事業者が自主的に柔軟な対応を行ってきたが、かかる対応を取りまと
め、自然災害対応に関する留意事項を含めてガイドラインとしたものであ
る。

2　災害対応GLの概要

⑴　自然災害により被災した中小企業・小規模事業者への取組み

① 　自然災害により被災した中小企業・小規模事業者からのリース料の支払猶予要請やリース期間延長の相談、災害によりリース物件が滅失した場合のリース契約に関する相談があった場合に、リース物件機器等の使用可能期間を考慮しつつ、支払条件の変更等の柔軟かつ適切な対応を行う。

② 　個人事業者および個人保証人から債務整理の申出があった場合、「自然災害による被災者の債務整理に関するガイドライン」に則して対応する（その概要は後掲）。

③ 　中小企業・小規模事業者とのリース契約および当該リース契約に係る保証契約について、他の債権者から債務整理に関する協議を求められた場合は、それに参加することに努める。

④ 　自然災害により損壊等したリース物件を処分する際に、中小企業・小規模事業者等から取得する書類等に関して柔軟に対応する。

⑵　保険に関する説明

　リース契約締結時にリース物件に付保する保険に関する説明に努める。

⑶　被災地支援

　公益社団法人リース事業協会から伝達された被災地支援に関する情報に基づき、対応可能な範囲で被災地支援を検討し、被災地支援が可能な場合は同協会に連絡する。

3　自然災害による被災者の債務整理に関するガイドライン

　「自然災害による被災者の債務整理に関するガイドライン」は自然災害による被災者の債務整理に関するガイドライン研究会が、2015年12月に策定・公表したガイドラインであり、自然災害の影響によって経済的苦境に陥った、住宅ローン等を借りている個人や事業性ローン等を借りている個人事業

主の生活や事業の再建を支援するためのガイドラインである。

より具体的には、破産手続等の法的倒産手続の要件に該当することになった債務者について、このような法的倒産手続によらずに、債権者（主として金融債務に係る債権者）と債務者の合意に基づき、債務の全部または一部を減免すること等を内容とする債務整理を公正かつ迅速に行うための準則である。かかるガイドラインに基づく手続においては、弁護士、公認会計士、税理士、不動産鑑定士のうち所定の登録を受けた専門家が、登録支援専門家として各当事者の調整役となって関与することになる。

またガイドラインに基づく手続中（原則として6カ月）は、一時停止期間と呼ばれ、対象債務者は資産処分や新たな担保提供を行わないこととされ、対象債権者は一時停止開始日の与信残高を維持することが求められている。

対象債務者は、原則として手続開始から3カ月以内に、所定の内容を含む調停条項案を作成し、登録支援専門家を経由して対象債権者に提出する必要がある。対象債務者は、全ての対象債権者から同意を得られた場合（またはその見込みとなった場合）、特定調停の申立てを簡易裁判所に対して行うことになる。

Q50　小口リース取引に関する自主規制

小口リース取引のトラブル防止のための自主規制について教えてください。

A　小口リース取引とは、リース会社（貸手（レッサー））が直接対面での接点をもたずに売主（サプライヤー）主導で行われるリース取引をいいますが、一部の売主（サプライヤー）による不適切な販売行為などが問題となっています。そこで、公益社団法人リース事業協会は2015年1月に「小口リース取引に係る自主規制規則」を定め、会員であるリース

会社に対して、問題のある売主（サプライヤー）の情報提供を求め、それを会員リース事業者間で共有する情報交換システムを構築するとともに、売主（サプライヤー）の販売行為のチェック体制の強化を図ることとしています。

1 小口リースとは

　小口リース取引とは、リース取引のうち、リース物件の売主（サプライヤー）が主体的に取引を進め、借手（レッシー・ユーザー）を貸手（レッサー）に斡旋し、貸手（レッサー）から委託を受けてリース契約等の事務手続についても行っているリース取引をいう（図表1参照）。貸手（レッサー）と借手（レッシー・ユーザー）が対面での接点をもたないようなケースも珍しくなく、一部の売主（サプライヤー）による不適切な販売行為が行われるなどトラブルが生じることがある。具体的なトラブルとしては、①使用中の物件について機能が低下している、法改正により現在使用中の物件の入れ替えが必要となる、などの虚偽説明、②顧客（借手（レッシー・ユーザー））の規模に見合わない過剰なリース物件の導入などの過量販売、③旧リース契約の解約を適切に行わずに新リース契約を開始し、二重払を強いるなどの解約未処理、などの事例が報告されている。

図表1　小口リース取引

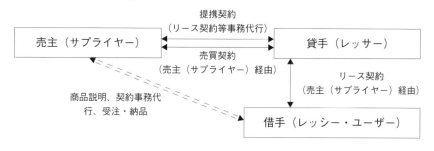

2 小口リース取引に係る自主規制

　小口リース取引におけるトラブルを回避・防止するため、公益社団法人リース事業協会は従来から種々の対策を実施してきているが、2015年1月には「小口リース取引に係る自主規制規則」を定め、より具体的かつ統一的な対応を進めている。かかる自主規制規則に基づきサプライヤー情報交換制度が創設され、問題のある売主（サプライヤー）に関する情報がリース会社間で共有される仕組みが構築されている。

　会員リース事業者は、問題のある売主（サプライヤー）の情報を情報交換システムに登録することが求められ、また、当該情報交換システムに情報が登録されている売主（サプライヤー）と取引を行おうとする場合には慎重に対応することが求められている。

　その他、自主規制規則においては、①売主（サプライヤー）に対して、顧客（借手（レッシー・ユーザー））に物件見積書を提示することを求め、かつその写しを取得すること、②顧客（借手（レッシー・ユーザー））に対して電話で契約内容等を確認する場合に、小口リース取引の申込書等の書類の有無およびその記載内容、売主（サプライヤー）との取引内容や搬入された物件の状況、物件見積書の提示の有無などを確認すること、③合理的な一定条件で抽出した顧客（借手（レッシー・ユーザー））を訪問し、契約内容および売主（サプライヤー）等の取引行為等に関する確認を行うことが要請されている。

　これらの対策の結果、2009年度には4,532件であった苦情件数が、2018年度には104件まで減少している[7]。公益社団法人リース事業協会が公表している資料によれば、かつては苦情の多い商品として複合機と電話機の比率が高かったが、近年ではこれらの商品に関する苦情は大幅に減少し、セキュリティ関連機器の比率が相対的に高くなってきている。

7　公益社団法人リース事業協会が公表している資料に基づく。同協会のウェブサイト（https://www.leasing.or.jp/leases/）における「自主規制規則の実施状況」において、随時新しいデータが公表されている。

巻末資料

資料1　リース契約書（参考）

（1）リース契約書（参考）

2018年3月改訂

契約№.
　　　　　年　　月　　日

リース契約書（参考）

賃借人（甲）

住所	
氏名	㊞

賃貸人（乙）

住所	
氏名　＊＊＊＊リース株式会社 　　　代表取締役社長　●●●●	㊞

連帯保証人

住所	
氏名	㊞

連帯保証人

住所	
氏名	㊞

上記の者は下記のとおり契約し、この契約の成立を証するため本書2通を作成し、甲、乙が各1通を保持します。

（リース契約の目的）
第1条　乙は、甲が指定する別表(1)記載の売主（以下「売主」という。）から、甲が指定する別表(2)記載の物件（ソフトウエア付きの場合はソフトウエアを含む。以下同じ。以下「物件」という。）を買受けて甲にリースし、甲はこれを借受けます。

（中途解約の禁止）
第2条　この契約は、この契約に定める場合を除き解除することはできません。

（物件の引渡し）
第3条①　物件は、売主から別表(3)記載の場所に搬入されるものとし、甲は、物件が搬入されたときから引渡しのときまで善良な管理者の注意をもって、甲の負担で売主のために物件を保管します。
②　甲は、搬入された物件について直ちに甲の負担で検査を行い、物件の品質、種類及び数量（規格、仕様、性能その他物件につき甲が必要とする一切の事項を含む。以下これらを総称して「物件の品質等」という。）がこの契約の内容に適合していることを確認したとき、借受日を記載した物件借受証[注1]を乙に発行するものとし、乙が物件借受証を受け取ったときに、この借受日をもって乙から甲に物件が引渡されたものとします。
③　前項に基づく検査の結果、物件の品質等がこの契約の内容に適合していない（以下「物件の品質等の不適合」という。）ときは、甲は、直ちにこれを乙に書面で通知し、売主との間でこれを解決した後、前項に従い、物件借受証[注1]を乙に発行するものとします。
④　甲が物件の引渡しを不当に拒んだり、遅らせたりしたときは、乙からの催告を要しないで通知のみで、この契約を解除されても、甲は異議がないものとします。この場合、売主から請求があったときは、甲は、その請求の当否について売主との間で解決します。
　　[注1] 物件受領書、物件受取書、検収完了証等の用語も使用されているが、ここでは「物件借受証」とした。

（物件の使用・保管）
第4条①　甲は、前条による物件の引渡しを受けたときから別表(3)記載の場所において物件を使用できます。
②　甲は、法令等を遵守し善良な管理者の注意をもって、物件を事業または職務のために通常の用法に従って使用及び保管するとともに、物件が常時正常な使用状態及び十分に機能する状態を保つように保守、点検及び整備を行うものとします。
　　また、物件が損傷したときは、その原因のいかんを問わず、甲が修繕するものとします。
③　甲は、前項のために必要となる一切の費用を負担し、乙に対しこれらの費用の償還等を請求することはできないものとします。

（リース期間）
第5条　リース期間は別表(4)記載のとおりとし、物件借受証記載の借受日より起算します。

（リース料）
第6条　甲は、乙に対して別表(5)記載のリース料を同表記載の期日に同表記載の方法で支払います。

（前払リース料）
第7条①　甲は、この契約に基づく甲の債務履行を担保するため、乙に対して別表(6)記載のとおり前払リース料を支払います。
②　前払リース料は、最終月から遡って別表(6)記載の月数分のリース料並びにこれに対する消費税及び地方消費税（以下「消費税等」という。）額に、その支払日が到来する都度、充当されるものとし、前払リース料には利息を付さないものとします。
③　甲が第20条第1項各号の一つにでも該当したときは、乙は前項の規定にかかわらず、かつ、事前の意思表示を要しないで、前払リース料をもって甲に対するすべての債権の全部または一部に充当することができます。
④　甲は、前払リース料の支払いをもって、乙に対する一切の支払義務を免れることができません。

232

（物件の所有権標識）
第8条① 乙は、乙が物件の所有権を有する旨の標識（以下「乙の所有権標識」という。）を物件に貼付することができるものとし、また、甲は、乙から要求があったときは、物件に乙の所有権標識を貼付します。
② 甲は、リース期間中、物件に貼付された乙の所有権標識を維持します。

（物件の所有権侵害の禁止等）
第9条① 甲は、物件を第三者に譲渡したり、担保に差し入れたりするなど乙の所有権を侵害する行為をしません。
② 甲は、乙の事前の書面による承諾を得ない限り、次の行為をしません。
　1．物件を他の不動産または動産に付着させること。
　2．物件の改造、加工、模様替えなどによりその原状を変更すること。
　3．物件を第三者に転貸すること。
　4．物件の占有を移転し、または別表(3)記載の場所から物件を移動すること。
　5．この契約に基づく甲の権利または地位を第三者に譲渡すること。
③ 乙の事前の書面による承諾を得て物件を不動産に付着させる場合は、甲は、事前に不動産の所有者等から、物件がその不動産に付合しない旨の書面を、また、物件を不動産から収去させるときに不動産に生ずる損傷について、乙に対して何らの修補または損害賠償請求を行わない旨の書面を提出させること。
④ 物件に付着した動産の所有権は、乙が書面により甲の所有権を認めた場合を除き、すべて無償で乙に帰属します。
⑤ 第三者が物件について権利を主張し、保全処分または強制執行等により乙の所有権を侵害するおそれがあるときは、甲は、この契約書等を提示し、物件が乙の所有であることを主張かつ証明して、その侵害防止に努めるとともに、直ちにその事情を乙に通知します。

（物件の点検等）
第10条 乙または乙の指定した者が、物件の現状、稼働及び保管状況を点検または調査することを求めたときは、甲は、これに応じます。

（事業状況の報告）
第11条 甲及び連帯保証人は、乙から要求があったときは、その事業の状況を説明し、各事業年度の計算書類その他乙の指定する関係書類を乙に提出します。

（通知事項）
第12条 甲または連帯保証人は、次の各号の一つにでも該当するときは、その旨を遅滞なく書面により乙に通知します。
　1．名称または商号を変更したとき。
　2．住所を移転したとき。
　3．代表者を変更したとき。
　4．事業の内容に重要な変更があったとき。
　5．合併、会社分割、資本金若しくは準備金の額の減少、主要株主その他の実質的支配者の変動があったとき。
　6．財務または営業状況に著しい悪影響を及ぼす訴訟、仲裁、調停等の申立て若しくは開始の事実が発生し、また

はそのおそれがあるとき。
　7．第20条第1項第3号から第5号までの事実が発生し、またはそのおそれがあるとき。

（費用負担等）
第13条① 甲は、この契約の締結に関する費用及びこの契約に基づく甲の債務履行に関する一切の費用を負担します。
② 乙は、固定資産税を納付するものとし、リース期間中に固定資産税額が増額された場合には、甲は、その増額分を乙の請求に従い乙に支払います。
③ 甲は、この契約の成立日の税率に基づいて計算した別表(5)及び(6)［注2］記載の消費税等相当額を負担するものとし、消費税額が増額された場合には、その増額分を乙の請求に従い乙に支払います。
④ 固定資産税及び消費税等以外で物件の取得、所有、保管、使用及びこの契約に基づく取引に課され、または課されることのある諸税相当額を名義人のいかんにかかわらず負担します。
⑤ 乙が前項記載の諸税を納めることとなったときは、その納付の前後を問わず、甲は、これを乙の請求に従い乙に支払います。
　［注2］第22条（再リース）で第2案を採用する場合には「別表(5)及び(6)」が「別表(5)、(6)及び(11)」となる。

（相殺禁止）
第14条 甲は、この契約に基づく債務を、乙または乙の承継人に対する債権をもって相殺することはできません。

（物件の保険）
第15条① 乙は、リース期間中（再リース期間を除く。）、物件に別表(7)記載の保険を付保します。
② 物件に係る保険事故が発生したときは、甲は直ちにその旨を乙に通知するとともに、その保険金受取りに必要な一切の書類を遅滞なく乙に提出します。
③ 前項の保険事故に基づいて乙に保険金が支払われたときは、甲及び乙は次の各号の定めに従います。
　1．物件が修繕可能の場合には、乙は、甲が第4条第2項の規定に従って物件を修繕した場合に限り、第4条第3項の規定に従って修繕のために支払った費用に充てるため、この金額を限度として保険金相当額を甲に支払います。
　2．物件が滅失（修繕不能及び盗難を含む。以下同じ。）した場合には、乙に支払われた保険金額を限度として、第18条第2項の債務の弁済を免れます。

（物件の品質等の不適合等）
第16条① 天災地変、戦争その他の不可抗力、運送中の事故、労働争議、法令等の改廃、売主の都合及び乙の故意または重大な過失が認められない事由によって、物件の引渡しが遅延し、または不能になったときは、乙は、一切の責任を負いません。
② 物件の品質等の不適合があった場合並びに物件の選択または決定に際して甲に錯誤があった場合においても、乙は、一切の責任を負いません。
③ 前二項の場合、甲は売主に対し直接請求を行い、売主との間で解決するものとします。また、甲が乙に対し書面で請求し、乙が譲渡可能であると認めてこれを承諾するときは、乙

の売主に対する請求権を甲に譲渡する手続をとるなどにより，乙は，甲の売主への直接請求に協力するものとします。

④ 第2項の場合において，甲が，乙に対してリース料の全部［注3］その他この契約に基づく一切の債務を履行したときは，乙は売主に対する買主の地位を譲渡する手続をとるものとします。ただし，前項及び本項の場合，乙は，売主の履行能力並びに請求権の譲渡に係る諸権利の存否を担保しません。

⑤ 甲は，第3項に基づいて，売主に対して権利を行使する場合においても，リース料の支払いその他この契約に基づく債務の弁済を免れることはできません。

［注3］ここでは「リース料の全部」（A方式）としたが，B方式採用の場合には「規定損害金」，C方式採用の場合には「損害賠償として残存リース料相当額」となる。

（物件使用に起因する損害）
第17条① 物件自体または物件の設置，保管及び使用によって，第三者が損害を受けたときは，その原因のいかんを問わず，甲の責任と負担で解決し，乙に何らの負担を負わせないものとします。また，甲及び甲の従業員が損害を受けた場合も同様とします。

② 前項において，乙が損害の賠償をした場合，甲は乙が支払った賠償額を乙に支払います。

③ 物件が第三者の特許権，実用新案権，商標権，意匠権または著作権その他知的財産権に抵触することによって生じた損害及び紛争について，前二項の定めを準用します。

（物件の滅失・損傷）
第18条① 物件の引渡しからその返還までに，物件が滅失若しくは損傷した場合，または物件を使用及び収益をすることができない期間（物件の保守，点検，整備，修繕等に要する期間を含むがこれらに限られない。）が生じた場合，甲は，その原因のいかんを問わず，リース料の支払いを拒むことができず，乙に対し，物件の修補，代替物の引渡し，リース料の減額及び休業補償その他損害賠償の請求をすることはできません。また，この場合において，甲がこの契約に基づく甲の目的を達成することができないときであっても，甲はこの契約を解除することはできないものとします。

② 物件の引渡しからその返還までに，物件が滅失した場合，甲は，物件滅失日以後のリース料の支払いに代えて，直ちに別表(8)記載の損害賠償金を乙に支払います。ただし，生じた損害が別表(8)記載の損害賠償額を超えるときは，甲は，その超過額を乙に支払います。また，物件が残存しているときは，甲は，乙の指示に従い，甲の責任と負担で物件を乙に返還します。

③ 前項の支払いがなされたとき，この契約は終了します。

（権利の移転等）
第19条① 乙は，この契約に基づく権利を第三者に担保に入れ，または譲渡することができます。

② 乙は，物件の所有権をこの契約に基づく乙の地位とともに，第三者に担保に入れ，譲渡することができるものとし，甲はこれについてあらかじめ承諾します。

③ 乙は，この契約による権利を守り，若しくは回復するため，または第三者より異議若しくは苦情の申立てを受けたため，

やむを得ず必要な措置をとったときは，物件搬出費用，弁護士報酬等一切の費用を甲に請求できます。

【A方式】

（契約違反・期限の失効）
第20条① 甲が，次の各号の一つにでも該当したときは，乙は，催告を要しないで通知のみで，(A)リース及びその他費用の全部または一部の即時弁済の請求，(B)物件の引揚げまたは返還の請求，(C)リース契約の解除と損害賠償の請求，の行為の全部または一部を行うことができます。

1．リース料の支払いを1回でも怠ったとき。
2．この契約またはこの契約以外の甲乙間の契約の条項の一つにでも違反したとき。
3．小切手若しくは手形の不渡りまたは電子記録債権の支払不能を1回でも発生させたときその他支払いを停止したとき。
4．仮差押え，仮処分，強制執行，競売の申立て若しくは諸税の滞納処分または保全差押えを受け，または民事再生，破産，会社更生その他債務整理・事業再生に係る手続開始の申し立てがあったとき。
5．事業を廃止または解散し，若しくは官公庁からの業務停止等業務継続不能の処分を受けたとき。
6．経営が悪化し，若しくはそのおそれがあると認められる相当な理由があるとき。
7．連帯保証人が第3号から第5号までの一つにでも該当した場合において，乙が相当と認める保証人を追加しなかったとき。

② 乙によって前項(A)，(B)の行為がとられた場合でも，甲は，この契約によるその他の義務を免れることはできません。

【B方式】

（契約違反）
第20条① 甲が，次の各号の一つにでも該当したときは，乙は，催告を要しないで通知のみで，この契約を解除できます。

1．リース料の支払いを1回でも怠ったとき。
2．この契約またはこの契約以外の甲乙間の契約の条項の一つにでも違反したとき。
3．小切手若しくは手形の不渡りまたは電子記録債権の支払不能を1回でも発生させたときその他支払いを停止したとき。
4．仮差押え，仮処分，強制執行，競売の申立て若しくは諸税の滞納処分または保全差押えを受け，または民事再生，破産，会社更生その他債務整理・事業再生に係る手続開始の申し立てがあったとき。
5．事業を廃止または解散し，若しくは官公庁からの業務停止等業務継続不能の処分を受けたとき。
6．経営が悪化し，若しくはそのおそれがあると認められる相当な理由があるとき。
7．連帯保証人が第3号から第5号までの一つにでも該当した場合において，乙が相当と認める保証人を追加しなかったとき。

② 前項の規定によりこの契約が解除されたときは，甲は第23条第1項の規定に基づき，直ちに物件を乙に返還するとともに，別表(9)記載の規定損害金を乙に支払います。

【C方式】

（契約違反・期限の失効）

第20条① 甲が，次の各号の一つにでも該当したときは，甲は，乙からの通知及び催告を要しないで，当然にこの契約に基づく期限の利益を失うものとし，残存リース料全額を直ちに乙に支払います。

1. リース料の支払いを1回でも怠ったとき。
2. この契約またはこの契約以外の甲乙間の契約の条項の一つにでも違反したとき。
3. 小切手若しくは手形の不渡りまたは電子記録債権の支払不能を1回でも発生させたときその他支払いを停止したとき。
4. 仮差押え，仮処分，強制執行，競売の申立て若しくは諸税の滞納処分または保全差押えを受け，または民事再生，破産，会社更生その他債務整理・事業再生に係る手続開始の申し立てがあったとき。
5. 事業を廃止または解散し，若しくは官公庁からの業務停止等業務継続不能の処分を受けたとき。
6. 経営が悪化し，若しくはそのおそれがあると認められる相当の理由があるとき。
7. 連帯保証人が第3号から第5号までの一つにでも該当した場合において，乙が相当と認める保証人を追加しなかったとき。

② 甲が乙に対して直ちに前項の支払いをしないときは，乙は，催告を要しないで通知のみで，この契約を解除することができます。

③ 前項の規定に基づき，乙がこの契約を解除したときは，甲は，第23条第1項の規定に基づいて物件を乙に返還するとともに，損害賠償として残存リース料相当額を直ちに乙に支払います。

④ 前項の場合，乙が物件の返還を不能と判断したときは，甲は乙の請求により損害賠償として，別表(9)記載の損害賠償金を直ちに乙に支払います。

（遅延損害金）

第21条 甲は，第6条のリース料，その他この契約に基づく金銭の支払いを怠ったとき，または乙が甲のために費用を立替払いした場合の立替金償還を怠ったときには，支払うべき金額に対して支払期日または立替払日の翌日からその完済に至るまで，別表(10)記載の割合による遅延損害金を乙に支払います。

【第1案】

（再リース）

第22条 甲が，リース期間が満了する2か月前［注4］までに乙に対して予告した場合には，甲と乙は協議して物件について新たなリース契約を締結できます。

【第2案】

（再リース）

第22条 リース期間が満了する2か月前［注4］までに甲から乙に対して申出があり，乙がこれを承諾したときは，甲と乙は，別表(11)記載の再リース料及び別表(12)記載の再リース規定損害金をもって，その他はこの契約と同一条件でこの契約の満了日の翌日から更に1年間再リースできるものとし，以

後についても同様とします。

［注4］ここでは，例示として「2か月前」とした。

（物件の返還・清算）

第23条① この契約がリース期間の満了または解除により終了したとき，若しくは第20条第1項によって乙から物件の返還の請求があったときは［注5］，甲は，直ちに甲の責任と負担で，物件の引渡し完了後に生じた損傷（通常の使用及び収益によって生じた損耗並びに経年劣化を除き，甲の責任によらない事由による損傷を含む。）を原状に回復したうえ，乙の請求に従い乙の指定する場所に返還します。なお，第9条第4項により甲の所有権が認められた動産が物件に付着しているときは，甲は，甲の責任と負担で当該動産をすべて分離収去しなければならないものとします。また，物件にデータ（電磁的記録）が記録されているときは，甲は，甲の責任と負担で当該データを消去して物件を乙に返還するものとし，返還後に当該データが漏洩したとしても，乙は，一切の責任を負いません。

② 甲が物件の返還を遅滞したときは，甲は返還完了まで，遅延日数に応じリース料相当額の損害金を乙の請求に従い乙に支払うとともに，この契約の定めに従います。

③ 甲が物件の返還を遅滞した場合において，乙または乙の指定する者による所在場所からの物件の引揚げについて，甲は，これを妨害したり拒んだりしません。なお，物件の引揚げに関する一切の費用は甲の負担とします。

④ 甲が物件に付着させた動産の収去または物件の原状回復を怠ったときは，甲は，乙が支払った当該動産の収去及び物件の原状回復に要した費用を乙の請求に従い乙に支払うとともに，乙が蒙った損害のすべてを賠償します。

⑤ リース期間の満了以外の事由により，物件が返還され，かつ，第20条第1項(A)のリース料及びその他費用の全部［注6］が支払われたときは，その金額を限度として，乙の選択により，物件を相当の基準に従って乙が評価した金額または相当の基準に従って処分した金額から，その評価または処分に要した一切の費用及び乙が相当の基準に従って評価した満了時の見込残存価額を差引いた金額を甲に返還します。本項の規定は前条の再リースには適用されません。

⑥ 甲から乙に物件が返還され，乙が当該物件を廃棄処分し，この契約締結時に施行されていない法令（物件の廃棄処分に適用される法律，政令，省令，条例等であって，この契約締結時に施行されていたものが改正された場合も含む。）により廃棄等の費用が生じた場合は，乙は甲に当該費用の全部または一部の負担を求めることができます。

［注5］ここではA方式を示しているが，B，C方式の場合には，「若しくは第20条第1項によって乙から物件の返還の請求があったときは」を削除する。

［注6］ここではA方式を示しているが，B方式の場合には「第20条第2項の規定損害金」，C方式の場合には「第20条第3項の損害賠償として残存リース料相当額」となる。

【特定債務保証型】

（連帯保証人）

第24条① 連帯保証人は，この契約に基づく甲の乙に対する次の各号に掲げる支払債務（以下「主たる債務」という。）を保証し，甲と連帯して，債務履行の責任を負います。

1．第6条に規定するリース料及び第13条第3項の消費税等相当額
2．第18条第2項に規定する損害賠償金（別表(8)記載の金額）
3．第20条第1項に規定するリース料の全部［注7］
4．前各号に係る第21条に規定する遅延損害金

② 乙が連帯保証人のいずれか一人に対して履行の請求をしたときは，甲及び他の連帯保証人に対しても，この履行の請求の効力が生ずるものとします。

③ 連帯保証人が保証債務を履行した場合，連帯保証人は，この契約及び第22条の再リース契約に基づく取引が終了し，かつ，主たる債務すべてが弁済されるまで，書面による乙の事前の承諾がなければ乙の権利に代位しません。

④ 連帯保証人は，乙がその都合によって他の保証または担保を変更若しくは解除しても，免責の主張及び損害賠償の請求をしません。

⑤ 連帯保証人が法人でないときは，以下の規定が適用されるものとします。

　　1．甲は，以下の情報をすべて，法人ではない連帯保証人に提供済みであること，及び提供した情報が真実，正確であり，かつ，不足がないことを，乙に対して表明及び保証します。
　　　ア　財産及び収支の状況
　　　イ　主たる債務以外に負担している債務の有無並びにその額及び履行状況
　　　ウ　主たる債務の担保として他に提供し，または提供しようとするものがあるときは，その旨及びその内容
　　2．法人ではない連帯保証人は，甲から前号の情報すべての提供を受けたことを，乙に対して表明及び保証します。

⑥ 甲は，乙が連帯保証人に対して，甲の乙に対する債務の履行状況を開示することをあらかじめ承諾します。

　　［注7］ここでは第20条においてA方式を採用している場合を示しているが，B方式の場合には「第20条第2項に規定する規定損害金」，C方式の場合には「第20条第3項に規定する残存リース料相当額」となる。

【根保証型】

（連帯保証人）

第24条① 連帯保証人は，この契約及び第22条の新たなリース契約［注8］に基づく甲の乙に対する一切の債務（以下「主たる債務」という。）を保証し，甲と連帯して，債務履行の責任を負います。

② 乙が連帯保証人のいずれか一人に対して履行の請求をしたときは，甲及び他の連帯保証人に対しても，この履行の請求の効力が生ずるものとします。

③ 連帯保証人が保証債務を履行した場合，連帯保証人は，この契約及び第22条の再リース契約に基づく取引が終了し，かつ，主たる債務すべてが弁済されるまで，書面による乙の事前の承諾がなければ乙の権利に代位しません。

④ 連帯保証人は，乙がその都合によって他の保証または担保を変更若しくは解除しても，免責の主張及び損害賠償の請求をしません。

⑤ 連帯保証人が法人でないときは，以下の規定が適用されるものとします。

　　1．法人ではない連帯保証人の本条に基づく保証債務の極

度額は，別表(13)記載の金額とします。法人である連帯保証人につき，その保証債務に極度額は定めません。

② 甲は，以下の情報をすべて，法人ではない連帯保証人に提供済みであること，及び提供した情報が真実，正確であり，かつ，不足がないことを，乙に対して表明及び保証します。
　　ア　財産及び収支の状況
　　イ　主たる債務以外に負担している債務の有無並びにその額及び履行状況
　　ウ　主たる債務の担保として他に提供し，または提供しようとするものがあるときは，その旨及びその内容

3．法人ではない連帯保証人は，甲から前号の情報すべての提供を受けたことを，乙に対して表明及び保証します。

⑥ 甲は，乙が連帯保証人に対して，甲の乙に対する債務の履行状況を開示することをあらかじめ承諾します。

　　［注8］ここでは「新たなリース契約」とし，第22条で第1案を採用した場合を示しているが，第2案を採用する場合には「再リース契約」となる。

（弁済の充当）

第25条 この契約に基づく甲の弁済が債務全額を消滅させるに足りないときは，乙は，乙が適当と認める順序及び方法により充当することができ，甲は，その充当に対して異議を述べません。

（反社会的勢力の排除）

第26条① 甲及び連帯保証人は，この契約（再リース契約を含む。）の締結日において，自ら及びそれぞれの役員が，暴力団，暴力団員，暴力団員でなくなった時から5年を経過しない者，暴力団準構成員，暴力団関係企業，暴力団関係団体，総会屋，社会運動等標ぼうゴロ，特殊知能暴力集団等，その他これらに準ずる者（以下「暴力団等」と総称する。）に該当しないこと，及び次の各号のいずれにも該当しないことを表明し，かつ将来にわたっても該当しないことを確認します。

　　1．暴力団等が経営を支配していると認められる関係を有すること。
　　2．暴力団等が経営に実質的に関与していると認められる関係を有すること。
　　3．自己，自社若しくは第三者の不正の利益を図る目的または第三者に損害を加える目的をもってするなど，不当に暴力団等の威力を利用していると認められる関係を有すること。
　　4．暴力団等に対して資金等を供給し，または便宜を供与するなどの関与をしていると認められる関係を有すること。
　　5．その他暴力団等との社会的に非難されるべき関係を有すること。

② 甲及び連帯保証人は，自らまたはそれぞれの役員若しくは第三者を利用して次の各号に該当する行為を行わないことを確約します。

　　1．暴力的な要求行為。
　　2．法的な責任を超えた不当な要求行為。
　　3．乙との取引に関して，脅迫的な言動をし，または暴力を用いる行為。
　　4．風説を流布し，偽計を用いまたは威力を用いて乙の信

用を毀損し、または乙の業務を妨害する行為。
5．その他前各号に準ずる行為。
③　甲、連帯保証人またはそれぞれの役員が、暴力団等若しく
は第1項各号のいずれかに該当し、若しくは前項各号のいず
れかに該当する行為をし、または第1項の規定に基づく表明・
確約に反する事実が判明したときは、乙は、催告を要しない
で通知のみで、この契約を解除することができ、解除に伴う
措置については第20条第1項（Ａ方式1項、Ｂ方式2項、
Ｃ方式3項）［注9］、第21条、第23条が適用されるものと
します。
④　前項の乙の権利行使により、甲、連帯保証人または当該役
員に損害が生じても、乙は一切の責任を負担しません。
　　［注9］ここでは第20条においてＡ方式を採用した場合を
　　　　　示した。Ｂ方式を採用した場合は第20条第2項となり、
　　　　　Ｃ方式（折衷型）を採用した場合は第20条第3項となる。

（特約）
第27条①　別表⒁［注10］記載の特約は、この契約の他の条
項に優先して適用されます。
②　この契約と異なる合意は、別表⒁［注10］に記載するか、
別に書面で甲と乙とが合意しなければ効力はないものとしま
す。

　　［注10］ここでは「別表⒁」とし、第22条で第2案、かつ、
　　　　　　第24条で根保証型を採用した場合を示している。

（合意管轄）
第28条　甲及び連帯保証人、乙は、この契約について訴訟の
必要が生じたときは、乙の本店を管轄する地方裁判所のみを
第一審の専属管轄裁判所とすることに合意します。

（通知の効力）
第29条　第20条の通知その他この契約に関し乙が甲または連
帯保証人に対して発した書面であって、この契約書記載また
は第12条により通知を受けた甲または連帯保証人の住所あ
てに差し出された書面は、通常到達すべきときに到達したも
のとみなし、甲は不着または延着によって生じた損害または
不利益を乙に対して主張することはできません。

（公正証書）
第30条　甲及び連帯保証人は、乙から請求があったときは、
甲の費用負担でこの契約を強制執行認諾条項を付した公正証
書とします。

別 表

(1)物 件 の 売 主 (第1条)	商号・住所				
(2)物 件 (第1条)	物件名・数量・製造者の商号・住所				
(3)物件の搬入・引渡し・ 使用場所 (第3条・第4条・第9条)					
(4)リ ー ス 期 間 (第5条)	＿＿＿＿＿＿か月（ただし，物件借受証の借受日を始期とします。）				
(5)リース料・消費税等額・ 支払回数・支払日・ 支払方法 (第6条・第13条)	1か月当たり				

	1か月当たり リ ー ス 料	円	消費税等額	円	計	円
	支 払 回 数		支 払 日			
	支 払 方 法					

(6)前 払 リ ー ス 料 (第7条)	前 払 リ ー ス 料	円	（1か月当たり消費税額込みリース料×前払リース料 充当月数）	
	前払リース料支払日			
	前 払 リ ー ス 料 充 当 月 数		前払リース料は最終月から遡って前払リース料充当 月数分のリース料及び消費税等額に，その支払日が 到来する都度，充当されます。	

(7)保 険 (第15条)	動産総合保険 （ただし，地震，乙の故意または重大な過失，その他保険約款に定める） （免責条項に起因する損害については，担保されません。 ） 被保険者：乙
(8)損 害 賠 償 金 (第18条)	
(9)規 定 損 害 金〔B方式〕 損 害 賠 償 金〔C方式〕 (第20条)	
(10)遅 延 損 害 金 (第21条)	年　　　％ （1年に満たない端数期間については，1年を365日とする日割計算とします。）

(11)再 リ ー ス 料 (第13条，第22条)	再 リ ー ス 料	円	消費税等額	円	計	円
	支 払 日					

(12)再リース規定損害金 (第22条)	
(13)極 度 額 （根保証型） (第24条)	
(14)特 約 (第27条)	

（注）この別表は，第22条（再リース）で第2案，かつ，第24条（連帯保証人）で根保証型を採用する場合を示している。

238

物件借受証

借受日（リース開始日）	年　　月　　日

〔賃貸人〕

＊＊＊＊リース株式会社　御中

契約年月日	年　　月　　日
契約番号	
契約の名称	

〔賃借人〕

住　　所

会　社　名

代表者名　　　　　　　　　㊞

　貴社と当社との間で締結した上記契約に基づき，下記物件の検査の結果，物件の品質，種類及び数量（規格，仕様，性能その他物件につき当社が必要とする一切の事項を含む。）が上記契約の内容に適合していることを確認しましたので，上記借受日をもってその引渡しを受けました。なお，上記借受日から上記契約に基づき下記物件を使用します。

製造業者名・品名・仕様・型式	機械（機体）番号	数　　　量
売主の商号，住所		
物件の引渡場所		

注 文 書（参考）

契約 No.　＿＿＿＿＿＿

＿＿＿＿＿＿＿年　　月　　日

〔売主〕

○○○○　株式会社　御中

〔買主〕

住　所

氏　名　　＊＊＊＊リース株式会社

取締役社長　● ● ● ●　㊞

　貴社と借主との間の約定による本書記載物件のリース契約に基づき，下記の通りご注文申し上げ
ますので，折り返し請書をご送付くださいますようお願い申し上げます。

〔借主の商号（氏名），住所〕

〔物件及び売買代金の表示〕

製造業者名，物件名（機種，仕様等）	数　量	単　価	金　額
物 件 代 金 （ 合 計 ）	──	──	

〔取引条件〕

搬 入 期 日	年　　月　　日
引 渡 場 所	住所及び場所
支 払 条 件	支払日及び支払方法
負 担 費 用	運賃，荷造費，設置・調整・検査費用（売主負担）
その他取引条件	
特　　　　約	

〔売買条件〕

(売買契約の目的)
第1条 売主は、表記の物件（ソフトウエア付の場合はソフトウエアを含む。以下同じ。以下「物件」という。）を買主に売渡し、買主はこれを買受けます。

② 売主及び買主は、買主の購入目的が、物件を買主と表記の借主（以下「借主」という。）との間のリース契約（以下「リース契約」という。）の目的とするために取得するものであること、そのため、売主、物件の品質、種類及び数量（規格、仕様、性能その他物件につき借主が必要とする一切の事項を含む。以下これらを総称して「品質等」という。）はすべて借主の指定によるものであることを確認します。

(売買契約の成立)
第2条 この契約は、買主が売主から注文請書を受領したときに成立します。

(物件の搬入・引渡し)
第3条 売主は、物件を借主が指定した表記の引渡場所に搬入するものとし、搬入したときから引渡までの間、借主をして、売主のために物件を善良な管理者の注意をもって保管させます。

② 借主が、搬入された物件を検査し物件の品質等がリース契約の内容に適合していることを確認のうえ、リース契約に基づく物件借受証を買主に発行し、買主がこれを受領したときに、物件借受証記載の借受日をもって、売主から買主に物件が引渡されたものとします。

(所有権の移転)
第4条 物件の所有権は、物件の引渡しと同時に、売主から買主に移転します。

(危険負担)
第5条 物件の引渡までに、売主及び買主の双方の責任によらない事由によって、売主が買主に対して、契約内容に適合した物件の引渡、完全な所有権の移転その他売主としての債務を履行することができなくなったときは、買主は、売買代金の支払いその他の債務の履行を拒むことができます。

② 物件が表記の引渡場所に搬入された後、借主が物件の検査または物件借受証の発行を拒否し、若しくは借主が物件の保管について善良な管理者の注意を怠ったことにより、売主が買主に対する前項の債務を履行することができなくなったときも前項と同様とします。

(物件の品質等の担保責任)
第6条 物件の品質等についての担保責任（物件の補修、代替物の引渡しまたは不足分の引渡しによる履行追完責任、代金減額、損害賠償、契約解除を含む。）、期間内保証、保守サービスその他売主の便益供与または義務の履行については、売主が借主に対して直接その責任を負います。また、売主が自ら責任を負うべき事由による物件の引渡遅延または引渡不能によって、借主に損害を与えたときも同様とします。

② 第3条第2項の検査時または検査完了後に物件の品質等がこの契約の内容に適合していないことが判明した場合は、買主から売主に対する通知が遅延した場合においても、売主は

買主に対してこの契約の全部若しくは一部の解除、補修、代品との引換え、または損害賠償（買主の得べかりし利益を含む。）の請求に応じます。

③ 前項の場合において、買主が前項の請求権を買主の地位とともに、またはその地位と切離して借主に譲渡しても、売主は、何ら異議を述べません。

④ 借主が不当に物件の引渡しを拒んだり、遅らせたりしたときは、売主は、直接借主に対して引渡しを受けることを請求します。

(物件の保守・修繕)
第7条 売主は、借主から要求があった場合には、物件の保守または修繕を行います。

(第三者の権利侵害)
第8条 物件が第三者の特許権、実用新案権、商標権、意匠権または著作権その他知的財産権に抵触したときは、売主は自己の負担と責任により紛争を解決し、買主及び借主の蒙ったすべての損害を賠償します。

(契約の解除)
第9条 物件の注文から引渡までに、買主の責任によらない事由でリース契約が締結されなかった場合、またはリース契約が解除された場合、買主は、無条件で注文を撤回し、またはこの契約を解除することができます。

② 売主がその債務の履行を怠り、またはその債務の履行を不能とし、その他この契約の条項の一つにでも違反したときは、買主は、催告を要しないで売主への通知のみで無条件で注文の撤回またはこの契約の解除ができます。

③ 第5条第1項または同条第2項に該当したときも前項と同様とします。

④ 前三項に基づき注文が撤回され、またはこの契約が解除された場合、売主は、その責任で原状回復を行い、物件の調達、製造、据付、原状回復、解体、運搬等に要した費用その他売主に生じた損害の負担については、借主との間で解決するものとし、買主に対しては一切の責任を負担させません。

(費用負担等)
第10条 この契約に関する費用及びこの契約の履行に関する費用その他この売買に関する一切の費用は、いかなる場合においてもすべて売主の負担とします。

② 注文書発行後に税法等が改正されて諸税、運賃その他が増額された場合、その増額分はすべて売主が負担し、売買代金その他取引条件は変更できないものとします。

(反社会的勢力の排除)
第11条 売主は、この契約の締結日において、自ら及びその役員が、暴力団、暴力団員、暴力団員でなくなった時から5年を経過しない者、暴力団準構成員、暴力団関係企業、暴力団関係団体、総会屋、社会運動等標ぼうゴロ、特殊知能暴力集団等、その他これらに準ずる者（以下「暴力団等」と総称する。）に該当しないこと、及び次の各号のいずれにも該当しないことを表明し、かつ将来にわたっても該当しないことを確約します。

1. 暴力団等が経営を支配していると認められる関係を有すること。

2．暴力団等が経営に実質的に関与していると認められる
　関係を有すること。
3．自己，自社若しくは第三者の不正の利益を図る目的ま
　たは第三者に損害を加える目的をもってするなど，不当
　に暴力団等の威力を利用していると認められる関係を有
　すること。
4．暴力団等に対して資金等を供給し，または便宜を供与
　するなどの関与をしていると認められる関係を有するこ
　と。
5．その他暴力団等との社会的に非難されるべき関係を有
　すること。
② 売主は，自らまたはその役員若しくは第三者を利用して次
　の各号に該当する行為を行わないことを確約します。
1．暴力的な要求行為。
2．法的な責任を超えた不当な要求行為。
3．買主との取引に関して，脅迫的な言動をし，または暴
　力を用いる行為。
4．風説を流布し，偽計を用いまたは威力を用いて買主の
　信用を毀損し，または買主の業務を妨害する行為。
5．その他前各号に準ずる行為。
③ 売主またはその役員が，暴力団等若しくは第1項各号のい
ずれかに該当し，若しくは前項各号のいずれかに該当する行
為をし，または第1項の規定に基づく表明・確約に反する事
実が判明したときは，買主は催告を要しないで売主への通知
のみで無条件での注文の撤回またはこの契約の解除ができま
す。
④ 買主は，前項の注文の撤回またはこの契約の解除により，
売主または当該役員に損害が生じても一切の責任を負担しま
せん。また，買主が借主から損害賠償請求を受ける等，買主
に損害が生じたときは，売主がその責任を負担します。

（特約）
第12条　表記の特約は，この契約の他の条項に優先して適用
されます。
② この契約と異なる合意は，表記の特約欄に記載するか，別
に書面で売主と買主が合意しなければ効力はないものとしま
す。

（合意管轄）
第13条　買主及び売主は，この契約について訴訟の必要が生
じたときは，買主の本店を管轄する地方裁判所のみを第一審
の専属管轄裁判所とすることに合意します。

注 文 請 書 (参考)

契約 No. _____

_____ 年　　月　　日

〔買主〕

＊＊＊＊リース株式会社　御中

〔売主〕

住　所

氏　名　　　　　　　　　㊞

下記及び裏面の条件に従い，注文をお請けします。

〔借主の商号（氏名），住所〕

| |
| |

〔物件及び売買代金表示〕

製造業者名，物件名（機種，仕様等）	数　量	単　価	金　額
物 件 代 金（合 計）	──	──	

〔取引条件〕

納 入 予 定 日	年　　月　　日
引 渡 場 所	住所及び場所
支 払 条 件	支払日及び支払方法
負 担 費 用	運賃，荷造費，設置・調整・検査費用（売主負担）
その他取引条件	
特　　　　約	

〔売買条件〕

(売買契約の目的)

第1条　売主は，表記の物件（ソフトウエア付の場合はソフトウエアを含む。以下同じ。以下「物件」という。）を買主に売渡し，買主はこれを買受けます。

② 売主及び買主は，買主の購入目的が，物件を買主と表記の借主（以下「借主」という。）との間のリース契約（以下「リース契約」という。）の目的物とするために取得するものであること，そのため，売主，物件の品質，種類及び数量（規格，仕様，性能その他物件につき借主が必要とする一切の事項を含む。以下これらを総称して「品質等」という。）はすべて借主の指定によるものであることを確認します。

(売買契約の成立)

第2条　この契約は，買主が売主から注文請書を受領したときに成立します。

(物件の搬入・引渡し)

第3条　売主は，物件を借主が指定した表記の引渡場所に搬入するものとし，搬入したときから引渡までの間，借主をして，売主のために物件を善良な管理者の注意をもって保管させます。

② 借主が，搬入された物件を検査し物件の品質等がリース契約の内容に適合していることを確認のうえ，リース契約に基づく物件借受証を買主に発行し，買主がこれを受領したときに，物件借受証記載の借受日をもって，売主から買主に物件が引渡されたものとします。

(所有権の移転)

第4条　物件の所有権は，物件の引渡しと同時に，売主から買主に移転します。

(危険負担)

第5条　物件の引渡しまでに，売主及び買主の双方の責任によらない事由によって，売主が買主に対して，契約内容に適合した物件の引渡し，完全な所有権の移転その他売主としての債務を履行することができなくなったときは，買主は，売買代金の支払いその他の債務の履行を拒むことができます。

② 物件が表記の引渡場所に搬入された後，借主が物件の検査または物件借受証の発行を拒否し，またはこれらを怠り，若しくは借主が物件の保管について善良な管理者の注意を怠ったことにより，売主が買主に対する前項の債務を履行することができなくなったときも前項と同様とします。

(物件の品質等の担保責任)

第6条　物件の品質等についての担保責任（物件の補修，代替物の引渡しまたは不足分の引渡しによる履行追完責任，代金減額，損害賠償，契約解除を含む。），期間内保証，保守サービスその他売主の便益供与または義務の履行については，売主が借主に対して直接その責任を負います。また，売主が自ら責任を負うべき事由による物件の引渡遅延または引渡不能によって，借主に損害を与えたときも同様とします。

② 第3条第2項の検査時または検査完了後に物件の品質等がこの契約の内容に適合していないことが判明した場合は，買主から売主に対する通知が遅延した場合においても，売主は

買主に対してこの契約の全部若しくは一部の解除，補修，代品との引換え，または損害賠償（買主の得べかりし利益を含む。）の請求に応じます。

③ 前項の場合において，買主が前項の請求権を買主の地位とともに，またはその地位と切離して借主に譲渡しても，売主は，何ら異議を述べません。

④ 借主が不当に物件の引渡しを拒んだり，遅らせたりしたときは，売主は，直接借主に対して引渡しを受けることを請求します。

(物件の保守・修繕)

第7条　売主は，借主から要求があった場合には，物件の保守または修繕を行います。

(第三者の権利侵害)

第8条　物件が第三者の特許権，実用新案権，商標権，意匠権または著作権その他知的財産権に抵触したときは，売主は自己の負担と責任により紛争を解決し，買主及び借主の蒙ったすべての損害を賠償します。

(契約の解除)

第9条　物件の注文から引渡しまでに，買主の責任によらない事由でリース契約が締結されなかった場合，またはリース契約が解除された場合，買主は，無条件で注文を撤回し，またはこの契約を解除することができます。

② 売主がその債務の履行を怠り，またはその債務の履行を不能とし，その他この契約の条項の一つにでも違反したときは，買主は，催告を要しないで売主への通知のみで無条件で注文の撤回またはこの契約の解除ができます。

③ 第5条第1項または同条第2項に該当したときも前項と同様にします。

④ 前三項に基づき注文が撤回され，またはこの契約が解除された場合，売主は，その責任で原状回復を行い，物件の調達，製造，据付，原状回復，解体，運搬等に要した費用その他売主に生じた損害の負担については，借主との間で解決するものとし，買主に対しては一切の責任を負担させません。

(費用負担等)

第10条　この契約に関する費用及びこの契約の履行に関する費用その他この売買に関する一切の費用は，いかなる場合においてもすべて売主の負担とします。

② 注文書発行後に税法等が改正されて諸税，運賃その他が増額された場合，その増額分はすべて売主が負担し，売買代金その他取引条件は変更できないものとします。

(反社会的勢力の排除)

第11条　売主は，この契約の締結日において，自ら及びその役員が，暴力団，暴力団員，暴力団員でなくなった時から5年を経過しない者，暴力団準構成員，暴力団関係企業，暴力団関係団体，総会屋，社会運動等標ぼうゴロ，特殊知能暴力集団等，その他これらに準ずる者（以下「暴力団等」と総称する。）に該当しないこと，及び次の各号のいずれにも該当しないことを表明し，かつ将来にわたっても該当しないことを確約します。

　　1．暴力団等が経営を支配していると認められる関係を有すること。

2．暴力団等が経営に実質的に関与していると認められる
関係を有すること。
3．自己，自社若しくは第三者の不正の利益を図る目的ま
たは第三者に損害を加える目的をもってするなど，不当
に暴力団等の威力を利用していると認められる関係を有
すること。
4．暴力団等に対して資金等を供給し，または便宜を供与
するなどの関与をしていると認められる関係を有するこ
と。
5．その他暴力団等との社会的に非難されるべき関係を有
すること。
② 売主は，自らまたはその役員若しくは第三者を利用して次
の各号に該当する行為を行わないことを確約します。
1．暴力的な要求行為。
2．法的な責任を超えた不当な要求行為。
3．買主との取引に関して，脅迫的な言動をし，または暴
力を用いる行為。
4．風説を流布し，偽計を用いまたは威力を用いて買主の
信用を毀損し，または買主の業務を妨害する行為。
5．その他前各号に準ずる行為。
③ 売主またはその役員が，暴力団等若しくは第1項各号のい

ずれかに該当し，若しくは前項各号のいずれかに該当する行
為をし，または第1項の規定に基づく表明・確約に反する事
実が判明したときは，買主は催告を要しないで売主への通知
のみで無条件での注文の撤回またはこの契約の解除ができま
す。
④ 買主は，前項の注文の撤回またはこの契約の解除により，
売主または当該役員に損害が生じても一切の責任を負担しま
せん。また，買主が借主から損害賠償請求を受ける等，買主
に損害が生じたときは，売主がその責任を負担します。

(特約)
第12条 表記の特約は，この契約の他の条項に優先して適用
されます。
② この契約と異なる合意は，表記の特約欄に記載するか，別
に書面で売主と買主が合意しなければ効力はないものとしま
す。

(合意管轄)
第13条 買主及び売主は，この契約について訴訟の必要が生
じたときは，買主の本店を管轄する地方裁判所のみを第一審
の専属管轄裁判所とすることに合意します。

ファイナンス・リース事業者におけるマネー・ローンダリング
及びテロ資金供与対策に関するガイドライン

2019 年 9 月 25 日
公益社団法人リース事業協会

はじめに

　マネー・ローンダリング[※1]及びテロ資金供与（以下「マネロン・テロ資金供与」という。）
の対策は、国際的な枠組みである FATF（Financial Action Task Force：金融活動作業部会）
が策定する基準に従って実施されている。

　わが国においては、マネロン・テロ資金供与対策のために、犯収法（2008 年施行）が制定
されているが、ファイナンス・リース事業者[※2]は、同法の特定事業者とされ、顧客等の取引
時確認等の義務が課されている。

　当協会の会員会社は、ファイナンス・リース事業者として、犯収法等に定められた義務を
履行し、当協会においても会員会社に対し、マネロン・テロ資金供与対策に対する情報提供
等を行っているが、マネロン・テロ資金供与対策を巡る国内外の情勢を踏まえると、マネロ
ン・テロ資金供与対策の更なる強化が求められている。

　このガイドラインは、当協会及び会員会社におけるマネロン・テロ資金供与対策の取組を
更に強化し、これを促進するために、経済産業省消費経済企画室の助言を受けて取りまとめ
たものであり、マネロン・テロ資金供与対策を巡る状況変化に応じて随時改訂する。

凡例
- 「犯罪による収益の移転防止に関する法律」（平成 19 年法律第 22 号）を「犯収法」と
  表記し、同法の施行令・施行規則を「犯収法施行令」、「犯収法施行規則」と表記する。
- 犯収法・犯収法施行令・犯収法施行規則を「犯収法等」と表記する。
- 「犯罪収益移転防止法に関する留意事項について（ファイナンスリース事業者）」（平成
  24 年 11 月　経済産業省商務情報政策局消費経済企画室）を「留意事項」と表記する。
- 「ファイナンスリース事業者における疑わしい取引の参考事例」（平成 25 年 3 月 19 日
  経済産業省商務流通保安グループ消費経済企画室）を「参考事例」と表記する。
- ガイドラインで用いる用語の定義は、犯収法・犯収法施行令・犯収法施行規則の定義を
  用いる。

１．ガイドラインの目的

　当協会及び会員会社はガイドラインの取組を実施することにより、マネロン・テロ資金供
与の防止に寄与し、もって、公正かつ自由な経済活動を促進し、わが国経済の健全な発展に
資することを目的とする。

２．基本的な考え方

　会員会社は、犯収法に基づく取引時確認、確認記録・取引記録の作成・保存、疑わしい取引
の届出を確実に履行するとともに、ファイナンス・リース取引におけるマネロン・テロ資金
供与のリスクを特定・評価[※3]し、その評価を踏まえ、取引時確認等を的確に行うための措置
を講ずるものとし、これらを的確に実施するための社内体制を整備するものとする。

1

3．会員会社の取組

（1）取引時確認

1）通常取引（ハイリスク取引等以外の取引）

会員会社は、犯収法第4条第1項に基づき、顧客等との間でファイナンス・リース取引の契約を締結するに際して、以下の点に留意し、顧客等の取引時確認を確実に実施するものとする。

①顧客等の本人特定事項の確認

- 顧客等及び代表者等の氏名、住居、生年月日を確認する際に、これらの者から提示または送付される書類が犯収法等に則して的確なものであることを確認するとともに、その信憑性を確認すること。
- 顧客等及び代表者等がなりすまし・本人特定事項の偽り等を行っているおそれがあることを踏まえ、例えば取引時確認に写真が貼付されていない本人確認書類を用いて行うなどの取引は、特に、顧客等と取引の相手方の同一性判断に慎重を期すなどして、十分に注意を払うこと。
- 代表者等が取引の任に当たっていることの確認を確実に行うこと。

②取引を行う目的

- 留意事項を参考として、業務用設備または業務外設備の確認を確実に行うこと。なお、留意事項で示された類型は例示であるため、会員会社において、これらの類型を参考としつつ、特定取引の内容や個別の業務・取引実態等に応じ、異なる類型により確認することは差し支えない。

③事業内容

- 留意事項を参考として、顧客等の事業内容の確認を確実に行うこと。なお、留意事項で示された類型は例示であるため、会員会社において、これらの類型を参考としつつ、特定取引の内容や個別の業務・取引実態等に応じ、異なる類型により確認することは差し支えない。

職業（顧客等が自然人の場合）	事業の内容（顧客等が法人の場合）
□ 会社役員／団体役員	□ 農業／林業／漁業
□ 会社員／団体職員	□ 製造業
□ 公務員	□ 建設業
□ 個人事業主／自営業	□ 情報通信業
□ パート／アルバイト／派遣社員／契約社員	□ 運輸業
□ 主婦	□ 卸売／小売業
□ 学生	□ 金融業／保険業
□ 退職された方／無職の方	□ 不動産業
□ その他（　　　　　　　　　）	□ サービス業
	□ その他（　　　　　　　　　）

2

④法人の実質的支配者の確認

- 顧客等が法人の場合は、その法人の実質的支配者の確認（外国 PEPs[※4]の該当・非該当の確認を含む。）を確実に行うこと。
- 実質的支配者の確認は、代表者等からの申告を受けて行うが、会員会社の知識、経験及びその保有するデータベース等に照らして合理的でないと認められる者を実質的支配者として申告している場合は、代表者等に対して正確な申告を促すものとする。

2）ハイリスク取引

会員会社は、犯収法第 4 条第 2 項に基づく厳格な顧客管理を行う必要性が高いと認められる取引を行おうとする場合には、上記 1）の通常取引における取引時確認に加えて、厳格な取引時確認を行うものとする。

①なりすましの疑いまたは本人特定事項を偽っている疑いがある顧客との取引
②特定国等（イラン、北朝鮮等）に居住している顧客との取引
③外国 PEPs との取引

3）簡素な顧客管理が許容される取引

1 回当たりのリース料が 10 万円以下となるファイナンス・リース取引の契約締結は、簡素な顧客管理が許容されているが、以下の場合は、顧客等の取引時確認が必要となることに留意すること。

①同一のユーザーとの間で二以上の取引等を同時に又は連続して行う場合において、当該二以上の取引等が 1 回当たりの取引の金額等を減少させるために一の取引等を分割したものであることが一見して明らかな取引
②疑わしい取引に該当する取引
③同種の態様と著しく異なる態様で行われる取引

（2）確認記録・取引記録の作成・保存

会員会社は、犯収法第 6 条及び第 7 条に基づき、確認記録・取引記録の作成・保存を確実に実施するとともに、取引時確認をした事項に係る情報を最新の内容に保つための措置を講ずるものとする。

（3）疑わしい取引の届出

会員会社は、犯収法第 8 条に基づき、疑わしい取引の届出を確実に実施するものとする。
この届出に際しては、参考事例を必ず参照するものとするが、個別具体的な取引が疑わしい取引に該当するか否かについては、会員会社において、顧客の属性、取引時の状況その他保有している当該取引に係る具体的な情報を最新の内容に保ちながら総合的に勘案して判断する必要があり、形式的に合致するものがすべて疑わしい取引に該当するものではなく、参考事例に示された事例に該当しない取引であっても、会員会社が疑わしい取引に該当すると

判断したものについては届出を行う必要があることに留意すること。

（4）リスクの特定・評価

　会員会社がファイナンス・リース取引のマネロン・テロ資金供与のリスクを特定・評価するためには、自らが行う取引について調査・分析し、その取引によるマネロン・テロ資金供与のリスク評価をして、その結果を記載した「特定事業者作成書面等」（以下「リスク評価書」という。）を作成することが強く期待される。

　リスク評価書を既に作成している会員会社においては、リスク評価書に基づき取引時確認等を的確に行うとともに、国家公安委員会が毎年公表する犯罪収益移転危険度調査書の内容等を勘案して、リスク評価書の見直しを定期的に行うものとする。

　なお、リスク評価書を作成する予定の会員会社またはリスク評価書を未作成の会員会社においては、以下の取引類型はマネロン・テロ資金供与リスクが高いと考えられるため、リスク評価書を作成するまでの間、取引時確認等を的確に行うための措置を講ずるものとする。

マネロン・テロ資金供与リスクが高い取引	措置内容
顧客等及び代表者等とサプライヤーが共謀して実態の伴わない契約（空リース、多重リース、架空取引、借名取引）を締結するなど、犯罪の収益の移転に利用される可能性がある取引	顧客等及び代表者等の取引時確認を徹底するとともに、顧客等及び代表者等とサプライヤーとの関係を審査する。 その結果、左記の取引に該当すると判断した場合は、取引の謝絶を含めて、リスクを遮断する措置を講ずる。
反社会的勢力との取引	顧客等及び代表者等が左記に該当しないか確認をし、その結果、顧客等及び代表者等が左記に該当する場合は、取引の謝絶を含めて、リスクを遮断する措置を講ずる。
実質的支配者が不透明な法人との取引	実質的支配者が不透明な場合、代表者等に対して正確な申告を促す。 その結果、左記の取引に該当すると判断した場合は、取引の謝絶を含めて、リスクを遮断する措置を講ずる。
特定国等（イラン、北朝鮮等）に居住している顧客との取引、外国 PEPs との取引	顧客等が左記に該当しないか確認し、その結果、顧客等が左記に該当する場合は、取引の謝絶を含めて、リスクを遮断する措置を講ずる。例外的に取引をする場合においては、厳格な取引時確認を行う。

注）取引の謝絶に際しては、マネロン・テロ資金供与対策の名目で合理的な理由なく取引の謝絶等を行わないことに留意すること。

4

（5）取引時確認等を的確に行うための措置

　会員会社は、各社が特定・評価したマネロン・テロ資金供与リスク等を勘案し、取引時確認等を的確に行うための措置をできる限り講ずるものとする。

　①従業員に対する教育訓練の実施

　②取引時確認等の措置の実施に関する規程の作成

　③統括管理者の選任

　④その他

　　a) リスク評価書の内容を勘案し、上記（1）から（4）までの取引時確認等の措置を行うに際して必要な情報を収集するとともに、当該情報を整理及び分析すること。

　　b) リスク評価書の内容を勘案し、確認記録及び取引記録等を継続的に精査すること。

　　c) 顧客等との取引がハイリスク取引に該当する場合には、当該取引を行うに際して、当該取引の任に当たっている職員に統括管理者の承認を受けさせること。

　　d) ハイリスク取引について、上記 a)により情報の収集、整理及び分析を行ったときは、その結果を記載した書面等を作成し、確認記録または取引記録等と共に保存すること。

　　e) 取引時確認等の措置の的確な実施のために必要な能力を有する者を従業員として採用するために必要な措置を講ずること。

　　f) 取引時確認等の措置の的確な実施のために必要な監査を実施すること。

４．当協会の取組

　当協会は、会員会社の取組を支援するために、犯収法及びガイドラインに関する情報を随時提供するとともに、マネロン・テロ資金供与対策に関する研修を実施する。

５．フォローアップ調査

　当協会は、年 1 回、会員会社に対して、ガイドラインの取組状況に関するフォローアップ調査を実施する。調査結果は、理事会の承認を得て、経済産業省消費経済企画室に報告する。

　会員会社は、この調査に協力するものとし、会員会社の代表者名で当協会に調査票を提出するものとする。また、当協会は、ガイドラインの取組を適切に実施していないと認める会員会社に対し、その理由と改善策の報告を求め、会員会社はこれに応じるものとする。

６．その他

　ガイドラインは 2019 年 9 月 25 日から適用することとし、適用日時点でガイドラインに則した対応が未整備の会員会社においては、速やかに対応するものとする。

　会員会社の子会社でファイナンス・リース事業を営む会社（当協会の非会員会社）においても、当該会社の親会社となる会員会社からガイドラインに則した対応を促すものとする。

　ガイドラインの改正は、法制委員会で審議し、理事会の決議を経て行うものとする。また、ガイドラインの運用に必要な細則等は法制委員会が別に定める。

以上

※1　マネー・ローンダリング（Money Laundering：資金洗浄）とは、「一般に、犯罪によって得た収

益を、捜査機関による収益の発見や検挙を逃れようとする行為をいう。このような行為を放置すると、犯罪による収益が、将来の犯罪活動や犯罪組織の維持・強化に使用され、組織的な犯罪及びテロリズムを助長するとともに、これを用いた事業活動への干渉が健全な経済活動に重大な悪影響を与えることから、国民生活の安全と平穏を確保するとともに、経済活動の健全な発展に寄与するため、マネー・ローンダリングを防止することが重要である。」とされている（国家公安委員会「平成30年犯罪収益移転年次報告」（平成30年12月））。

※2　犯収法・犯収法施行令・犯収法施行規則において、以下のとおり定められている。

犯収法	犯収法施行令	犯収法施行規則
第2条　（略） 2　（略） 三十八　顧客に対し、その指定する機械類その他の物品を購入してその賃貸（政令で定めるものに限る。）をする業務を行う者	第3条　法第2条第2項第38号に規定する政令で定める賃貸は、次の要件を満たす賃貸とする。 一　賃貸に係る契約が、当該賃貸の期間の中途においてその解除をすることができないものであること又はこれに準ずるものとして主務省令で定めるものであること。 二　賃貸を受ける者が当該賃貸に係る機械類その他の物品の使用からもたらされる経済的な利益を実質的に享受することができ、かつ、当該物品の使用に伴って生ずる費用を実質的に負担すべきこととされているものであること。	第2条　犯罪による収益の移転防止に関する法律施行令第3条第1号に規定する主務省令で定めるものは、賃貸に係る契約のうち解除することができない旨の定めがないものであって、賃借人が、当該契約に基づく期間の中途において当該契約に基づく義務に違反し、又は当該契約を解除する場合において、未経過期間に係る賃貸料のおおむね全部を支払うこととされているものとする。 2　機械類その他の物品の賃貸につき、その賃貸の期間（当該物品の賃貸に係る契約の解除をすることができないものとされている期間に限る。）において賃貸を受ける者から支払を受ける賃貸料の額の合計額がその物品の取得のために通常要する価額のおおむね100分の90に相当する額を超える場合には、当該物品の賃貸は、令第3条第2号の物品の使用に伴って生ずる費用を実質的に負担すべきこととされているものであることに該当するものとする。

※3　FATF勧告の解釈ノートにおいて、事業者に対し、「自らが取り扱う商品・サービス等の資金洗浄及びテロ資金供与のリスクを特定、評価するための適切な手段をとること」として、事業者自らがリスクベース・アプローチを実施することを要請している。わが国の犯収法においても、このアプローチが採用されている。

※4　PEPs は Politically Exposed Persons の略語であり、外国において重要な公的地位にある者（以下参照）及びこれらの者の家族が該当する。
　　・元首、わが国における内閣総理大臣その他の国務大臣及び副大臣に相当する職
　　・わが国における衆議院議長、衆議院副議長、参議院議長または参議院副議長に相当する職
　　・わが国における最高裁判所の裁判官に相当する職
　　・わが国における特命全権大使、特命全権公使、特派大使、政府代表または全権委員に相当する職
　　・わが国における統合幕僚長、統合幕僚副長、陸上幕僚長、陸上幕僚副長、海上幕僚長、海上幕僚副長、航空幕僚長または航空幕僚副長に相当する職
　　・中央銀行の役員
　　・予算について国会の議決を経、または承認を受けなければならない法人の役員

6

中小企業向けのリース契約に関する経営者保証ガイドライン

2019 年 5 月 28 日
公益社団法人リース事業協会

はじめに

　未来投資戦略 2018（2018 年 6 月 15 日閣議決定）において、中小企業・小規模事業者の生産性革命の更なる強化の一環として、「中小企業向けリース契約における経営者保証の実態について、本年度中（補注：2018 年度）に調査を実施する。当該調査結果を踏まえ、同契約時の経営者保証に係るガイドラインの策定や業界の取組状況の「見える化」等を検討する。」ことが盛り込まれた。

　当協会は、未来投資戦略 2018 を受けて、中小企業向けのリース契約の経営者保証の実態等を調査するとともに、「中小企業向けのリース契約の保証等に関する検討会」（以下、「検討会」という。）を設置し、公正な第三者である学識経験者等の参画を得て、「中小企業向けのリース契約に関する経営者保証ガイドライン」（以下、「ガイドライン」という。）を策定し、公表することとした。

　リース取引は、中小企業・小規模事業者にとって重要な設備投資方法として位置づけられているなか、当協会の会員会社（以下、「会員会社」という。）は、このガイドラインによる取組を通じて、中小企業・小規模事業者向けのリース契約に係る不必要な経営者保証の更なる削減を目指し、中小企業・小規模事業者の生産性向上に向けた設備投資に更に貢献することが期待される。

　ガイドラインは、「経営者保証に関するガイドライン」（2013 年 12 月）を参考としつつ、中小企業向けのリース契約に係る保証の実態を前提として策定したものである。今後、経済環境等の変化により、これらの実態に変化があれば、ガイドラインを見直すことになる。

〈ガイドライン策定の前提〉

- 中小企業向けリース契約に係る保証の実態は以下のとおりである。
  ① 経営者保証を取得しない比率が 7 割弱である。
  ② 経営者保証を取得するケースは、顧客の信用度が低いケース及び迅速な契約を希望される「小口リース契約」において、リース会社が信用情報会社等から情報を入手できないケースである。
  ③ 経営者以外の第三者から個人保証を取得することがほとんどない。
  ④ 保証債務を整理する局面において、リース会社が主導的な役割を果たすことがほとんどない。

1

1. ガイドラインの目的

　ガイドラインは、当協会が、中小企業・小規模事業者向けのリース契約締結時における経営者保証の削減を目指すために、公正な第三者である有識者が加わった検討会において、関係省庁並びに中小企業・小規模事業者の関係団体（以下、「関係団体」という。）の助言を受けて策定したものである。

　会員会社は、ガイドラインによる取組を通じて、経営者保証の削減を目指すとともに、中小企業・小規模事業者の生産性向上に向けた設備投資に貢献し、もって我が国経済の発展に資することを目的とする。

2. ガイドラインの位置づけと関係者の役割

　ガイドラインは、当協会が自主的に制定するものであり、法的拘束力はないが、会員会社は、ガイドラインを自発的に尊重し遵守することが期待される。

　当協会は、会員会社に対するガイドラインの周知徹底、会員会社におけるガイドラインの活用状況の調査（年1回）、ガイドライン及びその活用状況の調査結果を広報する。

　当協会は、関係省庁及び関係団体に対して、ガイドラインの策定及びその活用状況に対して助言を求めるとともに、当協会が行うガイドラインの広報活動に協力を求めるものとする。

3. ガイドラインの適用対象となり得る保証契約

　「経営者保証に関するガイドライン」（2013年12月）に準じて、以下の1）から4）までの要件を全て充足するものとする。

　1）中小企業・小規模事業者と会員会社の間で締結するリース契約（ファイナンス・リース契約及びオペレーティング・リース契約を意味する。以下同じ。）に係る保証契約であること。

　2）当該保証契約の保証人が個人であり、かつ、中小企業・小規模事業者の経営者であること。ただし、以下に定める特別の事情がある場合又はこれに準じる場合については、このガイドラインの適用対象に含める。

　　　①実質的な経営権を有している者、営業許可名義人又は経営者の配偶者（当該経営者と共に当該事業に従事する配偶者に限る。）が保証人となる場合

　　　②経営者の健康上の理由のため、事業承継予定者が保証人となる場合

　3）中小企業・小規模事業者及び保証人の双方が弁済について誠実であり、会員会社の請求に応じ、それぞれの財産状況等（負債の状況を含む。）について適時適切に開示していること

　4）主たる債務者及び保証人が反社会的勢力ではなく、そのおそれもないこと

2

4．経営者保証の更なる削減に向けた取組

（1）一般リース契約　注）小ロリース契約以外のリース契約を意味する。

　　会員会社は、中小企業・小規模事業者向けのリース契約に係る不必要な経営者保証の削減に向けた取組として、以下の対応に努める。

　　　1）法人個人の一体性の解消等が図られている、あるいは、解消等を図ろうとしている中小企業・小規模事業者がリース契約の申込をした場合において、以下の①から④までの要件を将来に亘って充足すると見込まれるときは、当該中小企業・小規模事業者の経営状況、リース料の回収可能性等を総合的に判断する中で、経営者保証を求めない可能性について、当該中小企業・小規模事業者の意向も踏まえた上で、検討する。

　　　　　①法人と経営者個人の資産・経理が明確に分離されている。

　　　　　②法人と経営者の間の資金のやりとりが、社会通念上適切な範囲を超えない。

　　　　　③法人のみの資産・収益力でリース料返済が可能と判断し得る。

　　　　　④法人から適時適切に財務情報等が提供されている。

　　　2）経営者保証を取得する場合は、リース契約及び保証契約を締結する際に、以下の点について、中小企業・小規模事業者及び保証人に対して、できる限り、丁寧かつ具体的に説明する。

　　　　　①保証契約の必要性

　　　　　②経営者保証の必要性が解消された場合には、保証契約の変更・解除等の見直しの可能性があること

　　　3）中小企業・小規模事業者及び保証人から保証契約の締結に際して保証金額の減額に関する要請があった場合は、この要請を検討する。

（2）小ロリース契約　注）中小企業・小規模事業者及び保証人と非対面かつ売主経由でリース契約の申込が行われるもの

　　小ロリース契約においては、経営者保証を取得することにより、取引の迅速性が確保されることを踏まえ、一定の条件（注）を付した上で、小ロリース契約に上記（1）を適用する。

　　（注）一定の条件は法制委員会が定める。

　　小ロリース契約の申込に際して、中小企業・小規模事業者から経営者保証を提供しない旨の意思が示された場合は、それに従い審査を行う。当該中小企業・小規模事業者に対して経営者保証の必要性を説明した後においても、当該中小企業・小規模事業者が経営者保証を提供しないことを希望した場合は、その希望を受けて審査を行う。

5. 既存のリース契約に係る保証契約

既存のリース契約に係る保証契約について、中小企業・小規模事業者において経営の改善が図られたこと等により、当該中小企業・小規模事業者及び保証人から既存の保証契約の解除等の申入れがあった場合は、会員会社は、申入れの内容に応じて、改めて、経営者保証の必要性について、真摯かつ柔軟に検討を行うとともに、その検討結果について当該中小企業・小規模事業者及び保証人に対して丁寧かつ具体的に説明することに努める。

事業承継が生じた場合、前経営者が負担する保証債務について、後継者に当然に引き継がせるのではなく、必要な情報開示を得た上で、保証契約の必要性等について改めて検討するとともに、その結果、後継者との間で保証契約を締結する場合には、保証契約の必要性等について当該中小企業・小規模事業者及び後継者に対して丁寧かつ具体的に説明することに努める。また、前経営者から保証契約の解除を求められた場合には、前経営者が引き続き実質的な経営権・支配権を有しているか否か等を総合的に勘案しつつ、保証契約の解除について適切に判断する。

6. 保証債務の整理

保証債務の整理に際しては、中小企業・小規模事業者及び保証人からリース契約の保証に関する要望がある場合は、会員会社はその要望を検討する。また、他の債権者から保証債務の整理に関する協議を求められた場合は、それに参加することに努める。

7. 適用時期等

ガイドラインは、2020年1月1日から適用し、会員会社のガイドラインの活用状況の調査は、2019年度分から実施する。

ガイドラインの改正は、関係者の意見を聴取したうえで、法制委員会で審議し、理事会の決議を経て行うものとする。また、ガイドラインの運用に関するQ&A等の詳細は、法制委員会が別に定める。

以上

中小企業向けのリース契約の保証等に関する検討会
委員・オブザーバー名簿
（2019 年 5 月 28 日現在）

委　員　山田　周一　法制委員会委員長　　（芙蓉総合リース法務コンプライアンス部長）

委　員　佐藤　勝　　法制委員会副委員長（オリックス営業法務部担当部長）

委　員　鈴木　浩明　法制委員会副委員長（興銀リース管理部法務室長）

委　員　田村　範雄　法制委員会副委員長（東京センチュリー法務部長）

委　員　一松　哲夫　法制委員会副委員長（日立キャピタル法務部長）

委　員　梶　　芳彰　法制委員会副委員長（三菱 UFJ リース執行役員法務コンプライアンス部長）

臨時委員　鵜飼　信一　早稲田大学商学学術院　前教授

臨時委員　有吉　尚哉　西村あさひ法律事務所　弁護士

オブザーバー　経済産業省消費経済企画室

　　　　　　　中小企業庁金融課

　　　　　　　日本商工会議所　　　　　　　鎌田　藤胤　中小企業振興部主任調査役

　　　　　　　全国商工会連合会　　　　　　土井　和雄　企業支援部企業環境整備課長

　　　　　　　全国中小企業団体中央会　　　石川　貴広　政策推進部副部長

　　　　　　　全国商店街振興組合連合会　　長島　克臣　企画支援部次長

　　　　　　　日本自動車リース協会連合会　阿部　敏弘　副事務局長

5

参考資料：中小企業向けのリース契約の経営者保証の実態調査結果

■調査対象：会員会社 239 社（うち回答会社数 218 社　回答率 91%）

■調査期間：2018 年 8 月～9 月

	2017 年度の新規リース契約件数		
		小口以外	小口
① 経営者個人の保証無しで締結した中小企業向けリース契約件数	85.8 万件	44.2 万件	41.6 万件
② 中小企業向けリース契約件数	125.4 万件	53.7 万件	71.7 万件
①/② 無保証比率	68.4%	82.2%	58.0%

＊中小企業：「資本金 1 億円以下の法人」または「個人事業者」
　経営者：中小企業の代表者
　リース契約：「所有権移転外ファイナンス・リース契約」及び「オペレーティング・リース契約」
　小口リース：リース会社とサプライヤー（販売店）との間の業務提携により、サプライヤーの顧客を、リース会社に斡旋するとともに、当該サプライヤーがリース取引の申込みに係る事務手続きを行うリース契約

6

自然災害発生時におけるリース会社のユーザー対応等に関するガイドライン

2019 年 5 月 28 日
公益社団法人リース事業協会

はじめに

　当協会の会員会社（以下、「会員会社」という。）は、自然災害発生時において、被災中小企業等からのリース料の支払猶予要請やリース期間延長の相談、災害によりリース物件が滅失した場合のリース契約に関する相談があった場合に、リース対象機器等の使用可能期間を考慮しつつ、支払条件の変更等の柔軟かつ適切な対応を自主的に行ってきた。

　今後も、大規模な自然災害の発生が想定されることから、当協会は、これまでの会員会社の取組をガイドラインとして取りまとめるとともに、自然災害対応に関する留意事項を含めて、会員会社に対して周知徹底することとした。

　また、自然災害の被災地から物資支援等の要請があった場合、リース事業協会並びに会員会社及びそのグループ会社において支援が行われてきたが、今後も同様の取組を継続し、これを円滑化するために、政府及び被災地の関係者から物資支援等の要請があった場合は、その要請を会員会社に随時提供できる体制を構築することとした。

1.　ガイドラインの目的

　ガイドラインは、当協会及び会員会社のこれまでの大規模な自然災害発生時のユーザー対応の取組等を取りまとめたものであり、公正な第三者である有識者が加わった検討会において、関係省庁並びに中小企業・小規模事業者の関係団体（以下、「関係団体」という。）の助言を受けて策定したものである。当協会及び会員会社がガイドラインの取組を実施することにより、被災した中小企業者・小規模事業者の事業再開に貢献し、もって被災地の復興・再活性化に資することを目的とする。

2.　ガイドラインの位置づけと関係者の役割

　ガイドラインは、当協会が自主的に制定するものであり、法的拘束力はないが、会員会社は、このガイドラインを自発的に尊重し遵守することが期待される。

　当協会は、会員会社に対するガイドラインの周知徹底、ガイドラインの広報を行うほか、大規模な自然災害発生時における関係省庁等との連携及びユーザー相談窓口を開設する。

　当協会は、関係省庁及び関係団体に対して、ガイドラインの策定及びその活用状況に対して助言を求めるとともに、当協会が行うガイドラインの広報活動に協力を求めるものとする。

1

3．ガイドラインの適用対象となる自然災害とリース契約

1）ガイドラインにおける自然災害の定義は、原則として、災害救助法が適用される自然災害
（注）とする。

（注）災害救助法の適用は、災害により市町村の人口に応じた一定数以上の住家の滅失が
ある場合等（例人口 5,000 人未満住家全壊 30 世帯以上）に行われ、適用地域等は
内閣府のホームページで公表される。
http://www.bousai.go.jp/taisaku/kyuujo/kyuujo_tekiyou.html

2）ガイドラインの対象となるリース契約については、原則として、中小企業・小規模事業者向
けのリース契約（ファイナンス・リース契約及びオペレーティング・リース契約を意味す
る。以下同じ。）及び当該リース契約に係る保証契約（保証人は個人・法人を問わないが、
法人の場合は中小企業・小規模事業者とする。）とする。

4．会員会社の取組

（1）自然災害により被災した中小企業・小規模事業者への取組

会員会社は、以下の取組に努めるものとする。

①自然災害により被災した中小企業・小規模事業者からのリース料の支払猶予要請やリー
ス期間延長の相談、災害によりリース物件が滅失した場合のリース契約に関する相談が
あった場合に、リース対象機器等の使用可能期間を考慮しつつ、支払条件の変更等の柔
軟かつ適切な対応を行う。

②個人事業者及び個人保証人から債務整理の申出があった場合、「自然災害による被災者の
債務整理に関するガイドライン」（2015 年 12 月 25 日）に則して対応する。

③中小企業・小規模事業者とのリース契約及び当該リース契約に係る保証契約について、
他の債権者から債務整理に関する協議を求められた場合は、それに参加することに努め
る。

④自然災害により損壊等したリース物件を処分する際に、中小企業・小規模事業者等から
取得する書類等に関して柔軟に対応する。

（2）保険に関する説明

会員会社は、リース契約締結時にリース物件に付保する保険に関する説明に努める。

（3）被災地支援

会員会社は、当協会から伝達された被災地支援に関する情報に基づき、対応可能な範囲で被
災地支援を検討し、被災地支援が可能な場合は当協会に連絡する。

2

5. 当協会の取組

当協会は、ガイドラインの広報に努め、ガイドラインが適用される（適用されることが見込まれる場合を含む。）自然災害が発生した際に、ユーザー相談窓口を開設し、その広報を行う。また、大規模な自然災害が発生した際に関係省庁等と連携し、政府が行う被災地支援活動に協力する。

6. 適用時期等

ガイドラインは、ガイドラインが制定された日から適用する。ただし、4.（2）保険に関する説明は、会員会社の体制が整い次第適用する。

ガイドラインの改正は、関係者の意見を聴取したうえで、法制委員会で審議し、理事会の決議を経て行うものとする。また、ガイドラインの運用に関する Q&A 等の詳細は、法制委員会が別に定める。

以上

中小企業向けのリース契約の保証等に関する検討会
委員・オブザーバー名簿
（2019 年 5 月 28 日現在）

委　員　　山田　周一 法制委員会委員長　（芙蓉総合リース法務コンプライアンス部長）

委　員　　佐藤　　勝　法制委員会副委員長（オリックス営業法務部担当部長）

委　員　　鈴木　浩明　法制委員会副委員長（興銀リース管理部法務室長）

委　員　　田村　範雄 法制委員会副委員長（東京センチュリー法務部長）

委　員　　一松　哲夫 法制委員会副委員長（日立キャピタル法務部長）

委　員　　梶　　芳彰 法制委員会副委員長（三菱 UFJ リース執行役員法務ｺﾝﾌﾟﾗｲｱﾝｽ部長）

臨時委員 鵜飼　信一 早稲田大学商学学術院 前教授

臨時委員 有吉　尚哉 西村あさひ法律事務所 弁護士

オブザーバー　経済産業省消費経済企画室

　　　　　　　　中小企業庁金融課

　　　　　　　　日本商工会議所　　　　　　　鎌田　藤胤　中小企業振興部主任調査役

　　　　　　　　全国商工会連合会　　　　　　土井　和雄　企業支援部企業環境整備課長

　　　　　　　　全国中小企業団体中央会　　　石川　貴広　政策推進部副部長

　　　　　　　　全国商店街振興組合連合会　　長島　克臣　企画支援部次長

　　　　　　　　日本自動車リース協会連合会　阿部　敏弘　副事務局長

4

小口リース取引に係る自主規制規則

平成 27 年 1 月 21 日
公益社団法人リース事業協会

（目的）

第 1 条　この規則は、当協会（以下「協会」という。）の会員（以下「会員」という。）が小口リース取引を行うに当たり、自主的に小口リース市場の健全化を図り、自己規律をもって小口リース取引を行うことにより、小口リース取引に係る顧客の苦情の極小化を目指すとともに、公正かつ自由な経済活動の機会の確保及び促進並びに活性化を図り、もって国民生活の安定向上に寄与することを目的とする。

（定義）

第 2 条　この規則における用語の定義は、次の各号に定めるところによる。

(1) サプライヤー

　　リース物件の売主で、会員との間の業務提携契約に基づき、自らの顧客を会員に斡旋するとともに、会員から小口リース取引の申込みに係る事務手続き（以下「事務手続き」という。）を委託された者をいう。

(2) 顧客

　　サプライヤーから斡旋された顧客で、会員との間におけるリース取引の申込者又はリース物件の賃借人をいう。

(3) 小口リース取引

　　会員と顧客との間で行われるリース取引のことをいう。

(4) 苦情

　　顧客又はその連帯保証人（これらの代理人を含む。以下「顧客等」という。）によるサプライヤーの取引行為に関する不満足の表明をいう。

(5) サプライヤー情報交換制度

　　会員が、その有するサプライヤーに関する情報について、協会の設置するサプライヤー情報交換システム（以下「情報交換システム」という。）に電磁的方法により登録し、情報交換システムに保存された情報を会員相互間で交換する仕組みをいう。

(6) 物件見積書

　　顧客が小口リース取引の申込みを行う前にサプライヤーから顧客に交付される書面であって、サプライヤーの名称及び住所、小口リース取引の対象とする物件の名称及び数量、その金額、顧客が既に締結しているリース契約を当該顧客の相手方のリース会社との合意によって解約する場合の残債務等が記載されたものをいう。

(7) 二次代理店

1

サプライヤーの代理店であって、会員と当該代理店との間に業務提携契約が締結
　されていない者をいう。

（規則等の遵守）
第3条　会員は、この規則及びこれに基づく細則等（小口リース取引自主規制委員会の決
　定事項を含む。以下「規則等」という。）を遵守しなければならない。

（苦情の解消）
第4条　会員は、顧客等から苦情を受けた場合又は協会から顧客等の苦情を伝達された場
　合は、当該苦情の内容等を調査し、当該苦情の対象であるサプライヤーに対して、当該
　苦情を解消するための対応を要請するとともに、今後の苦情の発生を極小化するための
　対応を要請しなければならない。

（サプライヤー情報交換制度）
第5条　会員は、サプライヤーとの間で締結した業務提携契約を解除した場合（以下「業
　務提携契約の解除」という。）又は特定のサプライヤーから斡旋された顧客について一律
　に新規の小口リース取引の申込みを受け付けないこととした場合等（以下「新規リース
　契約の受付停止等」という。）は、速やかに情報交換システムに次の各号に定める情報を
　登録しなければならない。
　（1）当該サプライヤーの名称及び所在地等に関する情報
　（2）業務提携契約の解除又は新規リース契約の受付停止等に関する情報
　（3）前二号に付随する情報
2　会員は、顧客等から苦情を受けた場合又は協会から顧客等の苦情を伝達された場合は、
　当該苦情の内容等を調査し、遅滞なく情報交換システムに次の各号に定める情報を登録
　しなければならない。
　（1）当該サプライヤーの名称及び所在地等に関する情報
　（2）苦情に関する情報
　（3）前二号に付随する情報
3　サプライヤー情報交換制度の運営に関する細則は、小口リース取引自主規制委員会に
　おいて別に定める。
4　第1項の規定は、平成26年1月1日からこの規則の施行日の前日までに生じた業務提
　携契約の解除及び新規リース契約の受付停止等についても適用する。

（サプライヤーとの取引関係）
第6条　会員は、第5条第1項又は第2項の情報（以下「登録情報」という。）が登録され
　ているサプライヤー（以下「登録サプライヤー」という。）から斡旋された顧客との間で

2

小口リース取引を行おうとする場合は、その取引内容等について慎重に審査を行わなければならない。

2　会員は、リース物件の売主（以下「売主」という。）との間で新たに業務提携契約を締結する場合は、当該売主が登録サプライヤーに該当しているか否かの確認を行わなければならない。

3　会員は、サプライヤーの管理を定期的に行うこととし、その管理を行う際に登録情報の確認を行わなければならない。

（サプライヤーの事務手続き）

第 7 条　会員は、サプライヤーの事務手続きが適切に行われていないと認めたときは、当該サプライヤーに対して、当該事務手続きの是正を要請しなければならない。

（二次代理店との取引）

第 8 条　会員は、サプライヤーが二次代理店を用いて取引を行うこと（以下「二次代理店取引」という。）を申告した場合は、当該サプライヤーに対して、小口リース取引の申込書に二次代理店の名称及び住所等を記載するよう求めなければならない。

2　会員は、顧客等から二次代理店取引に係る苦情を受けた場合又は協会から顧客等の苦情を伝達された場合は、当該苦情の内容等を調査し、当該サプライヤーに対して、当該苦情を解消するための対応を要請するとともに、今後の苦情の発生を極小化するための対応を要請しなければならない。

（物件見積書の提示要請等）

第 9 条　会員は、サプライヤー（当該サプライヤーが二次代理店取引を行っている場合は、当該二次代理店を含む。以下「サプライヤー等」という。）に対して、顧客との間で小口リース取引を行うのに先立ち、物件見積書を顧客に提示するよう要請しなければならない。

2　会員は、サプライヤー等から、顧客に提示した物件見積書の写しを取得し、その記載内容を当該顧客に確認しなければならない。

3　会員が使用する小口リース取引の申込書等の書類に物件見積書と同等の内容が記載され、かつ、会員が当該書類に記載された内容を顧客に確認する場合は、第 1 項の要請及び第 2 項の確認を行ったものとする。

（顧客への電話確認）

第 10 条　会員は、顧客に小口リース取引の契約内容等の確認を電話で行う場合は、顧客のリース取引の理解度を把握し、その理解度に応じて当該小口リース取引の主要内容の説明を行うとともに、次の各号に定める項目の確認を行わなければならない。

3

(1) 小口リース取引の申込書等の書類の有無及びその記載内容
(2) 小口リース取引の申込書等に記載されたリース物件の名称及び数量等の取引内容、サプライヤー等から搬入された物件の状況
(3) サプライヤー等から顧客に交付された物件見積書の有無及びその記載内容
(4) サプライヤー等と顧客との間の取引行為の状況

（訪問による契約確認）
第11条　会員は、小口リース取引を行うに際して、合理的な一定条件で抽出した顧客を訪問し、契約内容及びサプライヤー等の取引行為等に関する確認（以下「訪問確認」という。）を行わなければならない。
2　会員は、登録サプライヤーから斡旋された顧客及び新たに業務提携契約を締結したサプライヤーから斡旋された顧客について、重点的に訪問確認を行わなければならない。

（体制整備）
第12条　会員は、規則等を遵守するための体制整備に努めなければならない。

（報告）
第13条　会員は、協会に対して、毎年度の四半期ごとに、顧客等の苦情の発生状況等を報告するとともに、毎年度ごとに、この規則の実施状況を報告しなければならない。
2　協会は、この規則を適切に実施していないと認める会員に対し、その改善策を報告するよう求めることができる。
3　前二項の様式は、小口リース取引自主規制委員会において別に定める。

（規程の改正）
第14条　この規則を改正する必要が生じたときは、理事会の決議を経てこれを行う。

（委任）
第15条　この規則の運営に必要な事項は、小口リース取引自主規制委員会において別に定める。

附則
1. この規則は平成27年1月21日から施行する。
2. サプライヤー情報交換制度運用規則（平成23年9月21日）は、この規則の施行をもって廃止する。
3. 小口提携リース協議会及び小口リース対応委員会の決定事項は、第3条に定める規則等として取り扱う。

4

〈事項索引〉

リース法務ハンドブック

2020年11月 6 日　第 1 刷発行
2023年 6 月27日　第 3 刷発行

編著者　有　吉　尚　哉
　　　　原　田　伸　彦
発行者　加　藤　一　浩

〒160-8520　東京都新宿区南元町19
発　行　所　一般社団法人 金融財政事情研究会
企画・制作・販売　株式会社 き ん ざ い
出 版 部　TEL 03(3355)2251　FAX 03(3357)7416
販売受付　TEL 03(3358)2891　FAX 03(3358)0037
URL https://www.kinzai.jp/

※2023年 4 月 1 日より企画・制作・販売は株式会社きんざいから一般社団法人
金融財政事情研究会に移管されました。なお連絡先は上記と変わりません。

DTP・校正:株式会社友人社／印刷:株式会社日本制作センター

ISBN978-4-322-13579-4